Friederike Werner — Das *ägyptische* Geheimnis

Friederike Werner

Das *ägyptische* Geheimnis

oder

Die verhüllten Tempel von Hohenzieritz und Berlin 1795 · 1850

Carl Ludwig Friedrich zu Mecklenburg-Strelitz 1770 im Alter von 29 Jahren, Gemälde um 1820 nach Johann Georg Ziesenis, Schloss Hohenzieritz

Zum Geleit

Als ich eines schönen Tages im April 2007 Darmstadt besuchte, ahnte ich nicht, dass hier die ersten Schritte eines Weges beginnen würden, für dessen weiteren Verlauf das vorliegende Buch einen wichtigen Meilenstein darstellt. Damals konnte ich das Schloss Darmstadt im Rahmen einer Führung besichtigen und war von einem prunkvollen Tafelaufsatz mit offensichtlich ägyptisierenden Elementen extrem beeindruckt. Mein Interesse war groß, da mir dieses außergewöhnliche Objekt aus keiner Publikation präsent war.

Dass mehr daraus werden würde, ergab sich durch die Möglichkeiten der »Exzellenz-Initiative«, bei der die Universität Heidelberg u.a. mit einem Exzellenzcluster »Asia and Europe in a Global Context« erfolgreich war. Im Rahmen eines größeren Verbundes »Materialising Memories« konnte ich damals drei Jahre, vom 1. November 2012 bis 31. Oktober 2015, die Finanzierung für ein Projekt »Aegyptiaca in early modern Europe and the phenomenon of Egyptomania« erhalten. Auf der Suche nach einer kompetenten Person für die konkrete Bearbeitung erwies sich Friederike Werner, promovierte Kunsthistorikerin und Ägyptologin, als ideale Wahl. Meinem Vorschlag folgend wählte sie den Tafelaufsatz in Darmstadt als zentralen Gegenstand ihrer Untersuchung. Mühselige Recherche der Details brachte schließlich eine unverhoffte Verbindung des Objekts zum preußischen Königshof zutage; sogar der ganz konkrete Anlass der Hochzeit des Prinzen Wilhelm von Preußen am 13. Januar 1804 ließ sich eruieren. Die sehr präzisen Untersuchungen zum zeitgenössischen Verständnis ägyptischer Texte und Objekte und ihrer Anknüpfbarkeit an Konzepte und Wünsche des Königshauses stellen in meinen Augen einen höchst wertvollen Beitrag dazu dar, solche Objekte über einen simplen Stempel der »Ägyptomanie« hinaus als wichtige Zeugnisse einer Epoche europäischer Geistesgeschichte ernstzunehmen.

Die vorliegende Untersuchung zum Ägyptischen Saal des Schlosses Hohenzieritz in Mecklenburg stellt einen logischen weiteren Schritt dar. Mecklenburg, die Herkunftsregion der Königin Luise mit all ihren Verbindungen zu Preußen, hat eine bemerkenswerte Synthese lokaler Tradition bis in die slavische Zeit hinein, klassisch-antiker und ägyptischer Elemente geschaffen, und der Leser wird mit Faszination die feine Analyse verfolgen, die letztlich bei Richard Lepsius, der preußischen Expedition nach Ägypten und der Präsentation der ägyptischen Objekte im Neuen Museum Berlin endet.

Abschließend sei noch eine persönliche Note erlaubt: Über die Herkunft meiner Mutter fühle ich mich Mecklenburg eng verbunden, so selten ich es auch realiter aufgesucht habe. Und so hat die Lektüre des Manuskripts dieses Buches in mir auch eine ganz spezielle Saite zum Schwingen gebracht.

Heidelberg, im Frühjahr 2024
Prof. Dr. Joachim Friedrich Quack
Direktor des Ägyptologischen Instituts
der Ruprecht-Karls-Universität Heidelberg

Mein Dank und mein Anliegen

Vor allen gilt mein Dank Prof. Dr. Joachim Friedrich Quack. Sein jahrelanges Vertrauen in meine Arbeit ermutigte mich, ein neuerliches »ägyptomanisches« Abenteuer zu wagen, dessen Ausgang nicht minder ungewiss war als der jenes erfolgreichen Exzellenzprojektes mit meiner Buchpublikation *Ägyptomanie in Preußen* – diesmal aber ohne Netz und doppelten Boden jedweder offiziellen Unterstützung. Beweggrund für diesen Leichtsinn war, dass das Ansinnen der preußischen Königin Luise im Hinblick auf Ägypten größtenteils ungeklärt war und somit gehaltvolle Ergebnisse erwartet werden durften. Denn der Tafelaufsatz von 1804 hatte mich gelehrt, dass sich die herrscherliche »Ägyptomanie« keineswegs im Anekdotischen oder Dekorativen erschöpft. Das Geleitwort von Prof. Quack zu diesem Unterfangen freut und stützt mich ausgesprochen. Herzlich danke ich ihm überdies für aufmerksame ausführliche Kommentare zum Manuskript des vorliegenden Buches.

Dem Biographen Friedrich Wilhelms IV. von Preußen und der ersten Königin in Preußen Sophie Charlotte, Dr. Rolf Thomas Senn, Berlin, verdanke ich mit seinem tiefgreifenden Wissen erneut das achtsame Lektorat einschließlich gestalterischer Impulse und zahlloser Gespräche. Er selbst sieht das letzte Kapitel dieses Buches »Und Horus?« als Fortsetzung seiner Biographie über Friedrich Wilhelm IV.

Da diese Forschungsarbeit auf meiner persönlichen Initiative beruht, gebührt mein ganz besonderer Dank all jenen, die mich darin unterstützten. Dazu gehört vorrangig der Verein *mobile* – Gesellschaft der Freunde von Möbel- und Raumkunst e.V. unter dem Vorsitz von Dr. Henriette Graf (Kustodin für Möbel, Stiftung Preußische Schlösser und Gärten), der den Buchdruck überaus großzügig fördert. Hinzu kommt ein ebenfalls erfreulicher, dankenswerter Beitrag der Neustrelitzer St. Johannis-Loge *Georg zur wahren Treue* unter dem Vorsitzenden Logenmeister Burghardt Heller.

Überdies danke ich dem VDG Verlag Weimar unter der Leitung von Dr. Bettina Preiß für das Korrektorat, für die aufwendige Gestaltung und für die Herstellung des Buches.

Zu dieser Publikation hat ein weiterer vielstimmiger Personenkreis beigetragen. Allen gilt mein Dank:

Dr. Pirko Kristin Zinnow, Dr. Friederike Drinkuth und Dr. Jörg Meiner von den Staatlichen Schlössern, Gärten und Kunstsammlungen Mecklenburg-Vorpommern unterstützten das Projekt mit nachdrücklicher Befürwortung in Form eines Gutachtens, einer Einladung zum Vortrag auf Schloss Hohenzieritz aus Anlass des 209. Todestages der Königin Luise von Preußen und der Überlassung einiger maßgeblicher Archivalien und Fotografien. Christine Henning M.A., Museumspädagogin in der Schlossverwaltung Hohenzieritz, hat das Manuskript mit Blick auf die Ortsgeschichte durchgesehen. Prof. Dr. Sabine Bock, im Komitee von *icomos* und der Historischen Kommission für Pommern und Mecklenburg danke ich für Informationen zu Archivbeständen und Bildmaterialien.

Meinem Doktorvater Prof. Dr. Jan Assmann danke ich dafür, dass er die Ägyptenrezeption mit seinen epochemachenden Studien zur Gedächtnisgeschichte und zum Ägyptenbild als bedeutenden Zweig innerhalb der Kulturgeschichte etablierte. Dr. Florian Ebeling, München, Herausgeber von *Aegyptiaca. Journal of the History of Reception of Ancient Egypt,* bewandert in der Philosophie der Ägyptenfaszination und der Freimaurerei, verdanke ich etliche Denkanstöße. Mit Dr. Christian E. Loeben, Museum August Kestner Hannover, gab es ebenso konstruktiven Austausch.

Dr. Berit Ruge, Berlin, Autorin der Dissertation *Von der Finsternis zum Licht. Inszenierte Erkenntnisreisen in Gärten des Gold- und Rosenkreuzers Friedrich Wilhelm II.* und einer Schrift über die Schlossgeschichte von Hohenzieritz informierte mich über ihre Recherchen zu den Archivbeständen.

Prof. Dr. Friedhelm Hoffmann, Vorstand des Instituts für Ägyptologie und Koptologie der Ludwig-Maximilians-Universität München, danke ich für sein ursprüngliches Vorhaben, das Thema als Projekt am Institut zu verorten. Prof. Dr. Martina Ullmann trug manche relevante Idee bei.

Hans Joachim Engel, Berlin, ehemals Leiter des Schlossvereins Hohenzieritz und der Gedenkstätte für Königin Luise, überließ mir Unterlagen und Detailkenntnisse. Dr. Sebastian Prüfer, Historiker, Berlin, stellte mir seine bislang unveröffentlichten Archivalien über die Malerfamilie Ruscheweyh zur Verfügung. Für das Korrekturlesen danke ich Normann Ewald, Gerlinde Jobst, Dr. Angelika Leik, Dr. Barbara Magen, Ingrid Pérez de Laborda M.A. und Joachim Willeitner M.A.

Für die Bereitstellung und Genehmigung von Abbildungen sowie für unterschiedliche Auskünfte und einträchtigen Austausch danke ich außerdem diesen Personen und Institutionen:

Royal Collection Trust London: Karen Lawson; Museum Huis Doorn: Wendy Landewé-van der Veen; Archiv Dorotheum Wien: Dr. Alexander Strasoldo; Staatliche Schlösser, Gärten und Kunstsammlungen Mecklenburg-Vorpommern: Dr. Susanne Bocher (Schloss Mirow), Dr. Torsten Fried (Münzkabinett), Dr. Kornelia Röder (Kupferstichkabinett), Dr. Gero Seelig (Gemäldesammlung); Landesamt für Kultur und Denkmalpflege Mecklenburg-Vorpommern: Dirk Handorf, Sabine Schöfbeck (Landesdenkmalpflege), Dr. Martin Schoebel, Dr. Antje Koolman, Dr. Matthias Manke (Landeshauptarchiv Schwerin); Staatliches Bau- und Liegenschaftsamt Neubrandenburg: Torsten Schöning; Stiftung Mecklenburg in Schwerin: Dr. Florian Ostrop; Kulturquartier Mecklenburg-Strelitz: Dorothea Klein-Onnen, Christiane Weigt, Hendrik Vogt; Kulturgut Mecklenburg-Strelitz e.V.: Dr. Rajko Lippert; Fritz-Reuter-Literaturmuseum Stavenhagen: Michael Häcker, Marco Zabel; Palais Lichtenau Potsdam: Dr. Peter-Michael Bauers, Prof. Dr. Axel Fischer; Stiftung Preußische Schlösser und Gärten Berlin-Brandenburg: Krystina Henschel, Angelika Neumann (Dokumentation), Dr. Silke Kiesant (Skulpturensammlung); Staatliche Museen zu Berlin – Preußischer Kulturbesitz: Dr. Olivia Zorn, Dr. Jana Helmbold-Doyé (Ägyptisches Museum und Papyrussammlung), Frederic Grosser (Antikensammlung Altes Museum); Deutsches Historisches Museum Berlin: Anne-Dorte Krause, Claudia Küchler (Bildarchiv); Berlin-Brandenburgische Akademie der Wissenschaften: Dr. Silke Grallert (Archiv Altägyptisches Wörterbuch); Generalverwaltung des vormals regierenden Preußischen Königshauses: Stefan Schimmel; Staatliche Antikensammlungen und Glyptothek München: Dr. Astrid Fendt; Staatliche Münzsammlung München: Prof. Dr. Kay Ehling, Nicolai Kästner; Staatliche Schlösser und Gärten Baden-Württemberg, Schloss Schwetzingen: Sandra Moritz; Bayerische Staatsbibliothek München; Herzog August Bibliothek Wolfenbüttel; Klassik Stiftung Weimar: Herzogin Anna Amalia Bibliothek; Universitätsbibliothek Heidelberg.

Nachdem meine Arbeit über Hohenzieritz und Berlin mit der Hilfe so vieler Personen und Institutionen zum tiefgreifenden kulturellen Geheimnis der Herrscher geführt hat, reiche ich dies an alle Verantwortlichen in Kultur und Politik weiter. Ihnen obläge es nun, dieses Ergebnis auf Schloss Hohenzieritz und im Neuen Museum Berlin sichtbar zu machen.

München, im Frühjahr 2024
Dr. Friederike Werner

Inhalt

Hohenzieritz als Initiation

Spurensuche an entlegenem Ort

Erst durch den Tod der Königin Luise von Preußen 1810 auf dem herzoglichen Landsitz Hohenzieritz wurde dieser Ort berühmt. Dabei ließ ihr Vater Carl II. zu Mecklenburg-Strelitz dort bereits 1795 den »Ägyptischen Saal« als von ihm erdachtes architektonisches Kleinod einrichten und ausmalen, das wie das gesamte Schloss und seine Ausstattung bis 1945 nahezu unangetastet blieb. Die Ereignisse der Nachkriegszeit haben das Mobiliar vollends zerstreut und die Ausmalung erheblich beschädigt. Zwar ist die Bausubstanz instandgesetzt, aber die künstlerische Ausstattung fehlt nach wie vor. Das Sterbezimmer der Königin Luise im Erdgeschoss ist als Gedenkstätte eingerichtet, und im Obergeschoss befindet sich das Nationalparkamt Müritz. Der Ägyptische Saal dient als Vortragsraum.

Bei meinem ersten Besuch 2017 war dies ein enttäuschender Anblick. Bis auf einen Quadratmeter pompejanischroter Hieroglyphenmalerei, den Holzfußboden, zwei leere Ofennischen und zwei Säulen, deren Tapetenverkleidung andernorts verwahrt wird, war nichts Originales erhalten, oder es sind noch unbekannte Spuren verdeckt. Über dieses Herzstück des Schlosses war nichts erforscht und sein Sinn daher unbekannt.

Auf dem Hohenzieritzer Terrain fielen mir die Hofkirche in Form eines Pantheons und der Luisentempel mit der Büste der Königin auf, außerdem die Lage ehemaliger Gartenstaffagen wie der Heilige Hain, der Schneckenberg und die Moschee. An der Dorfstraße steht die Schmiede mit ägyptisch anmutenden Säulen und Kapitellen. Das Schloss selbst erschien mir mit dem neuen strahlend weißen Putz wie ein »veiled temple« – es kam mir der Künstler Christo in den Sinn –, das Eigentliche lag verborgen. Nur das herzogliche Wappen im Tympanon ließ von außen den Hausherrn erkennen.

Durch das vollendete Projekt *Ägyptomanie in Preußen* inspiriert, reiflich vorbereitet und von der wohlbegründeten Vermutung eines tieferen Zusammenhanges der mecklenburgischen und der preußischen Begeisterung für das Alte Ägypten angespornt, ließ ich mich auf die Erforschung des scheinbar unbedeutenden Schlosses Hohenzieritz ein.

Über die spärliche Literatur, die Grundrisse, Skizzen der Gartenstaffagen, eine Inventarliste und den Befund vor Ort hinaus gibt es qualitätvolle Fotografien aus dem frühen 20. Jahrhundert. Da sie den Saal in großen Ausschnitten etwa zur Hälfte dokumentieren und damit bereits das herzogliche Programm lesbar wiedergeben, habe ich von Archivbesuchen Abstand genommen. Außerdem musste ich mich entscheiden, die Archivarbeit als eigenen umfangreichen und ungewissen Part vorerst nicht anzugehen. Archivalien über Carl II. allgemein scheinen reichhaltig, über den Ägyptischen Saal hingegen eher rar zu sein.

Zwischen Himmel und Erde

Die illusionistisch gemalte Architektur mit ägyptisch anmutenden Bildmotiven und Hieroglyphen ließ den Saal auf den ersten Blick wie ein Traumbild wirken. Die Vielfalt der Elemente sprach für ein Zusammenspiel aus Ideen unterschiedlicher Epochen und Regionen. Anhand damals geläufiger antiker und neuzeitlicher Text- und Bildquellen sowie Vergleichen mit kulturhistorischen Strömungen dieser Zeit konnte ich dem Ansinnen Herzog Carls II. nahekommen und dessen kunstvolle Inszenierung zu einem Gutteil aufzeigen.

Damit war bereits eine erste Interpretation möglich, und die Beobachtung, dass zum tempelartigen Mittelrisalit des Schlosses eine strenge einläufige Treppe führt, legte zusammen mit dem ägyptischen Thema im Inneren zusehends den Gedanken an einen römischen Podiumstempel nahe. Der wahre Sinn blieb mir aber zunächst noch ebenso verschlossen wie dessen bedeutsamer Nachhall im Ägyptischen Tempelhof des Neuen Museums in Berlin, der Hohenzieritz entschieden auf eine viel höhere Ebene als jene der Lokalgeschichte hebt.

Blick zurück nach vorn

Was 2018/2019 als erste Skizze über den Ägyptischen Saal auf Schloss Hohenzieritz für das Journal *Aegyptiaca* gedacht war, enthüllte sich zunehmend als Überraschung ohnegleichen. Die Übersetzung der fertigen Schilderung in die notwendige geheimnisgesteuerte Struktur dieses Buches war ein Gestaltungsprozess für sich. Zur Einstimmung auf den äußerlich unsichtbaren Tempel erlaubte ich mir, über das Schloss und den Ägyptischen Saal zunächst Farbfilter zu legen. Diese machen den Unterschied zu dem Anblick, den der Wanderer heute vorfindet, sichtbar.

Was bedeutete »Ägypten« damals? Seit der klassischen Antike findet die Begeisterung Europas für Altägypten, die viel diskutierte »Ägyptomanie«, regen Ausdruck in Philosophie, Literatur und in den Künsten, denn das Land am Nil verkörperte Stabilität und Dauer, die in sagenhaften Bauten und erhabenen Kunstwerken Gestalt fanden. Außerdem verhieß es die Einweihung in Weisheit und Geheimnisse, die man in den erst im 19. Jahrhundert wieder lesbaren Hieroglyphen verschlüsselt sah. Erste Wissenswege waren Texte antiker Autoren und die Einrichtung von ägyptischen Gottheiten gewidmeten Kultorten im kaiserlichen Rom wie etwa dem Isistempel unter S. Maria sopra Minerva. Das beständige Interesse an der altägyptischen Kultur führte dem jeweiligen Wissen gemäß zu einem spezifisch europäischen Ägyptenbild. Nicht erst neuerdings wird all dies eingehend erforscht. Was aber jüngst durch mein Buch über den preußischen Tafelaufsatz und nun hier aufgedeckt wird: »Ägyptomanie« ist keine exotische Lustpartie. Dieser moderne Begriff erscheint nunmehr in neuem Licht, da er treffend eine tiefere, ausschließlich dem Herrscher zugefallene entscheidende Rückbindung ins Ewigliche bezeichnet. Feinsinnig schuf man eine eigene berückende und schlüssige Welt, die sich uns heute in Werken, Fragmenten, Symbolen und Bezügen nur mählich erschließt – bis sich daraus ein Muster ergibt. Zeitgenössische Aufzeichnungen hierzu sucht man meist vergeblich, denn all dies wurde seitens der Herrschaft stets sorgsam geheim gehalten. Zwar kann man sich dem Geheimnis nähern, soll es aber *nie* gänzlich entschleiern – vollkommen im Sinne Friedrich Schillers *Das Verschleierte Bild zu Sais* 1795. Die allumfassende ägyptische Göttin Isis – in Kunst und Literatur als verhüllte Götterstatue gebildet – stand für die Verkörperung der uns Menschen unergründlichen Geheimnisse der Natur. Auch davon handelt dieses Buch.

Hohenzieritz ist der Anfang einer Geschichte und gleichsam ihr Schlussstein. All dies konnte ich erst jetzt sozusagen im Rückwärtsgang erkennen. Die Bedeutung des in meiner Dissertation beschriebenen Ägyptischen Tempelhofes Friedrich Wilhelms IV. auf der Berliner Museumsinsel 1850 mit der Übersetzung der Hieroglypheninschrift wurde nun erst wirklich begreifbar, ebenso wie der Tafelaufsatz von 1804 als Bindeglied sowohl Berlin als auch Hohenzieritz verständlicher macht. Diese Kunstwerke erklären und bekräftigen einander und gehören somit als Dreiklang unauflöslich zusammen.

Die Hauptakteure der folgenden Geschichte bereisten Ägypten nie, dafür umso beständiger im Geiste, was für die ausgeprägte Verbundenheit mit der alten Kultur am Nil spricht. Nachdem mit dieser Publikation nun ein erklecklicher Baustein zum Thema »Ägyptomanie« vorliegt, darf man gespannt sein, welche weiteren Aspekte künftig zutage treten.

Vorspann

»Hohenzieritz ist eine der Kunststätten, die sich durch ihre Abgelegenheit allzu leicht der gebührenden Beachtung entziehen. Aber dieser fürstliche Landsitz ist etwas so Eigenartiges, daß ihm trotz seiner Einfachheit eine besondere Aufmerksamkeit gebührt.«[1]

Schloss Hohenzieritz mit englisch angelegtem Garten ist als Landsitz der Herzöge zu Mecklenburg-Strelitz ein Kulturdenkmal von hohem Wert **(Abb. 1–3)**.[2] Das Herzogtum war durch höfische Verbindungen mit England und Preußen weit über Landesgrenzen bedeutend und einflussreich. Die englische Königin Sophie Charlotte, seit 1761 Gemahlin König Georgs III. von England, war eine Mecklenburg-Strelitzer Prinzessin. Königin Luise von Preußen, gleichfalls geborene Herzogin zu Mecklenburg-Strelitz, wurde 1793 Kronprinzessin und 1797 Königin an der Seite Friedrich Wilhelms III. von Preußen. Luises Tod am 19. Juli 1810 in Hohenzieritz verwandelte das Schloss

1 Schloss Hohenzieritz, Hofseite, Postkarte von 1908

2 *Schloss Hohenzieritz, Hofseite 2017*

von Stund an. Herzog Carl II. Ludwig Friedrich zu Mecklenburg-Strelitz (1741–1816), Bruder der Königin von England und Vater der Königin Luise von Preußen, war in der Freimaurerei bewandert und in unterschiedlichen Logen verdienstvoll tätig. Vor Regierungsantritt stand er unter anderem als Gouverneur von Hannover im Dienst seines Schwagers König Georg III.

Herzog Carl wurde 1770 von seinem Bruder, dem regierenden Herzog Adolph Friedrich IV. zu Mecklenburg-Strelitz (1738–1794), mit dem auf einer Anhöhe unweit der Lieps und des Tollensesees liegenden Gut Hohenzieritz beschenkt, nachdem es als erloschenes Lehen 1768 an die Herrschaft zurückgefallen war. 1771 beauftragte der neue Hausherr die Anlage eines beim Besuch seiner Schwester in England angeregten, ausgeprägt schönen Landschaftsgartens. Der bei Lancelot Capability Brown geschulte Archibald Thomson verwirklichte die Gartengestaltung. Auch das Herrenhaus wurde verändert: Auf erste Umgestaltungen und den Bau seitlicher Pavillons erfolgte ab 1790 die Erhöhung um ein Geschoss mit Mittelrisalit, Kolossalordnung und Tympanon. Damit war der angestrebte repräsentative Charakter eines Schlosses erreicht.

3 Schloss Hohenzieritz, Gartenseite 2017

Nachdem Herzog Carl II. 1794 in Mecklenburg-Strelitz die Regierung angetreten hatte, ließ er die Beletage mit einem seit 1790 geplanten ägyptisch anmutenden Saal in respektablem Ausmaß von beinahe 10 × 18 Metern auszustatten. Der wohlüberlegte Aufwand für dieses Herzstück des Schlosses aus illusionistischen, symbolreichen Wand- und Deckenmalereien, hieroglyphischen Inschriften, Sphingen, Greifen, Konsoltischen, Spiegeln mit prachtvollen Aufsätzen, Öfen und Deckenlüstern steht dem bewusst unauffälligen Äußeren gegenüber, was darauf zurückzuführen ist, dass der Saal nur einem ausgewählten Personenkreis zugänglich war **(Abb. 4, 5, 31, 32, Tafeln)**.[3]

Dieses ikonographisch anspruchsvolle, 1795 vollendete herrschaftliche Programm entfaltet sich vor dem Hintergrund des ägyptisch inspirierten Zweiges der Aufklärung und des Freimaurertums sowie der mythologisch-genealogischen Rückbindung des Herzogtums und der großen archäologischen Entdeckungen der Epoche. Darin kommt die geistige Beweglichkeit Carls II. als Herrscher zum Ausdruck.

Ägypten konnte damals auf unterschiedliche Arten interpretiert und in Dienst genommen werden. Man berief sich bei der auf Ägypten bezogenen

4 *Ägyptischer Saal, kolorierte Aufnahme um 1910, Blick nach Norden*

5a Ägyptischer Saal, Aufnahme vor 1925, Nordostwand

5b Ägyptischer Saal, vermutlich C. Wolff Neustrelitz 1909, Aufnahme mit Blick auf die Fenster zur Gartenseite

Raumgestaltung nicht auf das – um 1800 noch nicht erforschte – pharaonische Ägypten, sondern auf die seit der klassischen Antike in Europa fortgeschriebene Vorstellung davon. Dieses aus mannigfaltigen Quellen und Strömungen gespeiste Ägyptenbild spielt in Philosophie und Kunst des 18. Jahrhunderts wieder eine eminent wichtige Rolle.[4]

In der herzoglichen Hauptresidenz im nahen Neustrelitz findet sich bislang außer einer Sitzgarnitur mit Sphingen und einem Paar Dreifüßen im Thronsaal keine auf das ägyptische Thema weisende Spur.[5] Umso mehr hat es mit dem vergleichsweise bescheidenen Landsitz im 1170 gegründeten Ort Hohenzieritz eine besondere Bewandtnis, wenn ausgerechnet hier das im späteren 18. Jahrhundert kulturell, philosophisch und religionsgeschichtlich so bedeutsame Ägypten mit großer Geste Einzug hielt. Da die Partien des Ensembles sublim aufeinander abgestimmt sind – Raumfolge, Funktionen und Themen, Parkanlage mit verschiedenen Bauten und gärtnerischen Anlagen – kann der Ägyptische Saal als deren Höhepunkt gedeutet werden. Er ist bisher architekturgeschichtlich ohne direkten Vergleich, weshalb Hohenzieritz eine Ausnahmestellung innehat. Der Raum diente vermutlich vielfältigen herrscherlichen und festlichen Zwecken. Der Umgang Herzog Carls II. mit den Freimaurern galt ebenfalls als Anregung für entsprechende Elemente in Schloss und Garten.[6] Weit umfassender einzuschätzen ist das Ägyptenthema dann aber im Hinblick auf die Herrscherlinie. Allerdings blieb manche Frage hinsichtlich der Idee und des ikonographischen Programms derzeit ungeklärt. Noch immer ist nicht bekannt, wie der Saal 1795 ursprünglich hieß. Der im Laufe der Zeit aufgekommene Name »Ägyptischer Saal« bezeichnet entsprechend dem so genannten »Chinesischen Salon« zunächst das beabsichtigte Grundthema und identifiziert die Räumlichkeit als solche. Diese übliche neutrale Benennung wird im Buch vorerst beibehalten.

Schloss Hohenzieritz wurde seit 1919 museal genutzt. Das Geschehen der Nachkriegszeit hat die bis 1945 erhaltene erlesene Ausstattung vollends zerstreut. Die bemalten Wand- und Deckentapeten als künstlerischer Höhepunkt der Schlossräume sind bis auf das Deckenbild im Chinesischen Salon weitgehend verloren. Öfen, Möbel, Gemälde, Skulpturen, Tafelgerät und Kronleuchter gelten als verschollen.[7] Der Landsitz wurde geplündert, die Räume dienten als Flüchtlingsunterkunft und später als Kulturzentrum. Im Ägyptischen Saal fehlen ebenfalls das Mobiliar, die Öfen und die Deckenleuchter. »Vergessenheit und Verluste« zeugen von unerforschten und bis heute ungeklärten Angelegenheiten in der Region. So liegt auch das Schicksal des Hohenzieritzer Inventars immer noch im Dunkel.[8]

Die ursprüngliche ägyptisierende Ausmalung des großen Saales war zu unbekanntem Zeitpunkt ausgebessert, stellenweise durch Marmorierungen überfasst und spätestens 1947 durch eine Marmorausmalung ganz überstrichen worden. Die Malereien sollen dann 1949 bis auf wenige Partien entfernt worden sein.[9] Im denkmalpflegerischen Bericht von November 1950 heißt es dazu: »Die alten Bemalungen einzelner Räume sind vollkommen verräuchert. Der Kulturraum [Ägyptischer Saal] ist neu getüncht worden wobei die alten Bemalungen der Wände rücksichtslos beseitigt worden sind.« Die Gemeinde müsse das Schloss ausschließlich für Kultur und Verwaltung »in Anspruch nehmen, da die Sicherung des unter Denkmalschutz stehenden Gebäudes sonst nicht gewährleistet ist«.[10] Eine späte Neufassung bestand 1952 in einer schlichten Marmorfeldteilung, wohingegen der Deckenputz und somit das Deckenbild im Unterschied zu den Wandmalereien endgültig verloren ist.[11] Bei der architektonischen Instandsetzung des Schlosses 1999 wurde im Ägyptischen Saal ein Sichtfenster mit Wandmalerei konserviert **(Abb. 68, Taf. X, XI)** und die Wände mit weiteren Malereiresten mithilfe einer weißen Papiertapete abgedeckt **(Abb. 6)**.[12] Die Freilegung der Wände und somit weitere den Sachverhalt klärende Forschungen sind für die Zukunft wünschenswert.

6 a-c Ägyptischer Saal 2017, Blick auf die Nordostwand, auf die Südwestwand und die Gartenseite

Literatur über Hohenzieritz

Die Grundlagen und Materialien für diese Arbeit sind der freigelegte hieroglyphisch bemalte Bereich im Saal (80 × 115 cm, **Abb. 68**), die bislang bekannten historischen Fotografien **(Abb. 4, 5, 19, 29, 31, 32, 61, Taf. IV–IX)**[13], die immerhin etwa die Hälfte des Raumes abbilden, je ein Grundriss von 1790 und um 1820/30 **(Abb. 24, 28, 33)**, der Gartenplan **(Abb. 13)** sowie Aquarelle der Parkbauten **(Abb. 18, 22, 40)**. Ferner ein Inventar von 1857/1887, eine Archivalie über die ausführenden Künstler, Kurzbeschreibungen bis 1942 und der Restaurierungsbericht von 1999.

Obgleich die Sichtung der umfangreichen Archivalien[14] größtenteils noch aussteht und die biographischen Hintergründe Herzog Carls II. zu Mecklenburg-Strelitz gewiss noch einiges ergeben werden, ließen sich aufgrund besagten Materials bereits reichhaltige Erkenntnisse für die hier erstmalige Erkundung des Ägyptenbildes von Schloss Hohenzieritz gewinnen.

Die Auseinandersetzung Europas mit Altägypten auf kulturhistorischer, geistesgeschichtlicher, philosophischer, religionsgeschichtlicher und künstlerischer Ebene findet seit der Antike statt und ist in Überblicken und zahlreichen Spezialthemen aufgezeigt worden.[15] – Der Ägyptische Saal des Schlosses Hohenzieritz wurde bislang noch nicht wissenschaftlich bearbeitet. Anlage und Historie des Anwesens, die Luisen-Gedenkstätte und der Garten mit etlichen ehemaligen Bauten sind indes anhand von beispielhaften Archivalien und historischem Bildmaterial zum Gutteil eingehend dargestellt worden.[16]

Die ältere Literatur über den Ägyptischen Saal, als dieser noch erhalten war und der Betrachtung offenstand, beläuft sich meist auf allgemeine, der Zeit entsprechende beurteilende Erwähnungen ohne Quellenangaben:

1805 schrieb der Historiker Friedrich Rühs über Hohenzieritz im *Teutschen Merkur:* »Die Anlagen, die gegenwärtig schon einen ziemlich hohen Grad der Vollendung erreicht haben, sind ganz ein Werk des regierenden Herzogs [...]. Hohenzieritz steht übrigens allen Fremden offen [...]. Das Schloß ist in modernem Geschmack und nicht besonders groß; in einem Saal des zweiten Stocks befindet sich ein kleines artiges Theater, das leicht weggenommen werden kann. Die zweite Hälfte dieses Saals war gegenwärtig zum Gottesdienst eingeräumt, die neue Kirche ist noch nicht vollendet.«[17]

Der Autor und Theologe Georg Krüger wertschätzte 1921 die Hohenzieritzer Ausstattung: »1795 erfolgte nach Zeichnungen des Baukondukteurs Ebel der innere Ausbau des gesamten Schlosses im Geschmack des Zopfstils und des Empire. Die Öfen und Tapeten, die Bemalung der Decken und Wände in Rahmenteilung mit Blumenvasen, antikisierenden Ornamenten u.a., ferner der chinesische und ägyptische Raum sind für die Kunstgeschichte der Zeit um 1800 beachtenswert.«[18]

1925 schilderte Jürgen Brandt in *Alt-Mecklenburgische Schlösser:* »In Hohenzieritz sind vorwiegend noch gemalte Tapeten verwandt, nur die Blumen- und Ornamentborten sind Handdruck. In einer Rahmenteilung, die noch an die frühere Raumgliederung erinnert, finden sich Blumenvasen oder tropische Gewächse (Palmen, schneeballartige Bäume). Ein Saal trägt ägyptischen Charakter, in jener naiven Auffassung, wie die damalige Zeit die ägyptische Kunst verstand. Im Spielzimmer sind Landschaftsbilder und Ruinen angebracht, darunter eine Ansicht des Schlosses Bellevue in Berlin. Alle diese Tapeten stammen wohl aus Berlin.«[19] Auch den Einfluss Berlins und Potsdams – in stilistischer Verbindung mit der europaweiten Pompeji-Begeisterung – auf mecklenburgische Innenräume machte er deutlich: »Schloss Hohenzieritz (1795) [ist] sämtlich mehr oder weniger durch Berlin beeinflusst [...]. In Plüschow haben besonders die gemalten Tapeten mit Ansichten aus Berlin und Potsdam kunsthistorisches Interesse, für die sich die Vorbilder in Ölgemälden und Radierungen nachweisen lassen. Die gemalten Innenräume in Kurzentrechow um 1800 sind ganz im pompejanischen Stil gehalten. Das Letzte, aber auch eigenartigste und reichste Beispiel ist Hohenzieritz.«[20]

Der Architekt und Konservator am Neustrelitzer Landesmuseum Konrad Hustaedt (1874–1948)[21] hinterließ 1924 eine kaum mehr verständliche Einschätzung des Ägyptischen Saales: »Der die ganze Tiefe des Schlosses durchmessende Saal infolge der ihm eigenen Struktur und Aufteilung einer vollwertigen künstlerischen Durchbildung nach dem durch die Empirik mehr und mehr entwickelten neuen Programm der Klassizität fähig, wird des ihm durch Dräsecke[22] verliehenen barocken Charakters zugunsten einer klassizistischen Stilversion, der neben den aus der ägyptischen und hellenischen Mythologie entlehnten Gedanken auch Freimaurerzeichen beigesellt sind, beraubt. Fast alles hat hier der Pinsel des Malers schaffen müssen, Sphinxe als Sopraporten aus der ägyptischen Kunst, figurale Friese nach Vasenbildern und Sarkophagen aus der griechisch-römischen, oberhalb der Wandnischen der Öfen. Der Versuch, gelben Marmor zu imitieren, mißglückte. Das Ganze wird nicht mehr als ein kunstästhetisch dilettantierender Versuch angesehen werden müsen[sic], jene schwer zu ästhetischer Wirkung zu bringende Formen in das Prokustesbett einer engherzigen Anschauungsweise zu zwängen. Ägyptisierende Formenelemente wiederkehrend im Kunstgewerbe des Schlosses schon vor dem epochalen Erscheinen von Perciers und Fontaines Werk[23] nach der Expedition Napoleons I. Charakter der Gemächer durchweg jener Klassizismus in seinen verschiedenartigsten Wandlungen. Zopfstil und ein schlichter Empire dominierende Faktoren, auch in Bezug auf die Keramik der Öfen. Kompositkunst römischer und ägyptischer Motive, in figuralen und ornamentalen Schmuckformen, als deren Schöpfer der derzeitige herzogliche Kastellan und Hofbildhauer Schatz[24] genannt werden darf.«[25] Hustaedt nannte als beteiligte Künstler außerdem: Bau- und Kammer-Kommissär Christoph Heinrich Wier, Leibmedicus Johann Christian Wilhelm Verpoorten[26], Kammer-Ingenieur Georg Siegfried Heine, Baukondukteur Wilhelm Ebel, Ingenieur Johann Christoph Dräsecke, Landbaumeister Friedrich Wilhelm Dunckelberg als Erbauer der Schlosskirche[27], Hofbaumeister Friedrich Wilhelm Buttel, einen Schüler Schinkels, den Bildhauer Christian Philipp Wolff sowie den Maler Carl Benjamin Ruscheweyh.[28]

1926 schätzte der Kunsthistoriker Werner Burmeister Hohenzieritz als eine der »stimmungsvollsten Schöpfungen des Frühklassizismus [...] Wahrhaft fürstlich trotz der räumlichen Enge ist aber die edle Inneneinrichtung im Empirestil [...]. Ganz von Berlin abhängig ist die Baukunst in Neustrelitz [...] und Hohenzieritz [...], sie folgen alle den Strömungen der Berliner Kunstentwicklung.«[29] 1927 bezeichnete er die Innendekoration nach Wilhelm Ebels Plänen als reizvoll und fortschrittlich. Zum großen Festsaal bemerkte er, »die Leistung Ebels wird etwas herabgedrückt durch die unglückliche Wirkung des ›ägyptischen Saals‹, wo er im Gegensatz zu der naturgegebenen Zierlichkeit und Einfachheit mit derben Mitteln eine monumentale Wirkung beabsichtigt, die mißlingen muß. Hier wird durch den Einbau schwerer, säulengefaßter Wandvorsprünge eine keineswegs vorhandene Massigkeit der Mauern vorgetäuscht, die gemalte Dekoration ist so schwer und unbeholfen wie möglich, dabei spotten die dünnen, ganz bürgerlich intim wirkenden Fensterwände und die niedrige Decke der verfehlten Anstrengungen, hier einen gliedermächtigen Monumentalraum vorzuspiegeln«.[30]

Ludwig Volkmann meinte 1942, es müsse der »sogenannten ägyptischen Zimmer gedacht werden, denen man in Schlössern des öfteren begegnet [...]. Ein solches befindet sich in dem durch den Aufenthalt und Tod der Königin Luise bekannten mecklenburgischen Schlosse Hohenzieritz, und es weist jene Verbindung von allgemein-klassischen mit ägyptischen Elementen auf, die wir schon zur Genüge kennen. Die Innenausstattung von [Wilhelm] Ebel stammt aus dem Jahre 1795; die dunklen Streifen an den Fenstern und Türen sind von phantastischen Hieroglyphenzeichen angefüllt, die Reliefs über den Türen enthalten ägyptische Motive (Sphinx und Greif), während das Relief über der Kaminnische ganz klassizistisch ist. Übrigens besitzt das Schloß natürlich auch einen chinesischen Saal!«[31]

Auftraggeber

Das Haus Mecklenburg, auch Obodriten genannt, ist eine auf den slawischen Fürsten Niklot als Stammvater zurückreichende Dynastie. Er herrschte im 12. Jahrhundert über die heidnischen Stämme der Abodriten[sic], Kessiner und Zirzipanen. Seit 1348 lautete der Titel des Regenten »Herzog zu Mecklenburg« und »Fürst zu Wenden«.[32] 1701 war Mecklenburg in die Länder Mecklenburg-Schwerin und Mecklenburg-Strelitz neu aufgeteilt worden, nachdem die männliche Linie der Herzöge zu Mecklenburg-Güstrow 1695 geendet hatte. Der Hamburger Vergleich als Vertrag des Hauses Mecklenburg regelte diesen Erbfolgestreit. Das Herzogtum Mecklenburg-Strelitz wurde 1701 aus den Regionen der Herrschaft Stargard und dem Fürstentum Ratzeburg gebildet. Herzog Adolph Friedrich II. (1658–1708) wurde am 8. März 1701 zum Gründer der Strelitzer Linie des Hauses Mecklenburg. Als 1712 das Strelitzer Wasserschloss seines Sohnes Herzog Adolph Friedrich III. (1686–1752) durch Brand zerstört wurde, baute man zunächst das herzogliche Jagdhaus bei Glienecke am Zierker See zur Residenz aus. Hier liegt der Ursprung der 1733 gegründeten neuen Residenzstadt Neustrelitz.[33]

Carl (II.) Ludwig Friedrich zu Mecklenburg-Strelitz (10. Oktober 1741 bis 6. November 1816) wurde auf Schloss Mirow als sechstes Kind des »Prinzen von Mirow«, Herzog Carl zu Mecklenburg-Strelitz (1708–1752), und seiner Gemahlin Elisabeth Albertine von Sachsen-Hildburghausen geboren.[34] Da Adolph Friedrich III., der ältere Halbbruder Carls, ohne männlichen Nachfolger blieb, wurde nun die Mirower Linie für die Thronfolge ausschlaggebend. Carl pflegte Kontakte nach Rheinsberg zu Friedrich II. von Preußen, und in Mirow versammelte er Vertreter der geistigen Elite um sich. So war 1745–1756 der Theologe, Naturforscher und Altertumssammler Gottlob Burchard Genzmer Erzieher der Herzogskinder.[35] Die beiden Prinzen Adolph Friedrich (IV.) und Carl (II.) sollten gebührend auf den Thron vorbereitet werden, den der ältere Adolph Friedrich 1752 nach dem Tod des Vaters und des Onkels in der Residenz Neustrelitz einnahm **(Abb. 7)**.[36] Für Carl (II.) war nunmehr eine Militärkarriere vorgesehen. Nachdem er 1755 in Hannover unter König Georg II. von England das Patent als Major erworben hatte, studierte er 1758–1760 mit seinem zweiten Bruder Ernst Jura, Geschichte und Mathematik in Genf. Während des Siebenjährigen Krieges

7 *Daniel Woge (1717–1797), Prinzessin Christiane zu Mecklenburg-Strelitz mit zweien ihrer Brüder, den zukünftigen regierenden Herzögen Adolph Friedrich IV. und Carl II., vermutlich um 1765*

gehörte er dann dem Stab Herzog Ferdinands von Braunschweig-Lüneburg, des Oberbefehlshabers der alliierten britisch-hannoverschen Armee, an. 1761 ernannte ihn Georg III. zum Oberst, woraufhin Carl dem Kurfürstlich Braunschweig-Lüneburgischen Infanterieregiment namens »Prinz Carl von Mecklenburg« vorstand. Bald darauf nahm Carl an der Seite Portugals am Kampf gegen Spanien und Frankreich teil.

Herzog Carl II. wurde von Zeitgenossen als ein Mensch von starker Konstitution und vorzüglicher Würde bezeichnet. Überdies soll er für seinen gerechten, edlen und freimütigen Charakter außerordentlich geschätzt worden sein. Ferner wird berichtet, Carl befasse sich ausführlich mit der Geschichte des Hauses Mecklenburg.[37] Das Bildnis Carls mit dem wachen, offenen Blick und der klassischen, im 18. Jahrhundert modernen Pose der Hand im Wams unterstreicht des Herzogs vornehme und bedachte Haltung **(Abb. 8)**.[38] Es entstand während der Englandreise 1770/1771 zu seiner Schwester Sophie Charlotte, der Königin **(Abb. 9)**.[39] Sie war an den Hohenzieritzer Plänen ihres Bruders beteiligt.[40]

1768 hatten sich Herzog Carl II. und Friederike Karoline Luise von Hessen-Darmstadt (1752–1782) vermählt. Wohnsitz war 1768–1786 das Alte Palais in Hannover, das Geburtshaus der Königin Luise und ihrer Schwester Friederike. In den frühen 1770er Jahren geriet das Haus Mecklenburg-Strelitz in nennenswerte finanzielle Schwierigkeiten, die Carl nach Auftrag Kaiser Josephs II. von seinem Dienstort Hannover aus erfolgreich regelte. Seit 1776 war Herzog Carl Chef des Kur-Braunschweig-Lüneburgischen Garderegiments sowie Königlicher und Kurfürstlicher Gouverneur der Residenz Hannover im Dienste seines Schwagers König Georg III. von England. 1776 wurde Luise geboren (†1810), 1793 Kronprinzessin und 1797 Königin von Preußen an der Seite Friedrich Wilhelms III. Luises Geschwister sind u.a. Charlotte (1769–1834), Friederike (1778–1841), Erbprinz Georg (1779–1860) und Carl (1785–1837). Nach dem frühen Tod seiner Frau 1782 heiratete Herzog Carl II. 1784 seine Schwägerin Charlotte Wilhelmine Christiane von

Hessen-Darmstadt (1755–1785), die ebenfalls nach kurzer Zeit verstarb. Carl II. gab die Kinder 1786 nach Darmstadt zur Großmutter, der Landgräfin Marie Luise Albertine von Hessen (1729–1818), genannt Prinzessin Georg. Überdies verließ er das Militär im Rang eines Feldmarschalls mit einer Jahrespension. Hiermit und mit bescheidenen Einkünften aus dem Gut Hohenzieritz begab er sich auf Reisen, bis er 1787 ebenfalls Wohnsitz bei der Schwiegermutter in der Residenz Darmstadt nahm. Bald aber zog Carl zu seiner ältesten Tochter Charlotte und dem Schwiegersohn Herzog Friedrich nach Hildburghausen zwecks Unterstützung des Herzogtums Sachsen-Hildburghausen in Angelegenheiten der Staatsfinanzen. Carl hatte dort außerdem das freimaurerische Amt des Meisters der Johannisloge inne. 1792 folgte die Familie aus Darmstadt nach Hildburghausen.

8 Johann Georg Ziesenis (1716–1776), Carl Ludwig Friedrich zu Mecklenburg-Strelitz, um 1770

9 Johann Joseph Zoffany (1733–1810), Königin Charlotte mit ihren Kindern, mit Lady Charlotte Finch und ihren Brüdern Prinz Carl (links) und Prinz Ernst zu Mecklenburg-Strelitz, um 1771/72

10 Anton Zeller (1766–1837), Carl II. Ludwig Friedrich zu Mecklenburg-Strelitz, um 1790

Als 1794 sein Bruder Herzog Friedrich Adolph IV. zu Mecklenburg-Strelitz starb[41], übernahm der vielseitig erfahrene Herzog Carl II. die Regierung **(Abb. 10)**.[42] Die Neuordnung der Verwaltung, die Einschränkung des Hofstaates, Reformen zur Verbesserung der wirtschaftlichen Situation im Land sowie auf den Gebieten des Agrarwesens, der Forstwirtschaft, des Schul-, Armen- und Gesundheitswesens gehörten zum umfangreichen Engagement des neuen Herrschers. So stiftete er 1795 die Oberschule Gymnasium Carolinum in Neustrelitz. Mit Regierungsbeginn bezog er Wohnsitz im Residenzschloss Neustrelitz und in der Sommerresidenz Hohenzieritz. Seine Schwiegermutter Prinzessin Georg folgte ihm nach Neustrelitz und stand bis zu ihrem Tode 1818 dem Haushalt des Residenzschlosses vor. Auf diesem Wege brachte sie eine reiche fürstliche Ausstattung aus Darmstadt in das Haus Mecklenburg-Strelitz ein. Der Hohenzieritzer Ägyptische Saal wurde 1795 vollendet, in dichter zeitlicher Abfolge nach Regierungsantritt 1794 und nach der Heirat seiner Töchter Luise und Friederike am 24. und 26. Dezember 1793 in das preußische Königshaus. Am 19. Juli 1810 starb Königin Luise in Hohenzieritz, was dem Schloss und Carl II. unversehens hohe Aufmerksamkeit verlieh. Auf dem Wiener Kongress 1815 erhielt Carl II. die Titelerhöhung zum Großherzog zu Mecklenburg-Strelitz.

Die Ordensmitgliedschaften und die Tätigkeiten Herzog Carls im Rahmen der Freimaurerei waren ausgeprägt.[43] Erste Aktivitäten für die freimaurerische Gemeinschaft in Mecklenburg-Strelitz reichen bis auf Adolph Friedrich III. (1708–1752) und seine Gemahlin Dorothea Sophie zurück. Der Herzog stiftete 1745 den Orden *De la fidelité et constance,* die Herzogin jenen namens *Du chêne et du tombeau.*[44]

Schon 1766 war der junge Carl in die Logen *Friedrich im Orient* und *Zum weißen Pferde* in Hannover aufgenommen worden.[45] 1767 trat er der *Strikten Observanz,* dem *Hohen Orden der Ritter des heiligen Tempels zu*

Jerusalem, bei und bekleidete dort – kurz nachdem Hohenzieritz sein Eigen wurde – seit 1772 das hohe Amt eines *superior et protector ordinis.*[46] Auf ihn ging auch die Aufnahme seines Bruders Adolph Friedrich IV. 1772 in diese Neubrandenburger Loge zurück.[47] Innerhalb der *Strikten Observanz* war 1776 sogar die Idee aufgekommen, zum »›Aufspüren der letzten Geheimnisse‹ einen so genannten Allerheiligsten Tempel (adytum sacrum) an einem geeigneten Ort in Mecklenburg aufzubauen«, wobei dieses Ansinnen alsbald verworfen wurde.[48] Der ab 1782 nicht mehr tätige Orden hatte sich auf den 1312 verbotenen Templerorden als Lichtträger in der Finsternis berufen. 1777 war in Neustrelitz die Loge *Zur wahren Treue* gegründet worden. Ihr gehörten die beiden Brüder des regierenden Herzogs Adolph Friedrich IV., die Prinzen Georg und Carl, an.[49] Auf die *Observanz* folgte nach 1782 die große Zeit der Illuminaten und der Gold- und Rosenkreuzer. Mitglieder der *Strikten Observanz* waren mitunter zugleich Gold- und Rosenkreuzer, und bei letzteren wurde für jeden Grad sogar eine eigene Geheimschrift kultiviert.[50] Nach dem Ende der *Strikten Observanz* avancierte Herzog Carl 1786 zum Großmeister der englischen Provinzial-Großloge von Hannover und Mecklenburg. 1787 wurde er beständiger Logenmeister besagter St. Johannisloge *Carl zum Rautenkranz* in Hildburghausen. Es ist eine der frühesten deutschen, bereits 1740 gegründeten Freimaurerlogen, die Carl hier übernahm. Berühmtestes Mitglied war der Dichter Friedrich Rückert.[51] Für die mecklenburgische Logengeschichte ist bedeutungsvoll, dass Carl II. 1799 – nunmehr als regierender Herrscher – die Wiedererrichtung der Johannisloge *Zu den drei Sternen* in Rostock mit einem Konstitutionspatent überzog.[52] Des Herzogs lebenslange Verdienste um die Freimaurerei in Mecklenburg mündeten 1815 im Amt des Protektors der neuen Johannisloge *Zum Friedensbunde* in Neubrandenburg.

Sowohl Adolph Friedrich IV. (1738–1794) als auch Carl waren 1761 anlässlich der Hochzeit ihrer Schwester Sophie Charlotte (1744–1818) mit dem englischen König Georg III. (reg. 1760–1820) in den ältesten englischen Ritterorden, den Hosenbandorden, aufgenommen worden.[53] Seit der Vermählung seiner Tochter Luise in das Königshaus Preußen am 24. Dezember 1793 war Herzog Carl Mitglied des königlich preußischen Hohen Ordens vom Schwarzen Adler.[54] Sowohl zu Ordensfunktionen als auch zu Herrscherämtern wurden Medaillen zur symbolischen Repräsentation herausgegeben. Die Münze als Sonderform der Reliefplastik ist ein verbreitetes Medium des Landesherrn, der mit Herrschaftsinsignien und Ordenszeichen herausgeputzt ist.[55] Zum Regierungsantritt Carls II. am 2. Juni 1794 erschien eine Münze mit seinem Portrait und dem Stern des Schwarzen Adler-Ordens. Eine Silbermedaille zur Huldigung am 22. Dezember 1794 bezeichnet ihn als CAROLUS MEGAPOLITANORUM DUX. Außerdem wurde Herzog Carl II. 1799 zum Ritter der kaiserlich russischen Orden namens St. Andreas, Alexander Njewsky und St. Anna ernannt, ferner gehörte er dem königlich preußischen Roten Adler Orden und dem königlich schwedischen Seraphinen Orden an. Nach seinem Tode bezog sich eine Gedenkmünze 1817 auf seine freimaurerischen Verdienste. Auf dem nach rechts gekehrten Brustbild mit dem Stern des Andreas- und des Schwarzen Adler-Ordens trägt der Herzog ein Band mit Winkelmaß um den Hals. Der Schriftzug lautet: DEM FÜRSTEN UND FREIMAURER. DIE LOGEN MECKLENBURGS: ZU DEN DREI STERNEN, TEMPEL DER WAHRHEIT, PHOEBUS APOLLO, HARPOCRATES ZUR MORGENRÖTHE, UND ZUM FRIEDENSBUNDE. 1817.[56]

11 Schlosspark Hohenzieritz, von der Weinlaube der Schlosstreppe aus gesehen

Ortsheiligtum

Auf dem südöstlich des Schlosses hügelig abfallenden malerischen Gelände wurde der Park ab 1771 mit einer großen Wiese und einem umlaufenden, mehrwegig verschlungenen Belt-Walk mit üppigem Baumbestand und Umfriedung aus dem Rosengewächs Weißdorn, dem römischen Gott des Anfangs, des Endes, der Sonne und der Gegensätzlichkeit Ianus heilig, angelegt.[57] Teiche, Feldsteinmauern und Baumgruppen unterstreichen die Gartenidee nach dem englischen Naturideal, die Archibald Thomson aus dem Umfeld des Gartenarchitekten Lancelot Capability Brown verwirklichte **(Abb. 11–13, Taf. XII)**.[58] Hohenzieritz gehört mit dem Landschaftsgarten Gotha und dem Park von Richmond bei Braunschweig

12 Schlosspark Hohenzieritz, Teich im Nordosten

zu den frühesten englischen Gärten auf dem Festland.[59] Herzog Carl hatte in England bei seiner Schwester Sophie Charlotte die königlichen Gärten Hampton Court, Richmond und Kew Gardens begeistert in Augenschein genommen. Nach dem Regierungsantritt ab 1794 ließ er den reinen Naturgarten mit etlichen kleinen Bauten und Anlagen ausstaffieren. Ein Ananashaus 1793, eine Moschee (**Abb. 22**) und ein Borkenhäuschen 1795 (**Abb. 40**), ein Waldaltar im Heiligen Hain 1795 (**Abb. 17, 18**), ein Wasserfall, eine Sonnenuhr und eine Grotte mit darüberstehender Rotunde als Tempel der Weisheit um 1800, ein Schneckenberg nach 1800 mit gewundenem Weg und Bäumen anstelle des früheren Borkenhauses und eine Weinlaube wurden errichtet, jedoch in den Jahren nach 1800 allmählich wieder abgetragen. Das Denkmal für Carls verstorbene Gemahlinnen und Kinder »Die Hoffnung tröstet die Trauer« von 1798 und der Monopteros für Königin Luise 1815 sind heute noch ebenso erhalten wie die Schlosskirche an der Auffahrtsallee als Zentralbau mit Kuppel von 1806.[60]

13 »Situations Plan von Hohenzieritz dem Dorffe und Herzogl. Garten«, um 1800

14 Daniel Woge (1717–1797), Prillwitzer Idole, 1769/70

Noch vor dem Blick ins Innere des Schlosses gibt das Hohenzieritzer Terrain ersten inhaltlichen Aufschluss über die urzeitliche und mythologische Bedeutung des Anwesens, eine sehr wichtige Grundlage für das Verständnis des Ägyptischen Saales. Für Herzog Carl war Hohenzieritz, das ihm sein Bruder 1770 geschenkt hatte, als Landsitz von besonderer Bedeutung, da das nächstgelegene Gut Prillwitz[61] als das sagenhafte Radegast-Heiligtum Rethra galt. Der so genannte Rethrer Berg wurde als Kultort slawisch-nordischer Gottheiten, der Wenden und Obodriten, dem herrscherlichen Ursprung Carls II., angesehen.[62] Angeblich zufällig fand man dort 1768, als das Lehen Hohenzieritz an die Herrschaft zurückfiel, bronzene, mit Runen versehene Götterfigurinen. Diese »Prillwitzer Idole« befinden sich heute im Mecklenburgischen Volkskundemuseum Schwerin-Mueß **(Abb. 14)**.[63] Das Haus Mecklenburg-Strelitz bezieht sich genealogisch und mythologisch auf das Stammheiligtum der Obodriten, Vorfahren der Herzöge zu Mecklenburg-Strelitz, denn »Herrschaft braucht Herkunft«.[64] Unverzüglich hatte Herzog Carl dann das 1771 herausgegebene prachtvolle Kupferstichwerk über die Prillwitzer Idole namens *Die gottesdienstlichen*

Alterthümer der Obotriten beauftragt. Die Mythologie und Historie erläuterte darin der Theologe, Prediger und Superintendent des Herzogtums Andreas Gottlieb Masch, die bildlichen Darstellungen schuf der Strelitzer Hofmaler Daniel Woge.[65] Das Werk war der Königin von England Sophie Charlotte gewidmet. Nach der Regierungsübernahme in Mecklenburg-Strelitz 1794 erwarb Carl II. 1795 die nahe Hohenzieritz gelegenen Güter Wendfeld, Ehrenhof, Siehdichum, Zippelow und Prillwitz[66], womit der Herzog endlich das eigentliche mecklenburgische Stammland besaß. Zeitgleich mit der Ausmalung des noch viel tiefer in die Historie weisenden Ägyptischen Saales 1795 wurden die Idole in Hohenzieritz als überregionale Sensation und als Beweis für das Heiligtum Rethra zur Schau gestellt.[67] Über die Echtheit der Prillwitzer Idole entbrannte bald ein weitreichender Gelehrtenstreit. Dass es sich um Fälschungen der Neubrandenburger Goldschmiede-Brüder Sponholz handelte, sollte sich erst nach dem Tode Herzog Carls II. herausstellen.[68]

15 Schlosspark Hohenzieritz, Priesterpforte am östlichsten Punkt des Gartens

Gut Prillwitz und sein Garten ist wie Hohenzieritz von Carl II. aufwendig verändert worden und erhielt »einen zweiten größeren Saal [...], Öfen geschmackvollster Art [...]. Zur Ausstattung des Inneren traf der Herzog unter dem in seinen Schlössern verwahrten reichhaltigen Mobiliar sorgfältige Auswahl [...]«.[69] Inwieweit die Ausstattung von Prillwitz mit Hohenzieritz korrespondierte und ob es mithin ägyptisch inspirierte Motive gab, ist derzeit nicht geklärt. Immerhin führte eine »Priesterpforte« von Hohenzieritz auf den Weg nach Prillwitz **(Abb. 15)**.[70]

Zu Prillwitz, auch Rethrer Berg genannt, gehörte seit 1800 ein auf englische Tradition zurückgehender, den Schlossberg ersetzender, Schneckenberg mit unterirdischen Räumen, die möglicherweise zu kultischen Zwecken genutzt wurden.[71] Vorbild könnte der Schneckenberg mit chinesischem Parasol Friedrich Wilhelms II. beim Marmorpalais im Neuen Garten Potsdam gewesen sein.[72] Auch im Hohenzieritzer Park gab es nach 1800 einen Schneckenberg nahe dem Teich anstelle des ehemaligen Borkenhäuschens **(Taf. III, XII)**.[73] Der gewundene Pfad um den Berg steht für den Läuterungsweg wie bei der umfänglichen Besteigung des Läuterungsberges in Dantes *Purgatorio.* Die spätere Grabpyramide auf dem Tempelberg in Werder bei Prillwitz von Joseph Christian Heinrich von Maltzan (1805), dem früheren Adjutanten des Prinzen Heinrich von Preußen, bestätigt durch die Nähe zu Hohenzieritz die einflussreiche Bedeutung des Ortes.[74] Nach dem Vorbild einzelner Prillwitzer Idole hatte sich Königin Luise ein Diadem fertigen lassen, ihre Schwester Friederike indes goldene Ohrringe, was die Verbindung zu den alten Götterfamilien umso mehr stärkte.[75]

Auch am englischen Hof war diese urzeitliche Geschichte durch die Heirat Sophie Charlottes zu Mecklenburg-Strelitz nach England von großem Interesse.[76] Die englische Schriftstellerin Sarah Scott betonte 1762 in *The History of Mecklenburgh* die germanische bzw. gotische Herkunft der Mecklenburgerin.[77] Der englische Historiker und Reiseschriftsteller Thomas Nugent veröffentlichte 1766 die Geschichte Mecklenburgs in *The History of Vandalia.*[78] Er betonte das hohe Alter der Mecklenburger Herrscher sowie die gemeinsamen Wurzeln mit Hannover und England. Demnach sollen die Bewohner Mecklenburgs Goten bzw. Vandalen gewesen sein mit weit in die Antike zurückreichender Herkunft. Nugent erstellte eine genealogische Tabelle von Anthyrius I., Heerführer Alexanders des Großen und erstem König der Vandalen, bis zu Sophie Charlotte zu Mecklenburg-Strelitz. Anthyrius' Gemahlin sei demnach die gotische Prinzessin Symbulla, dann als germanische und wendische Venus bzw. Göttin Siwa/Sieba verehrt.[79] Auf seiner Reise nach Mecklenburg 1766/67 teilte Nugent die herrschende Ansicht, mit der königlichen Heirat seien die vormaligen angelsächsischen Wurzeln der Mecklenburger und Engländer gefestigt, und ihr gemeinsamer Stammvater sei Wotan. Diese stammesgeschichtlichen Herleitungen wurden überregional diskutiert: Die Historiker Johann Gottlieb Pistorius und Samuel Buchholtz etwa sowie besagter Gottlob Burchard Genzmer, Theologe, mecklenburgischer Naturforscher und Prinzenerzieher Herzog Carls auf Schloss Mirow waren untereinander und mit Thomas Nugent in Verbindung. Genzmer besaß außerdem eine der bedeutendsten Petrefaktensammlungen Deutschlands und stand mit Johann Joachim Winckelmann im Austausch.[80]

Archäologische Forschungen in fürstlichen Gärten[81] waren zum Nachweis historischer Bedeutsamkeit und herrscherlicher Legitimation in der 2. Hälfte des 18. Jahrhunderts an der Tagesordnung und passten in die Ära der sensationellen archäologischen Entdeckungen wie etwa in Herculaneum und Pompeji[82] sowie zur Begründung der Klassischen Archäologie durch Johann Joachim Winckelmann.[83] 1764/1766 war der Isistempel von Pompeji freigelegt worden. Das mit Malereien, Stuck und Statuen geschmückte Heiligtum geht auf das 2. Jahrhundert v. Chr. zurück und beeinflusste die Ägyptenrezeption aller Zeiten nachhaltig.[84] Das Haus Mecklenburg-Strelitz war so stolz auf das Ortsheiligtum Rethra, dass man es in jenem Buch *Die gottesdienstlichen Alterthümer der Obotriten [...]* im Vergleich zu »Herculan« als einzig und herausragend ansah:

> *»Wir haben nun eine Sammlung von gottesdienstlichen Alterthümern, die wir mit Recht die einzige ihrer Art nennen können. Italien ist stolz*

über ein entdecktes Herculan [...]. Das Herculanum liefert Werke der Kunst, die an Schönheit unsre Alterthümer weit übertreffen [...]. Indessen trift man ihres gleichen bereits in den Cabinettern der Gelehrten, oder auf öffentlichen Plätzen in Rom und andern Orten an [...]. Unsre Alterthümer aber haben nirgends ihres gleichen, sondern sind die einzigen Ueberbleibsel eines grossen und mächtigen Volkes, das schon in den ersten Zeiten den Römern so furchtbar war [...]. Von den Wenden sind die Nachrichten so sparsam, daß man von ihrem Gottesdienste wenig gewußt hat; und daher gereichet diese Sammlung zu einer fruchtbaren Erweiterung dieses Stückes der Geschichte, und macht uns manchen Götzen bekannt.«[85]

Aus welchem Grund und auf welche Weise Herzog Carl II. dann das Ägyptische mit der örtlichen Mythologie inszenierte, ist bisher nicht hinterfragt worden. – Eine wichtige Verknüpfung könnte sich 1753 bei besagtem Historiker Samuel Buchholtz finden: »[...] Radegast ist ein König und Gott der Wandalen gewesen [...]. Der Name ist so viel als der Geist des Raths, und sein Sinnbild ist unter dem Stier, mit dem schon die alten Wandalen große Abgötterey getrieben, zu finden. Ob man aber eine Verwandtschaft desselben mit dem Egyptischen Apis behaupten könne, verlangen wir nicht auszumachen.«[86] Der Probst David Frank vermerkte im gleichen Jahr, »Ochs Apis [...] daß dis uralte Wapen vom Bucephalo, dem berühmten Pferde des griechischen Helden Alexandri [...] seinen Uhrsprung[sic] genommen, und sey hernach eins mit dem andern vermenget worden, indem man aus Bucephal Büffel gemacht. Nun liesse sich solches noch wohl hören, wann es nur wahr wäre, daß die Heruler von Babylon zu Schiff nach Mecklenburg gekommen, und in ihrer Flagge (wie man vorgiebt) einen Bucephal geführet«.[87]

Im Wappenschild des Hauses Mecklenburg-Strelitz ist der schwarze Stierkopf mit Fürstenkrone und silbernen Hörnern auf goldenem Grund das Symbol des Herzogtums Mecklenburg und des Fürstentums Wenden. Ein auf den Hinterbeinen stehender schwarzer Stier und ein Greif sind die Schildhalter des Wappens. Der Stier war ebenfalls im Wappen des fürstlichen Hauses Werle, einer Nebenlinie der mecklenburgischen Obodriten, geführt worden **(Abb. 16)**.[88] Da dem Zeitgeist entsprechend in ausnehmender Weise mythologische, geographische, historische, genealogische, ikonographische und etymologische Verwebungen gebildet wurden, könnte der königlich-preußische Tafelaufsatz von 1804 mit dem Geheimnis des Apis/Mnevis, des heiligen schwarzen Stieres von Memphis/Heliopolis als Symbol des großen Schöpfers Ptah und des Sonnengottes Re durchaus in dieser Linie gesehen werden **(Abb. 89)**.[89] Höchstwahrscheinlich liegt hierin eine Verknüpfung mit Preußen. Man könnte darüber nachdenken, ob der Tafelaufsatz mit dem schwarzen Stier ursprünglich sogar eine mecklenburgische Idee war, der Königin? »Rethra« ist in Hohenzieritz jedenfalls ganz unverrückbar und folgerichtig mit »Ägypten« verbunden.

16 Wappen des (Groß-) Herzogtums Mecklenburg-Strelitz 1701–1918

Weitere Gesichtspunkte sind für den Ägyptischen Saal grundlegend: Am 12. August 1795 ließ Herzog Carl II. im äußeren östlichen Bezirk des Hohenzieritzer Schlossparks ein Festspiel zur »Siebzehnten Geburtsfeier« – zum vollendeten sechzehnten Lebensjahr – des Erbprinzen Georg zu Mecklenburg-Strelitz (1779–1860), Bruder der Kronprinzessin und Königin Luise von Preußen, aufführen.[90] Zu den festlichen Staffagen gehörten laut Beschreibung ein Heiliger Hain **(Abb. 17)**[91], eine Brücke mit Ehrenpforte, ein Waldaltar aus Feldsteinen und ein Obelisk am großen Teich.[92] In dem von Musik, Gesang und Rezitationen begleiteten Festspiel in Gegenwart des Hofes und von Gästen aus der Umgebung wurde Herzog Carl II. als Glücksstifter seiner Untertanen gewürdigt. Sein Sohn Prinz Georg begab sich daraufhin zur »Schutzgöttin unsers glücklichen Landes – ja, Fürst, sie selbst ließ sich herab, den heutigen Tag mit uns zu feiern. Im vollen Glanz der Majestät erschien sie plötzlich in unsrer Mitte, und befahl uns: Dich zu ihr in jenen Hain zu führen. Ihr göttlicher Beifall sei heute der Lohn Deiner Tugenden! Und nun, mein Prinz, zu ihr!«[93] Prinz Georg trat der Göttin, deren Rolle seine Schwester Charlotte Herzogin zu Hildburghausen einnahm, im Blumen geschmückten Hain würdig entgegen und erhielt ihren Segen am Denkmal der Ahnen: »Allen guten Fürsten Mecklenburgs, von der Huldgöttin des Landes.«[94] Abschließend besang ein Chor die Göttin als »So huldreich und gut – Sie weihte Ihn ein Zur Zierde der Fürsten Zum Seegen der Treuen«.[95] Die herrschaftliche Runde versammelte sich dann im Borkenhaus mit Bil-

lardsaal[96], und die Bewohnerschaft von Hohenzieritz und den Nachbardörfern feierte auf der Wiese inmitten des Schlossgartens. Es war der gleiche Sommer, in dem der Ägyptische Saal ausgemalt wurde.

Auf der Zeichnung des Heiligen Hains, über den sonst keine weiteren Feiern so genau beschrieben sind wie jene von 1795, ist der Waldaltar mit unbehauenen Feldsteinen und der Inschrift »Meine Brüder« versehen **(Abb. 18)**.[97] Ein Zaun mit Pforte umschließt den kleinen Bezirk. Die mit schlanken, Obelisken ähnlichen Pyramiden bekrönten Pfeiler dieses Zuganges sind mit Motiven, die an Fasces als Herrschaftszeichen[98] erinnern und mit zwei antikisierenden behelmten, Waffen und Mantel tragenden Standbildern flankiert. Sie lassen an eine Darstellung des kriegerischen Ares denken, Sohn des Zeus und der Hera.[99] Dieser Heilige Hain soll überdies ein Fundort von Urnen sein, dem Sagenkreis um Rethra gewidmet.[100] Nadelhölzer und Robinien (Akazien, Silberregen) wurden als Ersatz für die Mimose, den südlichen Seelenbaum, gepflanzt. Das Element

17 Schlosspark Hohenzieritz, Bereich des ehemaligen Waldaltars im Osten des Gartens

18 Schlosspark Hohenzieritz, Entwurf zum Waldaltar, Aquarell, 1796

19 *Schloss Hohenzieritz, Chinesischer Salon, Foto um 1920.*

der Akazie spielte auch bei König Friedrich Wilhelm II. von Preußen im Neuen Garten in Potsdam eine Rolle im Hinblick auf die Weisheiten Arabiens und Ägyptens.[101] Akazien erinnern außerdem an den Baumeister des Salomonischen Tempels Hiram Abiff. Laut Legende kam er durch drei Gesellen zu Tode, die ihm das Meisterwort zu entlocken trachteten. Der den Grabhügel kennzeichnende Akazienzweig schlug dann Wurzeln – Hiram hatte das Geheimnis bewahrt, und das Sterben und Neuwerden der Natur erinnert an Osiris.[102] Ein solcherart geheiligtes kleines Wäldchen, nicht selten mit einer Quelle, hat seine Grundlage im antiken Griechenland und diente zur Götterverehrung oder auch als philosophischer Lehrgarten wie der früheste derartige Ort: Platons Akademie in Athen.[103] Die Interpretation des Hains ließe sich durch Prüfung antiker Autoren in Bezug auf nordische Götterhaine gewiss gewinnbringend vertiefen.

Im ehemaligen erdgeschossigen, gen Südosten neben dem Spielzimmer ausgerichteten Chinesischen Salon des Schlosses mit gemaltem Decken-Okulus zur Sonne hing das heute verschollene Bildnis des Erbprinzen Georg **(Abb. 19)**.[104] Vor einem baumbestandenen Felsen sticht er mit einem

Spaten in die Erde, sieht den Betrachter an und wird selbst beobachtet von einem weißen Torfspitz. Dieser Torfhund ist die älteste in Europa, zuerst im Ostseeraum, nachweisbare prähistorische Rasse.[105] Der Prinz handelt demnach eher als Forscher, Nachfahre und Teilhaber einer bedeutsamen Linie denn als Gärtner. Die Szene illustriert die Archäologie des Ortes, wobei noch im Dunkel bleibt, welche Schätze er soeben ausgräbt. Ungeachtet des exotischen Themas war der mit dem Gemälde und mit Naturmotiven ausgeschmückte Raum womöglich auch als Sinnbild asiatischer Religionen und deren Verbindung zu geheimen Weisheitslehren wie im Park von Sanssouci gedacht, was zukünftig noch der Prüfung bedarf.[106] Die Sonne in dem von Vögeln und Schmetterlingen bevölkerten Deckenhimmel wirkt mit den linealgeraden weißen Strahlen und dem gleißenden Licht nicht wie eine natürliche Himmelserscheinung, sondern wie die allerhöchste Quelle selbst **(Abb. 20, 21)**.[107] Nachdem die Decke dieses Raumes unlängst restauriert wurde und mit dem lichten Okulus eine inhaltliche Verbindung zum Ägyptischen Saal nahelegt, ist die dortige Freilegung der Wände ebenso notwendig.

20 Schloss Hohenzieritz, Chinesischer Salon, Deckentapete

Eine weitere Stufe auf dem Weg zum Herzstück des Schlosses ist diese: Die 1795 von Wilhelm Ebel erbaute und im Frühjahr 1796 von Carl Benjamin und seinem Sohn Ferdinand Ruscheweyh ausgemalte[108], 1825 schließlich abgebrochene Hohenzieritzer Moschee mit Kuppel lag auf gleicher Höhe mit dem Schloss mit Blick zu dem See namens Lieps **(Abb. 22)**.[109] Die Angabe, die Moschee stünde motivisch und gedanklich mit dem Ägyptischen Saal in naher Verbindung, konnte aufgrund derzeit fehlender Belege und Abbildungen nicht geprüft werden.[110] Das Bauwerk soll mit den »aus Darmstadt eingetroffenen Möbeln« ausgestattet gewesen sein.[111] In der Nähe befand sich wohl eine Platane, die mit ihrer sich unentwegt erneuernden Rinde und ihren kugelrunden sonnenartigen Früchten als Baum der Weisheit galt.[112]

21 Chinesischer Salon, Detail der Deckentapete

22 *Schlosspark Hohenzieritz, Entwurf zur Moschee, Aquarell, 1795*

Die berühmteste, vermutlich vorbildhafte, Moschee des Kontinents ist jener »Tempel der Weltweisheit« des Kurfürsten Karl Theodor im Schlossgarten zu Schwetzingen 1779–1795. Dem aufklärerischen Geist folgend war sie kein islamisches Gotteshaus oder orientalisierende Staffage, sondern Ausdruck der Weltoffenheit gegenüber allen Religionen und somit ein Tempel der Weltweisheit. Der Stil vertritt dabei mit dem Orient assoziierte Weisheitslehren.[113] Und da Ägypten seit alters her ein Synonym für den absoluten Wert der Weisheit war, könnten sich Moschee und Ägyptischer Saal doch nahe aneinanderfügen. Folgerichtig benötigte die Hohenzieritzer Moschee keine konkret orientalisch-islamischen Motive, denn man bezog sich mit dem Kuppelbau auf einen größeren Aspekt, hier nämlich auf die Muslime, die die alte ägyptische Tradition der Weisheit der Natur in Form der Alchemie – wie etwa die Aufzeichnungen der Tabula Smaragdina – nach Europa weitergegeben hatten.[114]

Immer wieder führen in Hohenzieritz ganz offensichtlich die Wege, Assoziationen und Allusionen nach Ägypten zurück. Wenngleich sich das Freimaurertum auf diesen Weg bezieht, so diente Carl II. doch dem tiefer gehenden Gedankengut des Herrschertums.

Das Ägyptenbild von Schloss Hohenzieritz

Der Ägyptische Saal ist das Herzstück des Schlosses. In ihm liegt eine vielschichtige Bedeutung, die sich nur allmählich erkennen lässt. Sie entfaltet sich schrittweise, denn mannigfache Vorstellungen, Blickwinkel und Quellen fügten sich zu einem sowohl herzoglich bestimmten als auch dem Zeitgeist entsprechenden Ägyptenbild und der daraus folgenden Ausgestaltung dieses Bauwerks.

Grundlegend sollte hier offenkundig die damals weit verbreitete Vorstellung von Ägypten als dem Ursprung der wahren, natürlichen Religion mit dem gleichsam zum Kosmos geöffneten Saal zum Ausdruck gebracht werden. Diese Auffassung beinhaltet die Idee, die Wahrheit zeige sich nicht direkt, sondern mittelbar durch Allegorien, Symbole und geheime Zeichen. Das Sinnbild der obersten, alles umfassenden Gottheit, ägyptischer Weisheit und Geheimtheologie ist dabei das verschleierte Standbild der Isis zu Sais als göttliche Verkörperung der Natur, ein Topos seit der Antike. Isis bedeutet zugleich die Idee des höchsten Wesens und der Vernunft. Am Tempel der altägyptischen Stadt Sais im Nildelta soll sich die erhabene Inschrift befunden haben: »Ich bin alles, was ist, was gewesen ist und was sein wird. Kein Sterblicher hat meinen Schleier aufgehoben.«[115] Diesem Thema wandte sich Friedrich Schiller 1795 in einer Ballade zu:[116]

»Das verschleierte Bild zu Sais.

Ein Jüngling, den des Wissens heißer Durst
Nach Sais in Egypten trieb, der Priester
Geheime Weißheit zu erlernen, hatte
Schon manchen Grad mit schnellem Geist durcheilt,
Stets riß ihn seine Forschbegierde weiter,
Und kaum besänftigte der Hierophant
Den ungeduldig strebenden. ›Was hab ich,
Wenn ich nicht Alles habe, sprach der Jüngling
Giebts etwa hier ein Weniger und Mehr?
Ist deine Wahrheit wie der Sinne Glück
Nur eine Summe, die man größer, kleiner

Besitzen kann und immer doch besitzt?
Ist sie nicht eine einzge, ungetheilte?
Nimm einen Ton aus einer Harmonie,
Nimm eine Farbe aus dem Regenbogen,
Und alles was dir bleibt ist Nichts, solang
Das schöne All der Töne fehlt und Farben.‹

Indem sie einst so sprachen, standen sie
In einer einsamen Rotonde still,
Wo ein verschleiert Bild von Riesengröße
Dem Jüngling in die Augen fiel.

Verwundert
Blickt er den Führer an und spricht. Was ists,
Das hinter diesem Schleier sich verbirgt?

›Die Wahrheit‹ ist die Antwort.

Wie? ruft jener,
Nach Wahrheit streb ich ja allein, und diese
Gerade ist es, die man mir verhüllt?

›Das mache mit der Gottheit aus, versetzt
Der Hierophant. Kein Sterblicher, sagt sie,
Rückt diesen Schleier, biß ich selbst ihn hebe.
Und wer mit ungeweihter schuldger Hand
Den heiligen verbotnen früher hebt,
Der, spricht die Gottheit‹ –

Nun?

›Der sieht die Wahrheit‹
Ein seltsamer Orakelspruch! Du selbst
Du hättest also niemals ihn gehoben?

›Ich? Warlich nicht! Und war auch nie dazu
Versucht.‹

Das faß ich nicht. Wenn von der Wahrheit
Nur diese dünne Scheidewand mich trennte –

›Und ein Gesetz, fällt ihm sein Führer ein.
Gewichtiger mein Sohn als du es meynst
Ist dieser dünne Flor – Für deine Hand
Zwar leicht, doch Zentner schwer für dein Gewissen‹

Der Jüngling gieng gedankenvoll nach Hause,
Im raubt des Wissens brennende Begier
Den Schlaf, er wälzt sich glühend auf dem Lager,
Und rafft sich auf um Mitternacht. Zum Tempel

Führt unfreywillig ihn der scheue Tritt.
Leicht ward es ihm die Mauer zu ersteigen,
Und mitten in das Innre der Rotonde
Trägt ein beherzter Sprung den Wagenden.

Hier steht er nun, und grauenvoll umfängt
Den Einsamen die Lebenlose Stille,
Die nur der Tritte hohler Wiederhall
In den geheimen Grüften unterbricht.
Von oben durch der Kuppel Oefnung wirft
Der Mond den bleichen silberblauen Schein,
Und furchtbar wie ein gegenwärtger Gott
Erglänzt durch des Gewölbes Finsternisse
In ihrem langen Schleier die Gestalt.

Er tritt hinan mit ungewissem Schritt,
Schon will die freche Hand das Heilige berühren,
Da zuckt es heiß und kühl durch sein Gebein,
Und stößt ihn weg mit unsichtbarem Arme.
Unglücklicher, was willst du thun? So ruft
In seinem Innern eine treue Stimme.
Versuchen den Allheiligen willst du?
Kein Sterblicher, sprach des Orakels Mund,
Rückt diesen Schleier, biß ich selbst ihn hebe.

Doch setzte nicht derselbe Mund hinzu:
Wer diesen Schleier hebt, soll Wahrheit schauen.
Sey hinter ihm, was will! Ich heb ihn auf.
(Er rufts mit lauter Stimm) Ich will sie schauen.

Schauen!
Gellt ihm ein langes Echo spottend nach.

Er sprichts und hat den Schleier aufgedeckt.
›Nun, fragt ihr, und was zeigte sich ihm hier?‹
Ich weiß es nicht. Besinnungslos und bleich
So fanden ihn am andern Tag die Priester
Am Fußgestell der Isis ausgestreckt.
Was er allda gesehen und erfahren
Hat seine Zunge nie bekannt. Auf ewig
War seines Lebens Heiterkeit dahin,
Ihn riß ein tiefer Gram zum frühen Grabe.
›Weh dem, dieß war sein warnungsvolles Wort,
Wenn ungestümme Fragen in ihn drangen,
›Weh dem, der zu der Wahrheit geht durch Schuld,
›Sie wird ihm nimmermehr erfreulich seyn.‹«

Zum Ägyptenbild dieser Zeit gehören noch weitere ineinandergreifende Aspekte und Hintergründe wie etwa die heftig geführte Debatte über Polytheismus und Monotheismus: Jenseits der augenscheinlichen Vielgötterei Ägyptens wirke eben doch eine universelle Gottheit, besagte »Natur«/»Isis«, verborgen hinter jenem Schleier aus Mysterien, Bildern und Zeichen. So galt es, Ägypten wiederzuentdecken, um die Grenzen aufheben zu können und zur ältesten allumfassenden Religion zurückzufinden. Diese eindringliche Vorstellung führte zur ausgeprägten »Ägyptophilie« des späten 18. Jahrhunderts, die sich in Folge zu einer »Ägyptomanie« steigern sollte.[117]

Besonders im 17. und 18. Jahrhundert bestand außerdem ein Diskurs über eine doppelte Religion Ägyptens, welche in eine äußere volksoffene und in eine innere, nur Herrschern und Priestern zugängliche, geteilt gewesen sein soll, namentlich die kleinen und großen Mysterien. Diese Idee wurde zur Zeit der Aufklärung auf die Gegenwart übertragen: Der Großteil der Menschen sei mit der staatstragenden Offenbarungsreligion verbunden, und nur gewisse Kreise – wie etwa Herrschende und in arkanem Wissen Bewanderte – hätten Einsicht in die Mysterien der Urreligion der Natur und der Vernunft. Für den Einzelnen bedeutet dies einerseits die Zugehörigkeit zur Religion der eigenen Kultur, aber ebenso zu einer umfassenden für alle gleich gültige Menschheitsreligion.[118]

Im ausgehenden 18. Jahrhundert war das pharaonische Ägypten noch unerforscht, die hieroglyphische Schrift ägyptologisch nicht entziffert. Folglich waren Textübersetzungen und somit maßgebliche Gehalte dieser Kultur unbekannt, was Entdeckergeist und Fantasie umso mehr beflügelte. Ägypten war daher als Inbegriff von ursprünglicher Religion, Weisheit und Geheimnis überaus attraktiv. Seit der klassischen Antike, schon vor der Eroberung Ägyptens durch Alexander den Großen 332 v. Chr., wirkte Ägypten auf Europa faszinierend aufgrund der sagenhaften Denkmäler und Geschichten, die erst griechische Autoren überlieferten.[119] Darunter Herodot im 5. Jahrhundert v. Chr., der ägyptische und griechische Götter ohne weiteres einander gleichsetzte. So entsprachen sich etwa Ptah/Hephaistos, Osiris/Dionysos, Amun/Zeus, Isis/Demeter, Horus/Apollon.[120] Diese Interpretation ägyptischer Götter nach den Gegebenheiten der griechischen Religion blieb gültig. Weise ägyptenreisende Griechen wie Orpheus, Platon und Pythagoras sollen laut antiker Autoren in die ägyptischen Geheimnisse eingeweiht worden sein, worin eine weitere Ursache für die Ägypten- und Mysterienfaszination des 18. Jahrhunderts lag. So sahen auch die Freimaurer mit ihrem Streben nach Selbsterkenntnis und Weisheit die ägyptische Priesterschaft als Leitbild an. Dies ist ein Grund für die ägyptischen Motive und Rituale in ihren Logen. Eine beeindruckende Vielfalt an philosophischen Strömungen prägte dieses Terrain.[121] Mitunter wurden selbst Gärten als Initiationswege angelegt und ließen damit das Ägypten der Weisheit und Mysterien aufleben.[122] Hierzu sind Gotha und der Neue Garten Potsdam als frühe, englisch beeinflusste Gärten zu nennen, beider Geheimnisse sind von Mauern umwehrt.[123]

Das Wissen über die Mysterien und über die Weisheit Ägyptens sah man im 18. Jahrhundert vorwiegend in den als Quellen zugänglichen Schriften antiker Autoren wie Diodor, Plutarch oder Apuleius. Diodor, der im ersten vorchristlichen Jahrhundert über Einweihungen in ägyptische Gelehrsamkeit und Geometrie schrieb[124], wird mit seiner Abhandlung zu den Hieroglyphen später zu Wort kommen. Plutarch von Chaironeia in Böotien (um 45–125 n. Chr.), Ägypten- und Romreisender, war zeitlebens Apollonpriester in Delphi. Seine Schrift »Über Isis und Osiris« ist die bis heute wichtigste Quelle über den ägyptischen Mythos und die Verknüpfung der Götterwelten Ägyptens mit der Griechenlands.[125] In Plutarchs Buch steht genau, was man an einem Ort wie Hohenzieritz für relevant erachten kann: Nach der Notwendigkeit der Einweihung eines Herrschers und dem Bestehen von Prüfungen als Voraussetzung für sein Amt bekundete Plutarch die ägyptische Theologie als rätselhafte Weisheit und nannte dazu das Kultbild der Isis/Minerva zu Sais. Die Inschrift »Ich bin das All, das gewesen ist, das ist, und das seyn wird; noch nie hat ein Sterblicher meinen Schleyer aufgedeckt!« sah er ganz nahe dem Namen »Amun, welchen die Griechen verlängert Ammoon aussprechen«. Die Ägypter hielten demnach »den ersten Gott für einerley mit dem Weltall, und da er verborgen und unsichtbar ist, so nennen sie ihn Amun, um ihn dadurch zu rufen und zu bitten, daß er sich ihnen zeigen [...] möge«.[126] Diese Verbindung zur übergreifenden Ordnung des Kosmos ist der Schlusspunkt des Ägyptischen Saales im Schloss, wovon das Kapitel über das Deckengemälde handelt.

Lucius Apuleius (um 120–nach 170 n. Chr.) gab, obwohl er der Schweigepflicht unterlag, verbindlichen Einblick in einige Abläufe der Isis-Mysterien der hellenistischen Zeit. Diese Mysterien sind aus dem Kontakt Ägyptens mit Griechenland hervorgegangen und haben diejenigen von Eleusis zum Vorbild. In Apuleius' Roman spricht Isis selbst:

> *»Ich, Allmutter Natur, Beherrscherin der Elemente, erstgeborenes Kind der Zeit, Höchste der Gottheiten [...]. Erste der Himmlischen [...]. Ich, die alleinige Gottheit, welche unter so mancherlei Gestalt, so verschiedenen Bräuchen und vielerlei Namen der ganze Erdkreis verehrt [...] den Eleusinern Allgöttin Ceres. Andere nennen mich Juno, [...] andere Hekate [...]. Die Besitzer der ältesten Weisheit, die Ägypter, [...] geben meinen wahren Namen mir: Königin Isis.«*[127]

Apuleius fuhr fort, »In den Händen der Isis läge überhaupt das Leben eines jeden Menschen, lägen die Schlüssel zum Reich der Schatten; in ihren Mysterien würde Hingebung zu einem freiwillig gewählten Tod und Wiedererlangung des Lebens durch die Gnade der Göttin gefeiert und vorgestellt.«

Im Stillschweigen würde »Ich [...] desto fähiger, zu den verborgensten Geheimnissen der allerreinsten Religion zugelassen zu werden. So sprach der Hohepriester.« Formeln und Figuren im Tempel waren »vor dem Verständnis jedes vorwitzigen Unheiligen gesichert«. Lucius sagt, er ging »bis zur Grenzscheide zwischen Leben und Tod [...] und nachdem ich durch alle Elemente gefahren war, kehrte ich wiederum zurück. Zur Zeit der tiefsten Mitternacht sah ich die Sonne in ihrem hellsten Licht leuchten; ich schaute die Unter- und Obergötter von Angesicht zu Angesicht und betete sie an.« Lucius' Einweihung folgen fröhliche Gastmähler und Lobpreis vor dem Götterbild im Tempel. Ferner wird er in »die nächtlichen Orgien des größten Gottes, Serapis, aufgenommen«, und ein Traum kündigt ihm an, auch noch dem Höchsten Osiris, Gemahl der Isis, von »Angesicht zu Angesicht« zu begegnen.[128] Apuleius' Einweihung gehört zu den bekanntesten Texten und Inspirationsquellen über die Mysterien.

Die Ausführung des Ägyptischen Saales 1795 fällt in jene Zeit, in der diese Mysterien-Faszination in Philosophie, Literatur und Kunst begeisterten Ausdruck fand sowie mancherorts einen beachtlichen Stapel an Abhandlungen über die antiken Mysterien hervorbrachte. Die Wiener Freimaurerloge *Zur wahren Eintracht* etwa gab 1784–1787 im *Journal für Freymaurer* etliche Forschungen und umfangreiche Beiträge heraus, darunter 1784 Ignaz von Borns vielgelesene Schrift »Über die Mysterien der Aegyptier«.[129]

Tafeln

Taf. I Schloss Hohenzieritz, Hofseite. Der Ägyptische Saal liegt im Obergeschoss des Mittelrisalites in der gesamten Tiefe des Gebäudes bis zur Gartenseite

Taf. II *Schloss Hohenzieritz, Gartenseite*

Taf. III *Schloss Hohenzieritz, Ägyptischer Saal und Gartenpartien, eingebunden in den Kosmos. »Rex Coeli«, aus Athanasius Kircher, Obeliscus Pamphilius […], Rom 1650, Buch III: Mystagogia Aegyptiaca*

Taf. IV *Schloss Hohenzieritz, Ägyptischer Saal. Historische Fotografie um 1920 mit Blick nach Norden. (Die Schäden auf der historischen Fotografie sind bewusst sichtbar belassen.)*

Taf. V *Ausschnitt aus Taf. IV*

Taf. VI *Ausschnitt aus Taf. IV*

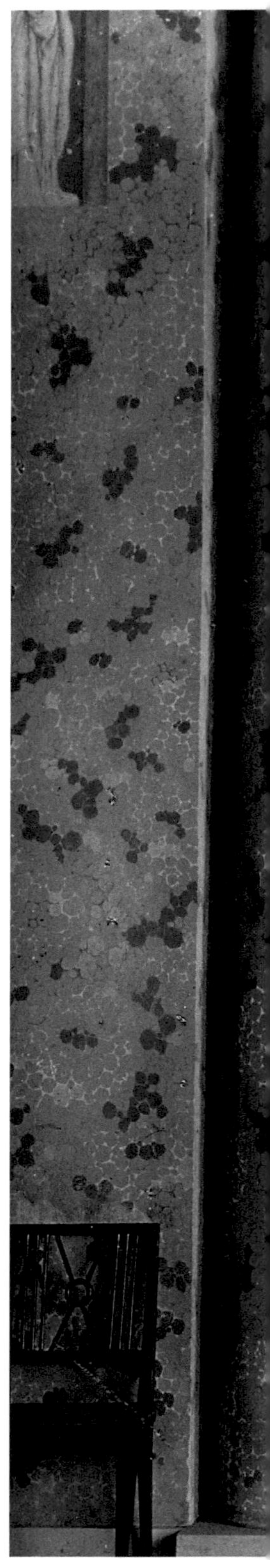

Taf. VII *Ägyptischer Saal. Portal mit Sphinx in der Nordostwand nahe der Gartenseite. Das Motiv schließt rechts an die Ansicht auf Taf. IV an. Zur Übersicht Abb. 5, 32*

Taf. VIII *Ausschnitt aus Taf. VII*

Taf. IX *Ausschnitt aus Taf. VII*

Taf. X *Ägyptischer Saal. Original erhaltene Wandmalerei an der Südwestwand*

Taf. XI *Ausschnitt aus Taf. X*

Taf. XII *Plan*

1 *Schloss*
2 *Kavalierhäuser*
3 *Kastellanhaus*
4 *Schlosskirche*
5 *Ananas- und Treibhäuser**
6 *Moschee**
7 *Weinlaube*
8 *Schneckenberg, ehemaliger Ort des Borkenhauses**
9 *Waldaltar im Heiligen Hain**
10 *Priesterpforte*
11 *Denkmal »Hoffnung tröstet die Trauer«*
12 *Grotte**
13 *Wasserfall*
14 *Luisentempel*

** heute nicht mehr vorhanden*

6
7
8
9
10
11
12
J. WILLBARTH 2006

Der Ägyptische Saal

Architektur

Der Raum

Ab 1790 wurde Schloss Hohenzieritz nach Plänen von Johann Christoph Dräsecke um ein Geschoss in Fachwerkbauweise erhöht und beidseitig repräsentativ mit Kolossalordnung und Tympanon gestaltet **(Abb. 2, 3, 23, 24)**.[130] An der Fassade mit dem Hauptportal ist der Mittelrisalit durch vier Pilaster mit ionisch beeinflussten Eichenholz-Kapitellen[131] wie eine Tempelfront hervorgehoben, gartenseitig hingegen rahmen nur zwei Pilaster das Mittelstück **(Abb. 25, 26, 27)**.[132] Die damalige Farbfassung des Gebäudes ist unbekannt.[133] Als Signatur setzte der Bauherr spiegelseitig seine bekrönten Initialen CLF um den prächtig farbigen Mecklenburg-Strelitzer Wappenschild der Hauptfront. Der schwarze Stierkopf mit Fürstenkrone darin bezeichnet das Herzogtum Mecklenburg und das Fürstentum Wenden. Der Stier fungiert dann als vollständige Figur mit dem Greifen als Schildhalter, hier im zurückhaltenden Stuck-Wappen über der Gartenfront.[134] Man wundert sich zunächst, weshalb der vormals zweiläufige Treppenaufgang vor der Hauptfassade – denkbar im Zusammenhang mit dem Ägyptischen Saal – 1802 breit und einläufig, jener weinlaubberankte zur Gartenseite im zeitgenössisch repräsentativeren Stile jedoch zweiläufig angelegt wurde **(Abb. 28)**.[135] Die klassizistische

23 Fassadenentwurf des Schlosses zur Erweiterung 1790, Zeichnung von Johann Christoph Dräsecke

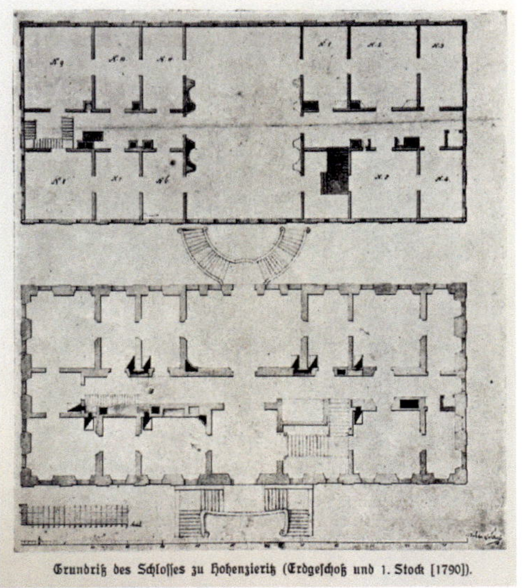

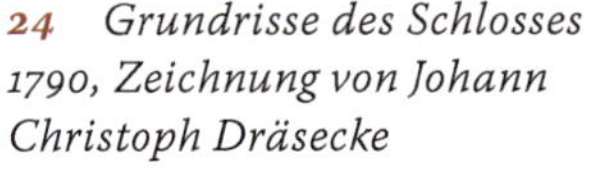

24 Grundrisse des Schlosses 1790, Zeichnung von Johann Christoph Dräsecke

25 *Schloss Hohenzieritz, Hofseite 2017*

26 *Schloss Hohenzieritz, Gartenseite 2017*

27 *Schloss Hohenzieritz, Gartenseite, 1842/45*

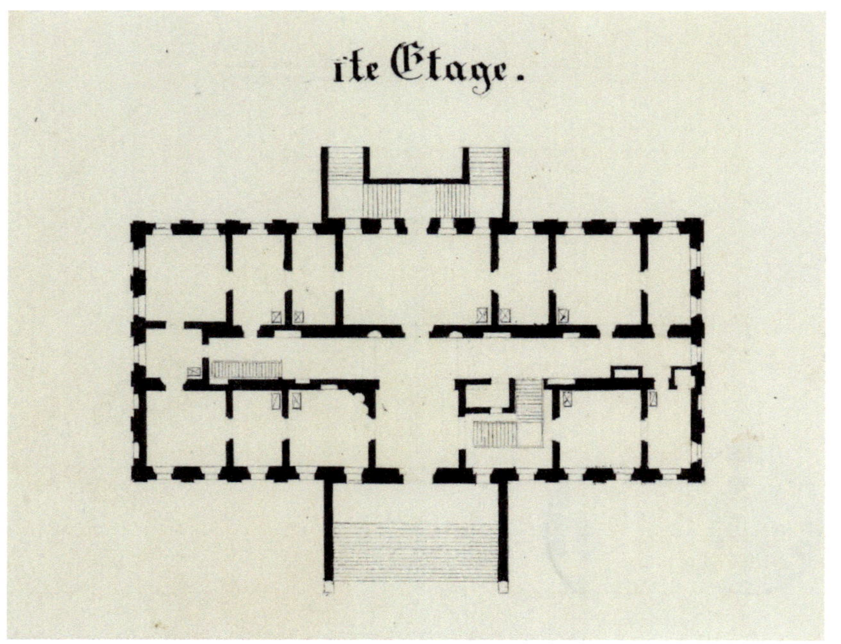

28 Schloss Hohenzieritz, Grundriss des Erdgeschosses, 19. Jh., unbekannter Zeichner

29 a Schloss Hohenzieritz, Garten- und Speisesaal im Erdgeschoss unter dem Ägyptischen Saal, Aufnahme um 1920

Ordnung der Fassaden lässt die im Inneren verborgene »ägyptische« Anlage nicht ahnen.

Vom Erdgeschoss mit den Räumen Herzog Carls II., dem Garten- und Speisesaal **(Abb. 29 a, b)**[136], dem Spielzimmer und dem Chinesischen Salon **(Abb. 19, 20, 21)** gelangt man über die seitlich der Mittelachse liegende so bescheiden wie versteckt wirkende Stiege **(Abb. 28)** zum oberen Flur und zum Ägyptischen Saal. Von dem sonst im Schlossbau zur Repräsentation unverzichtbaren zentralen großen Treppenhaus wurde in Hohenzieritz also abgesehen. Im Obergeschoss nimmt der Raum die gesamte Tiefe des Bauwerks und die Breite des fünfachsigen tempelartigen Mittelrisalites ein. Gartenseitig grenzen die königlichen Kammern für Luise südlich und für Friedrich Wilhelm III. nördlich an den Ägyptischen Saal.[137] Zur ausgreifenden räumlichen Wirkung gehört der Ausblick in die Landschaft nach Südost in den Garten **(Abb. 30)**[138] und nach Nordwest zur Auffahrt.

An den Längsseiten ist der Saal jeweils durch drei Türen zugänglich. Zum Garten und zur Auffahrt liegen drei Fenster, in der Fassade erscheinen aus rhythmischen Gründen indes außen je fünf **(Abb. 5, 31, 32, Taf. I, II, IV)**.[139] Beidseitig des mittleren Portals in der Nordostwand des Saales befinden sich vorspringende Mauerpartien, in die Bogennischen eingefügt sind. Darin standen ehemals Öfen, und auf der Wand darüber waren gemalte Reliefs angebracht. Diese Anordnungen waren von je zwei Säulen, also insgesamt vieren, flankiert, von denen nur noch die zwei mittleren erhalten sind. Die heute plane gegenüberliegende Wand **(Abb. 6 b)** wies ebenfalls Einbauten mit Nischen und Säulen auf. Darin könnten sich Statuen auf Sockeln befunden haben. Der im 19. Jahrhundert gezeichnete Grundriss legt diese Vermutung sehr nahe, denn die Öfen in allen Zimmern sind mit gekreuzten Linien markiert, die möglichen Sockel hin-

29 b Schloss Hohenzieritz, Garten- und Speisesaal, kolorierter Druck nach einem Pastell von Franz Huth 1938

30 Blick aus dem Ägyptischen Saal zur Gartenseite 2017

31 Ägyptischer Saal, Blick nach Norden, mit Fenstern zur Hofseite, Aufnahme Karl Eschenburg 1935

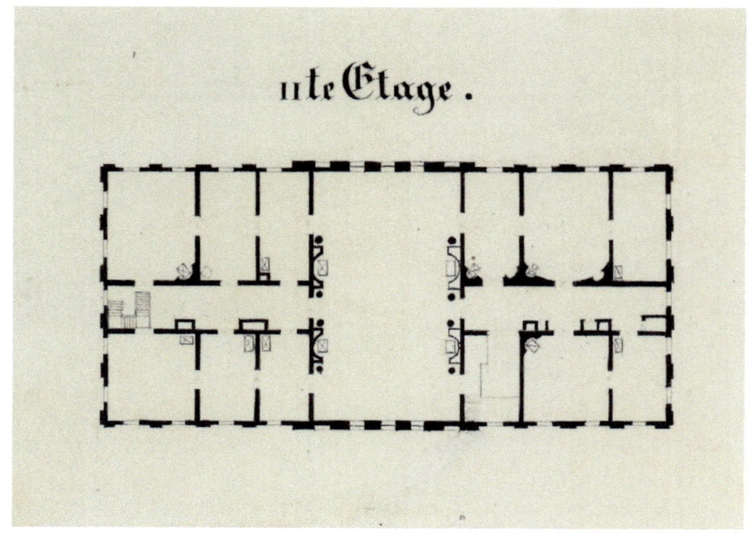

33 Schloss Hohenzieritz, Grundriss des Obergeschosses, 19. Jh., unbekannter Zeichner

32 *Ägyptischer Saal, Aufnahme vor 1925, Nordostwand mit Tür sowie Fenster zur Parkseite*

gegen nicht **(Abb. 33)**.[140] Beim Statuenschmuck wird es sich thematisch passend höchstwahrscheinlich um ägyptisierende freistehende Skulpturen oder um solche aus der beschriebenen griechischen Parallelwelt gehandelt haben. Hieroglyphisch beschriftete Bänder gliederten den Raum und rahmten Türen und Wandfelder. Über einer Hohlkehle spannt sich dann die flache, ehedem mit riesigen Schlangen und Kassetten bemalte sowie sich illusionistisch zum Kosmos öffnende Decke. Drei Kronleuchter auf der Längsachse und die Konsolen mit Trumeauspiegeln zwischen den Fenstern bereicherten das Ägyptenthema.

In der reinen architektonischen Komposition ähnelt der Ägyptische Saal auffällig dem wenig später 1796/1797 ausgeführten Festsaal des Palais Ritz-Lichtenau in der Potsdamer Behlertstraße aufgrund der durchgreifenden Raumtiefe, der Nischengliederung der Längswände mit Öfen auf der einen und der Statuen mit Sockeln auf der anderen Seite sowie der Anordnung der Türen **(Abb. 34)**.[141] König Friedrich Wilhelm II. hatte den Architekten Michael Philipp Daniel Boumann für das Palais beauftragt, und die Ausstattung des Festsaales gestaltete 1797 der königliche Theaterdekorateur Bartolomeo Verona mit gemalten Supraporten-Reliefs, bacchantischen Gruppen und Weinranken. In den Nischen befinden sich Antikenabgüsse

34 Festsaal im Palais Ritz-Lichtenau, Potsdam, 1797, Aufnahme etwa 2020

zweier Töchter des Lycomedes auf Sockeln. Ob die Planungen für diesen Raumtypus miteinander zusammenhängen könnten? Der offensichtliche, eventuell wechselseitige, stilistische Einfluss zwischen Mecklenburg-Strelitz und Berlin/Potsdam ist noch nicht hinreichend erhellt.[142]

»Ägyptische« Innenräume, Vorbilder für Hohenzieritz

Das Ansinnen, einem in der europäischen Architekturtradition stehenden Raum überzeugend ägyptischen Charakter zu verleihen, ist an sich widersprüchlich. Vielmehr wurden Motive des Alten Ägypten neben jenen Griechenlands und Roms zu Bausteinen mancher Antikenkonstruktion des 18. Jahrhunderts. Dabei entstanden oftmals ausgeprägt eigensinnige »ägyptische« Raumkompositionen zu unterschiedlichen Zwecken wie etwa zur Repräsentation, zum Beherbergen von Sammlungen oder mitunter als Einrichtungstrend auf der Höhe der Zeit. Ein denkbarer umfassender Zusammenhang solcher Raumkonzepte ist noch ungeklärt.[143] Ob erdichtete Architekturfantasien in der Literatur Aufschluss geben könnten, wäre ebenso ein Forschungsfeld.[144]

Herzog Carl II. schuf – notabene – seinen Ägyptischen Saal weit vor dem französischen Ägyptenfeldzug 1798–1801 und dem verbreiteten Ägyptenbuch von Dominique Vivant Denon *Voyage dans la Basse et la Haute Égypte pendant les campagnes du général Bonaparte* 1802, dessen präzise, detailreiche Kupferstiche ägyptisch-pharaonischer Denkmäler als Vorbilder für ägyptisierende Kunstwerke und Ausstattungen des 19. Jahrhunderts dienten.

In Hohenzieritz sind die »ägyptischen« Motive zeitgemäß mit der klassischen Formensprache vereint. Der Stellenwert des Ägyptischen Saales als Herzstück des Schlosses in der Beletage ist jedoch ohne direkten Vergleich in der Tradition ägyptisierender Räume des 18. Jahrhunderts. Somit entstand eine herzoglich bestimmte Ausgestaltung. Carl II. pflegte, wie im Kapitel über das Ortsheiligtum dargelegt, ein umfassendes dynastisches und gelehrtes Netzwerk, so dass ihm als Auftraggeber und den Künstlern aktuelle Materialien, Reiseberichte, Quellen, Texte und Bilder zur Kunst und Archäologie der Zeit gewiss umfänglich vorlagen. Im ausgehenden 18. Jahrhundert waren bestimmte Denkmäler, Räume und weit verbreitete

Kupferstiche als Anhaltspunkte und Vorbilder für neue Kreationen besonders geläufig. Zur Erläuterung eine Auswahl:

Der Historiker Ammianus Marcellinus schrieb im 4. Jahrhundert n. Chr. von Tempeln in Alexandria, »unter denen sich vorzüglich das Serapeum auszeichnet«, denn es habe als Tempel des hellenistischen Gottes Serapis prächtige Säulengänge und Bildsäulen sowie eine »unschätzbare Büchersammlung«.[145] Laut dem Kirchenvater Rufinus war es »in der ganzen Breite großzügig mit Marmorsteinen verkleidet«[146], worin der Charakter des Ägyptischen mit dem Materialkult des edlen Gesteins ewig verbunden bleibt.

Römisch-ägyptisierende sowie zur Zeit römischer Herrschaft aus der Provinz Aegyptus nach Rom verbrachte Denkmäler, Obelisken und Kunstwerke beeinflussten die Ägyptenrezeption überregional bis weit in die Neuzeit.[147] Zu den wichtigsten Bauwerken und Ausstattungen gehören der 1764/1766 freigelegte Isistempel von Pompeji aus dem 1. Jahrhundert n. Chr. **(Abb. 39)**[148] sowie das Statuen umstandene Canopus-Tal mit dem Serapeum in der Villenanlage Kaiser Hadrians in Tivoli um 130 n. Chr.[149] Ein Gutteil der Aegyptiaca gelangte von dort schließlich in die päpstlichen Sammlungen. Die 1748 eröffnete Schau des Museo Capitolino mit den 1755 in Stichen veröffentlichten Bildhauerwerken aus der Villa Hadriana trug sogar den Namen Canopus.[150]

35 Papyruskabinett, Vatikan, Apostolische Bibliothek, Deckenmalerei von Anton Raphael Mengs 1771/1773

Ferner war die Antikensammlung des Kardinals Alessandro Albani in Rom ein Zentrum der Kunst und Archäologie sowohl in Bezug auf die klassische Antike als auch auf Werke ägyptischer Kunst. Johann Joachim Winckelmann und Anton Raphael Mengs waren für die Sammlung Albani tätig. Ägyptische und ägyptisierende Kunstwerke gehörten zur Galleria del Canopo innerhalb der Villenanlage.[151] Der Architekt Pierre Adrien Pâris zeichnete um 1770/1774 ein Gabinetto egizio mit Hieroglyphenfries im Appartement des Bains der Villa Albani.[152]

Richtungsweisend für ägyptisierende Ausstattungen waren außerdem zwei Raumkunstwerke: Die Stanza dei Papiri bei der Apostolischen Bibliothek im Vatikan wurde 1771/1773 mit wertvollem Hartgestein ausgekleidet und mit einer monumentalen Deckenmalerei von Anton Raffael Mengs vollendet **(Abb. 35)**.[153] Ebenso kostbar wirkt die Stanza egizia des Prinzen Marcantonio Borghese in der römischen Galleria Borghese aus den Jahren 1778/1782. Ein aufwendiges ikonographisches Programm mit Wand- und Deckengemälden, roten und goldenen Hieroglyphen sowie einer Statuen-Sammlung geben dem Raum, an dem Antonio Asprucci und Tommaso Conca mitwirkten, den feinsten Schliff. Bereits die Vorentwürfe lassen den hohen Anspruch erkennen **(Abb. 36)**.[154]

Aus Rom kamen somit die denkbar schönsten als ägyptisch erachteten Inspirationen. Dazu gehören auch die Kupferstiche Giovanni Battista Piranesis mit Szenarien zum Caffè degl' Inglesi und zu Kaminen 1769 **(Abb. 37)**.[155] Ohne Piranesis Einfluss wären etwa die Ideen für ländliche Bauten und Ausstattungen mit »Ägyptischen Zimmern« der Kulturjournale der 1790er Jahre kaum denkbar. Zeitgleich zu Hohenzieritz entwarfen Johann Gottfried Grohmann und Joseph Friedrich Freiherr zu Racknitz 1796 solche Dekorationen **(Abb. 38)**.[156]

Mit dem bedeutenden Pantheon von Wörlitz verwirklichte Friedrich Wilhelm von Erdmannsdorff im Auftrag des Fürsten Leopold III. Friedrich Franz von Anhalt-Dessau 1797 das einzigartige Konzept, die Abfolge der Kulturen stufenartig in Stockwerken darzustellen. Deshalb ist Ägypten dort mit Statuen und Reliefs als tiefgreifender Ursprung im Souterrain effektvoll platziert.[157] Das bald nach dem Ägyptischen Saal in Hohenzieritz ausgestaltete Wörlitzer Pantheon illustriert den Zeitgeist ebenso wie die ganz persönliche Ausrichtung des Auftraggebers.

Die hieroglyphische Wandmalerei auf Schloss Hohenzieritz wurde 1795 – im Gegensatz zu den sonst mit Tapeten ausgekleideten Räumen – direkt auf den Putz aufgebracht **(Abb. 68, Taf. X, XI)**. Dies und die stilistische Ausführung gehen unverkennbar auf pompejanische Fresken zurück, was den Gedanken an den Podiumstempel der Isis in Pompeji immer mehr nahelegt. Das würde endlich auch den entsprechend schlichten einläufigen

36 Tommaso Conca (1734–1822) (zugeschr.), Entwurf für die Stanza Egizia, um 1775/1780

37 Giovanni Battista Piranesi (1720–1778), Wandentwurf für das Caffè degl' Inglesi in Rom, aus Diverse Maniere […], Rom 1769

38 Joseph Friedrich zu Racknitz (1744–1818), Entwurf einer Zimmerverzierung, Darstellung der Geschichte des Geschmacks […], Leipzig 1796

Treppenaufgang vor der Hauptfassade ebenso erklären wie die Andeutung einer Tempelfront durch die vier Pilaster mit Dreiecksgiebel **(Abb. 25, 39)**.[158] Abbé de Saint Non rief 1782 die Szenerie in Pompeji dem ägyptisierenden Zeitgeschmack entsprechend wach:

> *»Der Isiskult aus Ägypten war bei den Römern angenommen […]. Man empfing dort Neophyten oder Eingeweihte, und in gewisser Weise sind diese geheimen Zeremonien unseren Freimaurerorden vergleichbar […]. Wir werden unseren Lesern aber keinesfalls offenlegen, was es mit den Isismysterien auf sich hat, nur soviel: Es war der am weitesten verbreitete, berühmteste religiöse Kult der Antike, der Culte par*

39 »Vorstellung des Isistempels von Pompeji« aus Jean-Claude Richard Abbé de Saint-Non, Voyage Pittoresque [...], Paris 1782

excellence; alles aber, was wir davon wissen [...], stammt von denjenigen, die den Anschein erweckten, dort zugelassen zu sein: zunächst die Idee Plutarchs in seinem Traktat De Iside & Osiride sowie einige antike Autoren, vornehmlich Apuleius, der uns in den Metamorphosen erzählt, er sei gleich mehrfach eingeweiht worden. – Was man aber sicher über diesen ägyptischen Kult und die nicht nur in Ägypten, sondern in Rom und in ganz Italien vollzogene Verehrung sagen kann, betrifft die Gottheit selbst, das Höchste Wesen l'Être Suprême, dem der Kult geweiht war. Alle Namen wie Isis, Osiris, Apis, Serapis etc. waren nichts anderes als Symbole und verschiedene Embleme. Es gibt hierzu keine größere Idee und nichts Erhabeneres als die von Plutarch überlieferte schöne Inschrift des Tempels zu Sais in Ägypten: ›Ich bin alles, was da ist, was war und was sein wird, und kein Sterblicher hat meinen Schleier je gelüftet.‹«[159]

Die malerische Ausgestaltung

Künstler

»Im Sommer 1795 erhielt mein Vater den Auftrag, das Schloss in Hohenzieritz zu decorieren. Mein Bruder Fritz kam zu dieser bedeutenden Arbeit auch hierher, auch [...] d'Alton ging mit, um die Figuren zu malen, und neben mir mußte auch mein Bruder Wilhelm thätigen Antheil nehmen. [...] Im Spätherbst war die Arbeit beendet, und wir kehrten nach Neustrelitz zurück. [...] ich ging diesen Winter mit meinem Vater noch einmal nach Hohenzieritz, um die Oefen zu malen und im folgenden Frühling zum drittenmal, um die Moschee im Garten zu malen«.[160] Der Zeichner und Kupferstecher Ferdinand Ruscheweyh (1780–1846), ausgebildet 1796–1804 in Berlin und dann in Wien, ab 1808 in Rom tätig, hielt damit in seinen handschriftlichen *Erinnerungen* den Zeitpunkt der Ausmalung des Ägyptischen Saales 1795 unzweifelhaft fest. Sein Vater Carl Benjamin Ruscheweyh (1748–1806), ehemals Hofschauspieler unter Herzog Adolph Friedrich IV. zu Mecklenburg-Strelitz, wurde unter Herzog Carl II. herzoglicher Hofdekorateur und späterer Zeichenmeister am Gymnasium Carolinum.[161] Bei der Ausmalung von Hohenzieritz 1795 und ergänzenden Arbeiten im Winter/Frühling 1796 unterstützten ihn seine künstlerisch begabten Söhne Friedrich (Fritz), Ferdinand und Wilhelm. Ruscheweyh hatte sich einen Namen als Theatermaler gemacht, die figürlichen Staffagen in Hohenzieritz indes sollen wohl von Joseph Eduard d'Alton (1772–1840), Professor der Archäologie und Kunstgeschichte, Kupferstecher, Maler und Anatom, geschaffen worden sein.[162]

Wandmalerei mit Naturmotiven

Die Wandabschnitte mit den Ofennischen, die Säulen und die umlaufende Hohlkehle als Übergang zur Decke waren mit hell-dunkel gefleckter Bemalung versehen, wobei die Säulen mit Tapete beklebt und ebenso bemalt waren **(Abb. 4, 5, 31, 32, Taf. IV, V)**. Die Reste der Tapetenbahnen lagern verpackt auf Schloss Mirow, so dass über die Farbigkeit derzeit keine Aussage getroffen werden kann. Der Dekor lässt an eine Steinimitation oder an eine Oberfläche mit Flechten denken, aber ebenso an eine Baumrinde, ähnlich einer Platane, die ihre Hülle stetig erneuert. Mit dieser Natürlichkeit wurde wohl naheliegend auf das ursprünglich »Otaheitisches Kabinett« genannte Borkenhäuschen im Park Bezug genommen **(Abb. 40)**.[163] Dies erinnert außerdem an den Tempel der Waldbotanik im Schlosspark Schwetzingen, von dem noch die Rede sein wird.

40 *Schlosspark Hohenzieritz, Entwurf für das Borkenhäuschen/Otaheitisches Kabinett, Aquarell, 1795*

Supraporten nach Nordost – Greife und Sphingen

Die monochrom gemalten Supraporten wirken wie steinerne Reliefs. Die Rahmung und der mit feinen senkrechten Riefen scheinbar wie mit einem Zahneisen bearbeitete Hintergrund sowie die plastisch gemalten Sphingen und Greife rufen diese Illusion hervor. Über den seitlichen Durchgängen liegt je eine Sphinx mit Blickrichtung zum mittigen Hauptportal. Die drei Supraporten und die Türen sind dabei von hieroglyphischen Bändern umrahmt.

Über der mittleren Türe befindet sich ein Paar antithetisch angeordnete Adlergreife mit einem monumentalen Gefäß **(Abb. 5a, 41)**.[164] Die Greife als Mischwesen zwischen Löwe und Adler sind sitzend dargestellt. Von den Schultern gehen ausgebreitete kleine Flügel aus, und Brust, Hals und Kopf sind als Zeichen des Gefieders gestromt. Sie sind nicht nach dem klassischen Kanon der Antike geformt, sondern entspringen eher dem fantastischen Reich der Mystik und Alchemie. Das bauchige, an der Basis mit schmalen Blättern verzierte Gefäß ruht auf einem Büschel Akanthus. Der Gefäßhals ist eingezogen und öffnet sich nach oben in einen voluminösen Rand, aus dem wiederum Blätter hervorscheinen.

Der Greif hat eine uralte Geschichte und ist in vielen Kulturen bekannt.[165] In ihm verbinden sich die beiden stärksten Tiere der Erde und der Luft, Löwe und Adler. Das Mischwesen symbolisiert die göttliche Macht und ist zugleich ihr Wächter. Mythen und Fabeln erzählen von seinen Aufgaben und Bedeutungen. Der Greif, ein Bild des Feuers und der Hitze, stand im heiligen Dienst der Sonne und des Apollon und soll Hüter der Goldschätze Indiens sein, dessen sagenhafte Nachbarn, die Hyperboreer, als Volk der Seligen vom sonnenhaften Apollon winters besucht wurden. In dieser Zeit sei sein Bruder Dionysos Herr des Heiligtums von Delphi gewesen. Die Verbindung des Lichtes mit dem dunklen dionysisch-mythischen Urgrund ist ein Charakteristikum des delphischen Kultes und Orakels. Bereits seit Herodot waren der ägyptische Horus dem griechischen Apollon und Osiris dem Dionysos gleichgestellt.[166]

41 Schloss Hohenzieritz, Ägyptischer Saal, Nordostwand, mittlere Supraporte mit Greifen

In der römischen Antike findet sich dieses Motiv beispielsweise auf Reliefs mit Kandelabern, Gefäßen oder Dreifüßen. Der Dreifuß als Sitz der wahrsagenden Pythia illustriert dabei die Verbindung zu Delphi mit Apollon und Dionysos. Seit flavisch-trajanischer Zeit gibt es Greifenfriese als offiziellen Bildtypus in Kaiserpalästen und an Forenanlagen Roms. Aus der Staatskunst gelangten diese Herrschaftssymbole in die Privat- und Sepulkralsphäre.[167]

Das Motiv der einander zugewandten Greife blieb bis in die Neuzeit attraktiv und erlebte im Klassizismus eine Blüte im Rahmen herrscherlicher Repräsen-

42 *Nicolas de Pigage, Tempel der Waldbotanik, 1776/1779, Schlossgarten Schwetzingen*

43 *Isis mit Greifenpaar über dem Portal des Tempels der Waldbotanik, Schlossgarten Schwetzingen*

tation. In den Königskammern Friedrich Wilhelms II. von Preußen im Berliner Schloss bekrönt ein Greifenpaar einen hohen Spiegel. 1793 richtete man zum Einzug und zur Vermählung des Kronprinzenpaares Friedrich Wilhelm und Luise die Ausstattung und das Bildprogramm des Kronprinzenpalais Unter den Linden neu aus. Friedrich Gilly entwarf dort das Audienzzimmer mit vier Greifenpaaren am Plafond. Im Vestibül des Schlosses Paretz, dem Landsitz des Kronprinzenpaares, wurde das Motiv 1797 auf den Supraporten gleich vierfach angebracht.[168]

Lucius Apuleius (120–170 n. Chr.) sprach zur Einweihung in die Isismysterien von einem »köstliche[n] Mantel, auf dessen beiden Seiten allerhand Tiere [...] zu sehen waren: hier indische Drachen, dort hyperboreische Greife in Löwengestalt, aber mit Adlerköpfen und Flügeln, wie sie die andere Welt hervorbringt. Bei den Eingeweihten hieß dieser Mantel die olympische Stole«.[169] Die Greife stehen im Ägyptischen Saal in Bezug zu den ihnen zugewandten Sphingen. Greif und Sphinx gehörten anlässlich der Vermählung der Prinzessinnen Luise und Friederike zu Mecklenburg-Strelitz mit den königlich preußischen Prinzen 1793 zu den porzellanenen Tafelaufsätzen: »Die zweite Gruppe, welche die Idee ausdrückt, daß die Natur unbegreiflich ist, besteht in zwei mit Hieroglyphen bedeckte[n] Obelisken, welche auf Greifen und Sphinxen ruhen.«[170] Sphinx und Greif bewachen in Hohenzieritz die Schwelle des Ägyptischen Saales. In einer früheren Variante sieht man diese Idee im Schlosspark zu Schwetzingen: Ein von Sphingen flankiertes borkenumhülltes Pantheon mit den Tierkreiszeichen und der Göttin Ceres im Inneren, dem Tempel der Waldbotanik von Nicolas de Pigage 1776/1779, trägt im Tympanon des Portals den Kopf der blütenbekrönten Isis und darüber ein Greifenpaar mit Fruchtgefäß und Festons **(Abb. 42, 43)**.[171] Nach all dem wird immer klarer: Der Ägyptische Saal ist augenscheinlich ein Naturtempel und mithin ein Tempel in Bezug zu Isis. »Unter ›Isis‹ verstand man im 18. Jahrhundert allgemein ›Natur‹, nicht im Sinne der sichtbaren *natura naturata,* sondern der unsichtbaren *natura naturans.*«[172]

Sphingen, die als Paar in den Supraporten hier folgerichtig sind, entwickelten sich zu beliebten Gestalten der europäischen Kunst. Ihre Erfolgsgeschichte beginnt mit den Urbildern, dem altägyptischen liegenden Sphinx von Gizeh und dem Typus der weiblichen, sitzenden, geflügelten Sphinx der griechischen Antike.[173] Im Laufe der Zeit entstanden und vermischten sich mannigfache Vorstellungen, so dass etwa die griechische Sphinx häufig als ägyptisch gedeu-

tet wurde. Einige Auffassungen überlieferte Benjamin Hederich 1770 anhand der Quellen im *Mythologischen Lexikon*.[174] Laut Johann Gottfried Herder 1785 diente die Sphinx der Göttin Pallas als Helferin bei der Übermittlung der weisen Ratschlüsse Jupiters und wird daher als »das Bild verborgener Weisheit« beschrieben.[175]

Die Hohenzieritzer Sphingen erwecken den Anschein von Reliefs **(Abb. 44)**.[176] Die liegende Haltung geht auf den Sphinx von Gizeh zurück, die Ausformung mit weiblicher Brust, Frauenkopf, gewelltem, locker gestecktem Haar und Diadem orientiert sich hingegen an der griechisch-römischen Form. Stilistisch ist die kräftige Sphinx verwandt mit Vorläufern wie etwa jenen Sphingen am Obelisken Friedrichs II. am Alten Markt in Potsdam[177] oder den prachtvollen Exemplaren im Schwetzinger Apollon-Theater 1766/1769 **(Abb. 45)**.[178] Und bereits im Plafond des Saales auf Schloss Mirow, dem Geburtsort Herzog Carls II., befindet sich ebenfalls eine Sphinx.[179] Etliche Varianten waren im ausgehenden 18. Jahrhundert üblich: Von Rheinsberg bis Wien gibt es solche Sphingenpaare mit Rückendecke, Lockenfrisur und Diadem[180], und 1790 gestaltete Johann Gottfried Schadow die Sphingen auf der ehemaligen Herkulesbrücke nach Monbijou in Berlin oder jene am Park von Steinhöfel. Sphingen als Supraporten findet man überdies in Schloss Bellevue Berlin, in Schloss Neuhardenberg und an der Orangerie im Neuen Garten Potsdam.[181] Der Portikus der Orangerie König Friedrich Wilhelms II. von 1791/1793 könnte mit der Sphinx und dem Kassettengewölbe unmittelbar auf Hohenzieritz gewirkt haben. Denn schließlich ist das Bauwerk für das Pflanzenreich ein Tempel der Natur **(Abb. 46)**.[182]

44 Schloss Hohenzieritz, Ägyptischer Saal, Nordostwand, Sphinx über dem Portal zur südöstlichen Zimmerflucht

45 Peter Anton von Verschaffelt, Sphinx am Apollontheater, 1766/1769, Schlossgarten Schwetzingen

46 Johann Wohler nach Entwurf von Johann Gottfried Schadow, Sphinx am Portal der Orangerie, 1791/1793, Neuer Garten Potsdam

Die Doppelung der Sphinx begegnet überwiegend bei Pforten und Durchgängen, flankierend oder auf dem Architrav ruhend. Dies beginnt bei einem Sphingenpaar in Herkulaneum.[183] In der europäischen Neuzeit dient sie als Wächterin – eine Funktion, die sie im Alten Ägypten als Verkörperung des Königs niemals hatte. Die prägnantesten Wächterinnen sind jene Friedrichs des Großen am Fuße des Weinberges in Sanssouci 1754 **(Abb. 47)**.[184] Sphingen als Portalfiguren werden von Plutarch bezeugt, nach dem die Ägypter nämlich »durch die gewöhnlicher Weise vor die Tempel gestellte Sphingen andeuten wollten, daß ihre Theologie in einer räthselhaften Weisheit bestehe«.[185]

47 Georg Franz Ebenhech, Sphinx im Schlosspark Sanssouci, 1754

Die der Sphinx zugeschriebenen Eigenschaften sind Weisheit, Klugheit, Wachsamkeit, Geheimnis und Verschwiegenheit. Über diese mythologischen und freimaurerischen Inhalte hinaus ist die Sphinx über ihre Tugend der Klugheit, der Prudentia, mit dem Aspekt des Königlichen verbunden. Ein Blick in das Frankreich vor der Revolution verdeutlicht, dass Königin Marie-Antoinette die Sphinx zu ihrem persönlichen Symbol auserwählt hatte. Ägypten ließ sich eben auch mit der absolutistischen Staatsform in Einklang bringen. In den 1770/80er Jahren entstand Raumschmuck mit Sphingen in der Oper und im Schloss von Versailles, in der Chambre de la Reine.[186]

Die Hohenzieritzer Sphinx mit dem Diadem lässt an Darstellungen der Isis basilissa/Isis regina als Königin denken. Die Königsideologie der Isis regina ist mit der Mutterschaft der Isis dadurch verbunden, dass sie Horus als künftigen König zur Welt bringt und damit die Fruchtbarkeit der ganzen Menschheit garantiert.[187] Zugleich entspricht sie der Ikonographie der Hera/Juno. Das Motiv des Diadems bezieht sich zudem auf Juno regina, die griechische Hera basíleia und auf weitere Namen.[188] Zu den viel bewunderten Antiken gehört der monumentale Kopf der Juno Ludovisi aus dem 1. Jahrhundert v. Chr. **(Abb. 48)**.[189] Das Diadem der Juno Ludovisi durchzieht als Schmuckelement die Luisen-Bildnisse bis zur posthumen Portraitbüste im Hohenzieritzer Luisentempel **(Abb. 49)**[190] und zur Grabskulptur **(Abb. 87)**. Somit sind in der Hohenzieritzer Sphinx wahrscheinlich Anklänge an Kronprinzessin Luise und an Isis miteinander verknüpft. Isis ist in hellenistischer Zeit in solchem Maße vereinnahmt worden, dass sie ebenso als Griechin wie

48 Juno Ludovisi, Marmor, 1. Jh. v. Chr., Rom, Museo Nazionale Romano Palazzo Altemps

49 Christian Philipp Wolff, Marmorbüste der Königin Luise für den Luisentempel Hohenzieritz 1815, Gipsabguss, Schloss Hohenzieritz

als Ägypterin gelten konnte. Sie ist die Tausendnamige und mit allen Göttinnen gleich; mitunter erscheint sie in Gestalt der Hera/Juno oder Athena.[191]

Diodor überlieferte eine Lobpreisung: »Ich bin Isis die Königin des ganzen Landes, die vom Hermes unterrichtet worden; die Gesetze welche ich gegeben habe, kann niemand aufheben. Ich bin die älteste Tochter des jüngsten Gottes Saturn. Ich bin die Schwester und Gemahlin des Königs Osiris. Ich habe zuerst den Genuß der Frucht für die Menschen erfunden. Ich bin die Mutter des Königs Horus. Ich bin es, die in dem Hundsstern aufgeht. Ich habe die Stadt Bubastus erbauet. Lebe, lebe Aegypten, das mich erzogen hat.«[192]

Reliefs nach mythologischen Szenen

Über den Ofennischen befindet sich je ein illusionistisch gemaltes, scheinbar in eine flache Wandvertiefung eingelassenes, Relief mit griechisch-römischen Figurinen, wodurch immer mehr der Charakter eines antiken Raumes hervorgerufen wird. Augenscheinlich war die Malerei monochrom en grisaille oder en camaieu ausgeführt. Die Pendants an der Wand gegenüber stellten figürliche Motive antiker Vasenbilder dar.[193]

Die auf der Fotografie überlieferten Szenen erinnern an Sarkophagreliefs der Antike, die damals in Kupferstichen verbreitet waren. Bei der linken Komposition könnte es sich durchaus um einen bewussten Anklang an den Moment der Entdeckung des Achilleus auf Skyros handeln, der mit den Töchtern des Königs Lycomedes in Verborgenheit aufgewachsen war **(Abb. 50, Taf. IV, V)**.[194] Ein Beispiel hierzu ist der um 1600 im Monte del Grano, dem Mausoleum des Kaisers Marcus Aurelius Severus Alexander (208–235), aufgefundene Sarkophag. 1734 gelangte er in das Kapitolinische Museum und wurde 1767 von Johann Joachim Winckelmann sowie 1784 von Giovanni Battista Piranesi unterschiedlich wiedergegeben und veröffentlicht **(Abb. 51, 52)**.[195] Auf dem Hohenzieritzer »Relief« sind offensichtlich nur einzelne Figuren dieses Objektes übernommen und umgeordnet, wobei man bei der Figur des Achill auf den Schild verzichtete. Stilistisch geht die Malerei unzweifelhaft auf den älteren Kupferstich in Winckelmanns *Monumenti antichi* 1767 zurück. Die ausdrückliche Referenz an den berühmten Archäologen wird somit deutlich.

50 Schloss Hohenzieritz, Ägyptischer Saal, Nordostwand, »Relief«

Wahrscheinlich ging Carl II. gedanklich noch einen Schritt weiter, indem er mit der Variation des Vorbildes ein eigenes »antikes Original« schuf. Damit war er an den klassischen Themenkreis ganz zeitgemäß angeschlossen: Das Sujet »Achill unter den Töchtern des Lycomedes« war damals publik aufgrund einer Gruppe von zehn Statuen unterschiedlicher Entstehungszeit, die als »Familie des Lycomedes« im Schrifttum des 18. Jahrhunderts so umstritten wie berühmt waren. Die Statuengruppe ist ein Pasticcio aus der Sammlung des Kardinals Melchior de Polignac, die Friedrich der Große 1742 für die Residenzen Charlottenburg und Potsdam erworben hatte.[196] Die Skulpturen waren in der Villa des Marius in Frascati/Tusculum 1729 ausgegraben und von dem Bildhauer Lambert Sigismund Adam ergänzt worden.[197] 1770 ließ der König sie in der Rotunde des Antikentempels im Schlosspark Sanssouci gruppieren.[198] Die Beliebtheit der Figuren führte zu einer beachtlichen Wirkung in der Kunst: 1791 beauftragte Carl Gotthard Langhans Abgüsse zur Innenausstattung Potsdamer Bauten. Zwei Figuren fanden in den Rundnischen der Ermitage im Neuen Garten 1796 ihren Platz, und eine »Tochter des Lycomedes« wurde im besagten Saal des Palais' der Gräfin Lichtenau in Potsdam aufgestellt **(Abb. 34)**.[199] Weithin, etwa auch bis Schloss Ludwigslust, bestand Interesse an diesen Skulpturen.[200] Eine der Lycomedestöchter gab sogar das Vorbild für das Fußmotiv des Standbildes der Kronprinzessin Luise[201], und in den 1790er Jahren stellte die Königlich Preußische Porzellanmanufaktur KPM eine Serie der Lykomedes-Gruppe in Biscuit her.[202]

51 Entdeckung des Achilleus, Römischer Sarkophag, um 240 n. Chr., aus Johann Joachim Winckelmann, Monumenti antichi [...], 1767

52 Entdeckung des Achilleus, Römischer Sarkophag, um 240 n. Chr., aus Giovanni Battista Piranesi, Le Antichità Romane, 1784

Herzog Carl II. zeigte sich 1795 mit dem sogar zum Bestand des Schlosses gehörenden »Lycomedes-Relief« als archäologisch gebildeter Herrscher auf der Höhe seiner Zeit und präsentierte Hohenzieritz einmal mehr als beachtliches Bauwerk im Besitz einzigartiger antiker Kostbarkeiten. Die Aufstellung der Lycomedes-Gruppe im Potsdamer Antikentempel 1770 fiel in das gleiche Jahr, in dem Carl mit der Parkgestaltung in Hohenzieritz begann und mit den Prillwitzer Idolen die eigene in das Altertum zurückführende

Linie zu begründen suchte. Offensichtlich bestanden stetige Bezüge nicht nur zur internationalen Archäologie, sondern auch zum Antikenkonzept in Preußen.[203] Ob im Ägyptischen Saal außerdem eine inhaltlich-mythologische Verflechtung zwischen dem klassischen Lycomedes-Thema – eben dem Verbergen, Verkleiden, Enthüllen – und dem ägyptischen Raumprogramm besteht, kann man ohne Quellen zu Hohenzieritz nicht festlegen. Damit wäre Carl II. jedenfalls weit über eine geläufige Antikenkonstruktion hinausgegangen. Womöglich sollten die rein klassischen Motive eine antike Raumstaffage vorgeben, während das Ägyptische indes stets das Hauptanliegen war.

Ein weiteres gestalterisches Vorbild für die Reliefs liegt nahe: Der Maler Friedrich Reclam, ehemals an der Académie de France in Rom, hielt sich ab 1762 als Porträtist in Berlin auf und gelangte in den Rheinsberger Kreis. 1771 malte er die Kammern im Erdgeschoss des Klingenberg-Flügels auf Schloss Rheinsberg als illusionistische Grotten- und Ruinenlandschaft aus. Ein Raum ist mit Marmorinkrustation bemalt sowie mit mehreren scheinbar in die Wand eingelassenen Reliefs aus aktuellen Grabungen Roms. Prinz Heinrich von Preußen, Bruder Friedrichs des Großen, hatte diese Raumgestaltung in seinem Schloss Rheinsberg veranlasst.[204] Überdies soll es gemäß archäologischer Entdeckerlust »Ausgegrabene Merkwürdigkeiten bey Reinsberg« in Form von Münzen gegeben haben.[205] Die Anordnung von Wandreliefs über Statuennischen in Hohenzieritz könnte außerdem ebenso von englischen Raumkompositionen wie etwa Robert Adams Marmorhalle in Kedleston Hall 1768 beeinflusst sein.[206]

Das »Relief« über dem rechten Ofen führte die antike Szenerie fort **(Abb. 5, 32, 53, Taf. IV)**.[207] Neben einem stehenden bärtigen Mann schließt sich ein jugendlich nackter Pferdeführer mit Standarte an, dann in der Mitte eine weibliche Figur in langem Gewand, die mit dem Szepter in der Hand als Göttin, möglicherweise Hera, gedeutet werden kann. Sie hält ihre rechte Hand gesenkt wie zu einem Spendegestus. Daneben wenden sich mehrere Personen zu einem Altar.

53 *Ägyptischer Saal, Nordostwand, »Relief«*

Ägyptischer Saal, Aufnahme vor 1925, Nordostwand (Wdh. von Abb. 5 a)

Hieroglyphische Inschriften

Zeilen und Kolumnen mit hieroglyphischen, hell hervorgehobenen Zeichen auf dunklem Grund rahmen die Türen, die Wandfelder und die illusionistisch gemalte rechteckige Öffnung des Deckenbildes zum Himmel. Den Fotografien gemäß blieben die Hieroglyphen umfangenen Wandfelder bis auf die Supraporten unbemalt. Da das Raumganze nicht vollständig dokumentiert ist und das Schriftbild von Kronleuchtern und Möbeln teilweise verdeckt wird, kann der Text zurzeit nur ansatzweise erläutert und Zeichen vereinzelt mit Vorbildern und möglichen Deutungen in Verbindung gebracht werden **(Abb. 4, 5 a, 31, 32, 61, Taf. IV, V, VII–X)**. Carl II. fügte auch in den Inschriften unterschiedliche Stile, Ideen, Epochen und Motive wie in einem Kaleidoskop zueinander.

Immerhin ist ein bescheidener Abschnitt der Wandmalerei mit Sockelzeile, einer Sonne als Eckbetonung und Kolumne neben einem Türrahmen original erhalten **(Abb. 58, 59, 68)**. Bei dem irdenen, pompejanisch anmutenden Rot und den figürlichen Darstellungen in Ocker mit Weißhöhungen könnte es sich um die ursprüngliche Farbigkeit handeln, wohl Siena gebrannt und Siena natur, denn die Motive sind malerisch ausgearbeitet und mit dunklerem Rot schattiert. Diese ganze Partie scheint nur oberflächlich abgerieben und etwas verblasst. Im Zusammenspiel mit der Illusion der vermutlich ockerfarbenen bis annähernd grünen Naturmotive der Längswände und Säulen sowie dem gewiss farbigen Deckenbild muss der Saal ehedem von einer leuchtenden und einnehmenden Pracht erfüllt gewesen sein.

Das detailreiche, ägyptischen Charakter simulierende Schriftbild im Saal besteht aus ägyptisch hergeleiteten Hieroglyphen und aus ganz anderen Zeichen, was für ein absichtliches Verrätseln spricht. Zum Zeitpunkt der Ausmalung 1795 war die altägyptische Hieroglyphenschrift noch nicht entziffert, dafür aber umso faszinierender, denn sie wurde als Medium verstanden, das im Alten Ägypten vermutete Geheimwissen zu verschlüsseln und unbedingt vor Profanierung zu behüten. Vermehrt seit der Renaissance und dann durch universell Gelehrte wie etwa durch den in päpstlichem Dienst stehenden Athanasius Kircher gewann die Hieroglyphenkunde beachtlichen Aufschwung.[208] Aber erst Jean-François Champollion gelang 1822 die Entzifferung des Systems, womit die Wissenschaft der Ägyptologie begann.[209] Dieser späten Entdeckung des Schrift-Schlüssels ist die bis dahin geltende Vielfalt der auf Geheimnis, Rätsel, Weisheit und Fantasie beruhenden ausgeprägten Fülle an Kunstwerken der so genannten Ägyptenrezeption zu verdanken.

Man hat es also angesichts der ägyptischen Hieroglyphen mit Zeichen zu tun, deren ursprünglicher Sinn größtenteils vergessen war, gerade aber aus diesem Grund attraktives Potential für die unterschiedlichsten Anwendungen besaß wie etwa diese: »In diesem Sinne sprechen die Freimaurer des 18. Jahrhunderts von Hieroglyphen. Sie verstehen darunter nicht nur die ägyptischen Schriftzeichen, sondern ihre eigene Symbolik: die in das ›Tapis‹ eingewebten Symbole, die Dekoration der Loge, ihre Rituale und Grade. Die ungemeine ästhetische Fruchtbarkeit dieses Begriffs von Hieroglyphe [...] wurde im späten 18. Jahrhundert auch reichlich ausgebeutet [...]. Eine Hieroglyphe ist eine ästhetische Form mit doppeltem Boden: für den Uneingeweihten ein Gegenstand der Faszination, für den Weisen ein Gegenstand der Kontemplation.«[210]

Die Gestalt hieroglyphischer Texte war in Europa seit alters her bekannt. Schriftbilder waren etwa von nach Rom gelangten Obelisken und deren Wiedergaben beispielsweise bei Domenico Fontana 1590 **(Abb. 54)**[211], Jean-Jacques Boissard 1597 **(Abb. 65)**, bei Athanasius Kircher 1650 mit eigenen Varianten und Deutungen, aus Reiseberichten des 18. Jahrhunderts oder den Dekorationen Piranesis weithin geläufig.[212] Noch mehr Auswahl an hieroglyphischen Vorbildern gab es im näheren Umfeld von Carl II.: Die vier Obelisken in Rheinsberg und Potsdam aus der Zeit Friedrichs II. standen vor Augen **(Abb. 55)**.[213] Hinzu kommen die Pyramiden-Inschriften Friedrich Wilhelms II. im Neuen Garten Potsdam 1790/1792 **(Abb. 56, 57)**.[214]

54 *Obeliscus Flaminius, Piazza del Popolo, aus Domenico Fontana, Della trasportatione dell' obelisco [...], Rom 1590*

55 *Obelisk am Neustädter Tor in Potsdam, 1753, undatierte Bauaufnahme*

56 *Pyramide König Friedrich Wilhelms II., Neuer Garten Potsdam, 1790/1792*

57 *Pyramide König Friedrich Wilhelms II., Neuer Garten Potsdam, 1790/1792, Portal mit alchemistischen Zeichen und Sockel mit Hieroglyphen*

Selbstverständlich können auch die bedeutenden frühen neuzeitlichen Quellen eine Rolle spielen.[215]

Der individuelle Duktus der Hieroglyphen im Ägyptischen Saal bildet die geistige Haltung Carls II. und seiner Entourage ab. Ob es sich um eine zusammenhängende Geschichte oder um Sentenzen und Formeln in Anlehnung an ein antikes Vorbild oder einen Geheimbund handeln mag, bleibt angesichts des noch unvollständig zugänglichen Textes offen.[216] Symbolisch erdachte, beispielhafte Erzählungen finden sich auf besagten Obelisken Friedrichs II. in Potsdam und 1777 auf einem Obelisken im Schlosspark Schönbrunn mit der Geschichte des Hauses Habsburg.[217] Das »hieroglyphische Schreiben« war in dieser Epoche nicht selten, wobei das breite Angebot zwischen ernster Absicht und spielerischer Fantasie weidlich genutzt wurde. Auch »galante Hieroglyphen« erfreuten sich um 1800 hoher Beliebtheit.[218] Herzog Carl II. könnte die Schriftzeilen mit einer speziellen Semantik selbst und im Austausch mit Gleichgesinnten erdacht haben. Denkbar ist auch ein Assoziationsspiel, bei dem die Zeichen voneinander unabhängige, sinnbildliche Bedeutungen haben könnten. Die 18.000 Bände umfassende Bibliothek in Neustrelitz bot gewiss entsprechende Inspirationen und Vorlagen.[219] Hierin bestand eine Parallele zu König Friedrich Wilhelm II., der mit der Bibliothek im Neuen Garten Potsdam 1790/1792 die steinernen Hieroglyphen und metallenen alchemistischen Zeichen für seine Pyramide selbst zusammenstellte

(Abb. 57).[220] Die verwandtschaftliche Beziehung Herzog Carls II. mit dem König von Preußen und der enge Austausch zwischen Berlin und Mecklenburg-Strelitz legt die gegenseitige Kenntnis der höfischen Ausstaffierungen auch im Detail nahe.

Während Friedrich Wilhelm II. gold- und rosenkreuzerisch inspiriert war, könnte Carl II. an die Gedanken der seit 1782 aufgelösten, sich auf den 1312 verbotenen Templerorden berufenden, *Strikten Observanz* angeknüpft haben. Dort bestand 1776 die Idee, zum »›Aufspüren der letzten Geheimnisse‹ einen Allerheiligsten Tempel – adytum sacrum – an einem Ort in Mecklenburg aufzubauen«[221], wobei dies umgehend als suspektes Ansinnen im Stile Cagliostros und in diesem Falle des Freiherrn von Gugomos verworfen wurde.[222] Der Gedanke ist nicht ganz abwegig, ob Carl II. in Erinnerung an die reine Idee eines imaginären »adytum sacrum« in Hohenzieritz eine Art Symbol rückblickend auf frühere Traditionen im Sinne der Templer mit Bezug nach Jerusalem pflegte. Dabei wäre »adytum sacrum« als freies, geheimnisvolles hieroglyphisches Spiel im eigentlichen Sinne ohne Regeln oder Ritus im Sinne von Carl II. denkbar.[223] Als Herrscher war Carl II. sichtbar Protektor von Freimaurerlogen, was ihm hintergründig die herrscherliche Anbindung an Ägypten, das besagte Geheimnis, bot.

Im Ägyptischen Saal sind Vorbilder, Anklänge und Symbole unterschiedlichen Ursprungs zu einem möglichst persönlich und original wirkenden Gesamtbild angeordnet. Vielleicht liegt unter anderem die Idee zu Grunde, Besucher mit dem rätselhaften Schriftgehalt als Geistesübung herauszufordern. Der Berliner Philosoph, Kunsttheoretiker und Freimaurer Karl Philipp Moritz war 1793 Herausgeber der Schrift *Die symbolische Weisheit der Aegypter.* Dort wird erläutert:

> »*Über alles aber schätzte man bey ihnen* [den Ägyptern] *die Wissenschaft der Hieroglyphen, oder die Kenntnis der heiligen Bilderschrift, die nur wenigen, und zwar den vornehmsten Priestern bekannt war […]. Wie alt war also nicht die Weisheit, die Moses zum Schüler hatte. Plato schreibt die Erfindung der ägyptischen Hieroglyphen dem Theut oder Taaut zu, und es ist bekannt, daß die Griechen anfänglich durch die Aegypter cultivirt worden […]. Und Epictet hält dafür, dem menschlichen Wesen seyen gewisse ewige Symbole der Gottheit eingeprägt, die unverkennlich wären. Kein Wunder also, daß die feurige Einbildungskraft der ersten Menschen sich und die Geschöpfe umher als so viele göttlich glänzende Buchstaben ansahen, durch welche der Ewige ihnen seinen unaussprechlichen über alles zu verehrenden Namen habe andeuten wollen. Die ägyptischen Sacerdoten behaupten auch, dass das Studium ihrer heiligen Bilderschrift die Seele erleuchte und durch das dickste Dunkel zur Kenntnis der verborgensten Dinge führe. Sie glaubten auch ihre prächtigen Obeliske und Pyramiden, so wie das*

Innere und selbst die Thüren der Tempel, mit keinen besseren Verzierungen zu schmücken, als mit ihrer heiligen Bilderschrift, wodurch sie zugleich ihre Weisheit zu verewigen hofften.«[224]

Vor der exemplarischen Betrachtung der Zeichen im Ägyptischen Saal ein Blick auf die im 18. Jahrhundert genutzten Quellen: Antike und spätantike Beschreibungen sowie Deutungen der ägyptischen Schrift stammen beispielsweise von Platon, Diodor, Plutarch, Plotin, Porphyrios, Jamblichus, Clemens von Alexandrien, Ammianus Marcellinus und schließlich Horapollon.[225] Die früheste Darlegung der ägyptischen Hieroglyphen als Geheimschrift liest man bei dem griechischen Schriftsteller Diodor aus dem ersten vorchristlichen Jahrhundert: »Von der zweyerley Schrift der Aegypter würde nur die sogenannte Volksschrift von allen gelernt, die sogenannte heilige Schrift hingegen, kennten bey den Aegyptern nur die Priester, die sie in ihren Geheimnissen aus der Ueberlieferung gelernt hätten.«[226] Diodor sah die Hieroglyphen als Symbolschrift und betonte die hohe Anforderung an das Gedächtnis und die jahrelange Übung des Umgangs. Dies weist auf Diodor als eine Richtlinie für die Erfindung der Schriftzeichen in Hohenzieritz:

»Ihre Formen sind allerley Thieren, den äussern menschlichen Gliedern, und Instrumenten, vorzüglich Zimmerinstrumenten ähnlich. Nach ihrer Schreibkunst wird der beabsichtigte Gedankenvortrag nicht durch Zusammensetzung der Sylben, sondern durch die sinnbildliche Bedeutung der hingemahlten Züge, und durch Metaphern, die dem Gedächtniß durch Uebung geläufig geworden, dargestellt. So mahlen sie zum Beyspiel einen Habicht, Krokodil, eine Schlange, ein menschliches Auge, Hand, Gesicht, und andere dergleichen Dinge. Der Habicht bedeutet bey Ihnen alles was schnell geschieht, weil er fast der schnelleste unter allen Vögeln ist; und dieser Ausdruck wird nachdem ihm eigen gemachten figürlichen Gebrauch, auf alles Schnelle, und was dem angemessen ist, so angewandt, als wenn es mit Worten beschrieben wäre. Der Krokodill ist ein Bild aller Bosheit; das Auge der Bewahrer der Gerechtigkeit, und Hüter des ganzen Körpers. Von den äussern Gliedern bedeutet die rechte Hand mit ausgestreckten Fingern, Erwerbung des Unterhalts, die Linke verschlossen, Erhaltung und Bewahrung der Güter. Eine gleiche Bewandniß hat es, mit den andern Figuren, die vom menschlichen Körper, Instrumenten, und allen andern Dingen hergenommen sind. Sie befolgen die in jedem derselben liegende bildliche Bedeutung, und durch ein vieljähriges Studium und Gebrauch ihres Gedächtnisses haben sie sich so geübt, daß sie mit Fertigkeit alles so geschriebene lesen.«[227]

Auch Pythagoras kommt bei Diodor zur Sprache, denn er gehöre zu den berühmtesten nach Ägypten gereisten Gelehrten, und man liest, »daß bey ihnen die Buchstaben, und die Beobachtung der Gestirne erfunden sey«.[228] Plutarch berichtete, Pythagoras, »der die Priester sehr bewunderte und wieder von ihnen bewundert wurde, [soll] die symbolische und geheime Lehrart derselben nachgeahmt und unter seine Lehren Raethsel gemischt [...] haben. Denn die hieroglyphischen Figuren geben die mehresten pythagorischen Lehrsätze gar nichts nach«.[229] Nach Porphyrios heißt es ähnlich, dass Pythagoras Weisheit und Sprache der Ägypter studierte, wobei das Gemeinte einerseits durch ein Bild direkt gezeigt sei, andererseits durch bestimmte Rätsel umschrieben werden könne.[230]

Aus den Eck- und Kreuzungspunkten der Schriftbänder im Saal sowie links und rechts der Fensterpartien erstrahlen Sonnen auf jeweils einem quadratischen Feld. Das Symbol des zentralen Gestirns, des Sonnengottes, des Harpokrates-Helios[231], des Re, des allumfassenden Lichtes, wird nach den Fotografien – die nicht dokumentierte Seite des Saales als symmetrisch angenommen – vermutlich achtundvierzig Mal wiederholt **(Abb. 58, 59)**.[232] Das Motiv der

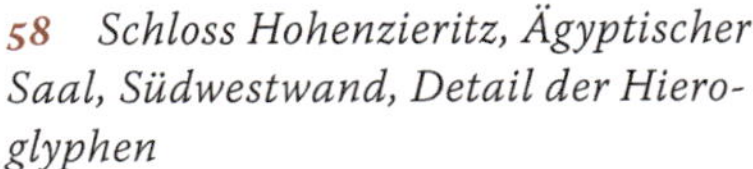

58 Schloss Hohenzieritz, Ägyptischer Saal, Südwestwand, Detail der Hieroglyphen

59 Ägyptischer Saal, Südwestwand, erhaltener Bereich der Wandmalerei bei der linken der drei Türen Richtung Park

60 Sonnen am Apollontempel 1762–1775, Schlosspark Schwetzingen

61 Schloss Hohenzieritz, Ägyptischer Saal, Nordostwand mit Sphinx und Hieroglyphen, undatierte Aufnahme

sich repetierenden Sonne kommt auch in Gestalt vergoldeter Sonnen am Geländer der zum Apollontempel führenden Treppe und Terrasse im Schlossgarten von Schwetzingen (1762–1775) nach Auftrag Kurfürst Karl Theodors von der Pfalz vor **(Abb. 60)**.[233]

Die Hieroglyphenbänder um die Türen mit den Sphingen als Supraporten sind unterschiedlich beschriftet **(Abb. 32, 61, Taf. VII–IX)**.[234] An der gartenseitig gelegenen Tür beginnt die Kolumne rechts oben mit einer hieroglyphischen Binse. Darunter ein Stern und ein kleiner Delphin über einer neunstufigen Leiter, die mehrfach im Text vorkommt. Das Symbol der Stufenleiter und Himmelsleiter ist eine sinnbildliche Stütze spiritueller, geistiger und moralischer Erhöhung.[235] Bei den Freimaurern stellt die Jakobsleiter den Prozess vor, der den rohen Stein (Lehrling) verwandeln soll[236], und die »scala lapidis« ist zugleich Bildzeichen für den alchemistischen Prozess.[237]

Unter der »Leiter« befindet sich die bemerkenswerte Gestalt eines Abraxas/Abrasax, Symbol des höchsten Urwesens, das die Urkräfte Geist, Wort, Vorsehung, Weisheit und Macht hervorgebracht haben soll.[238] Das Bild des Abraxas war als Gemme und Amulett beliebt und verbreitet **(Abb. 62)**.[239] Abraxas kann als Mischwesen in verschiedenen Formen dargestellt sein wie etwa mit einem gepanzerten menschlichen Leib und einem Hahnenkopf. Der Hahn begrüßt und verkündet den Sonnengott schon vor dem Aufgehen und war wegen seiner Tapferkeit hoch angesehen. Als Ankündiger des Lichtes bedeutet der Hahn das Erwachen aus der Finsternis.[240] Seine Füße gehen in Schlangen über, die für Logos und Nus stehen, Geist und Wort. In der einen Hand hält er einen schützenden Schild als Signum der Weisheit und in der anderen zur Abwehr eine Geißel. Der Name Abraxas, in den Quellen meist Abrasax genannt, ist künstlich erfunden und bezeichnet den Gott des Jahres, denn die sieben Buchstaben ergeben ihrem Zahlenwert nach addiert 365, die Anzahl der Tage eines Sonnenjahres. Daher war Abraxas auch ein Sonnengott und Symbol des Alls.[241] Mitunter erscheint

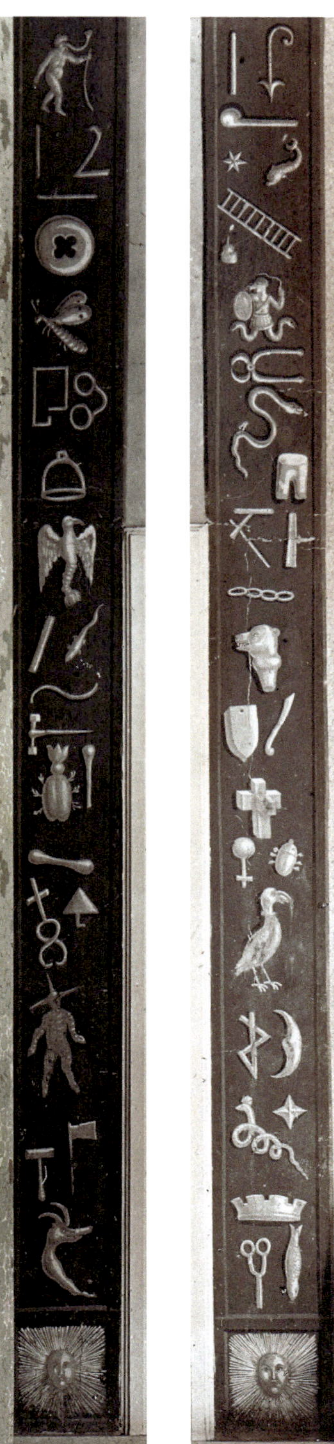

61 Details aus Abb. 61

62 *Abraxas/Abrasax-Gemmen, aus Bernard de Montfaucon, L'Antiquité expliquée [...], Paris 1722*

Abraxas auch ganz schlangenförmig und löwenköpfig. Bernard de Montfaucon widmete Abraxas und seinen vielfältigen Darstellungen auf Gemmen 1722 jene reich bebilderte Abhandlung und nennt ihn dort auch Jupiter Serapis, womit die Verknüpfung zum ägyptischen Aspekt hergestellt ist.[242] Im Rahmen der Freimaurerei steht Abraxas für das mystische Wort Abrac. Mit dem Ausdruck ist gemeint, dass die Steinmetze im Besitz geheimnisvoller, streng bewahrter magischer Künste sind. Aus Abraxas leitet sich die Zauberformel Abracadabra ab.[243]

Das nächste Zeichen unter Abraxas ist eine Zange. Sie ist keine ägyptische Hieroglyphe, bezieht sich aber als Zimmerinstrument eindeutig auf den Text Diodors. Allegorisch ist die Zange mit Figuren der Mythologie verknüpft, die sich in einigen Punkten in das ikonographische Programm des Saales fügen: Auf rückseitigen Münzbildern der Juno Moneta sind mitunter Zange, Hammer und Amboss abgebildet **(Abb. 63)**.[244] Moneta ist ein Beiname der Juno, deren Kult 345 v. Chr. in Rom eingeführt wurde. Ihr Name bedeutet die »Mahnende« (monere = mahnen, erinnern), da sie bei einem drohenden Erdbeben warnend ein Opfer gefordert habe. In ihrem Tempel nahe der Münzstätte soll sich eine Chronik zum Gedächtnis alter Zeiten bewahrt haben. Seit der Regierung Domitians im 1. Jahrhundert n. Chr. wurde der Name Moneta auf das Münzwesen übertragen, so dass Juno Moneta zur Personifikation desselben auf römischen Münzen dargestellt wurde. Über die schon im Zusammenhang mit der Sphinx als Supraporte erwähnte Juno zieht sich der Bogen über die metallverarbeitende Zange direkt zu Hephaistos/Vulcan und damit zum ägyptischen Ptah von Memphis als oberstem Schöpfer und Weltenbauer. Die Schlange darunter weist wohl schon auf die monumentalen Schlangen des Deckenbildes und somit wiederum auf das »Höchste Wesen«. Möglicherweise erdachte Carl II. diese Kompositionen und war so geübt, dass auch er »mit Fertigkeit alles so geschriebene lesen« konnte.[245]

63 *Silberdenar mit Juno Moneta, Rom, 46 v. Chr.*

Nicht alle Zeichen sind eindeutig benennbar. Auffallend ist in dieser Kolumne auf halber Höhe ein Tesserakt, das im Saal wiederholt vorkommt. Dies ist ein mathematischer Körper, ein so genannter Hyperwürfel. Ein vierzähliges, drehsymmetrisches lateinisches Kreuz aus acht Würfeln ist das Bild für die vierte Dimension. Danach reiht sich das Zeichen der Venus ein und rechts wohl ein kleiner Skarabäus. Darunter, soweit erkennbar, ein ägyptischer Ibis, das Bild des Thot und somit des griechischen Hermes und römischen Merkur. Horapollon berichtete im 5. Jahrhundert n. Chr. in der *Hieroglyphica:* »Wenn sie *Herz* schreiben wollen, malen sie einen Ibis, denn dieses Tier steht dem Hermes nahe, dem Herrn eines jeden Herzens und Gedankens; außerdem sieht der Ibis auch von sich einem Herzen ähnlich. Darüber sind bei den Ägyptern zahlreiche Erzählungen im Umlauf.«[246] Es folgen ein geometrisches Zeichen ähnlich einem Winkelmaß, dann ein Mond, ein vierzackiger Stern und eine bekrönte dreifach gewundene Schlange. Darunter eine Krone: die Göttinnen Kybele und Diana Ephesia, Aspekte der allumfassenden Isis, tragen eine solche Krone aus Mauerzinnen **(Abb. 64, 88)**.[247] Im Neuen Garten Friedrich Wilhelms II. in Potsdam war sie als Skulptur präsent.[248]

64 Diana Ephesia, Brandenburgische Kunstkammer, aus Lorenz Beger, Thesaurus Brandenburgicus 3, 1701

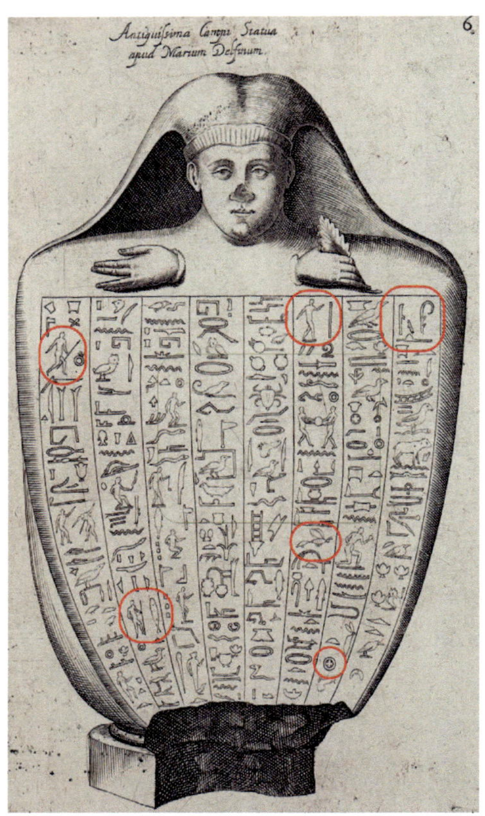

65 Jean-Jacques Boissard, »Antiquissima Canopi Statua apud Marium Delfinum«, Pars Romanae [...] & Antiquitatum [...] 6, 1602

Die stehenden Figuren in der linken Kolumne **(Abb. 61)** ganz oben und in der dritten Zeile von unten könnten stilistisch nach dem Klassiker der Hieroglyphenkunde Canopus Delphini gestaltet sein. Es handelt sich um die altägyptische Skulptur des Petamenophis in Form eines Würfelhockers, ehemals im Besitz von Marius Delphinus, heute im Louvre. Die Statue war im Kupferstich bei Jean-Jacques Boissard 1602 weit verbreitet, und Athanasius Kircher lieferte 1654 eine dem Reich reiner Fantasie entsprungene Pseudo-Übersetzung der acht Kolumnen **(Abb. 65)**.[249] Der Einbezug dieses Vorbildes lässt sich an manchen Stellen erkennen. Einige Zeichen haben eine gewisse Ähnlichkeit mit jenen im Saal. Unter dem zirkelförmigen Signum mit Kreuz, das »die Welt mit ihren vier Gegenden und der sie umschließende Kreis die Schlange oder den Weltgeist Kneph vorstellen solle«[250], befindet sich auf der Höhe der Sphinx in der Supraporte eine fliegende Biene. Die Biene ist die seit alters her bekannte Hieroglyphe für den König und leitet dessen Thronnamen ein. Laut Meinung des spätantiken römischen Historikers Ammianus Marcellinus ist »eine Honig bereitende Biene [...] ihnen Bild eines Königes, und der geheime Sinn ist, daß ein Regent sich zwar angenehm machen, aber auch nicht ohne Stachel seyn dürfe«.[251] Man denkt dabei an die als Sandsteinrelief ausgeführte Biene an der Pyramide Friedrich Wilhelms II. 1790/1792 im Neuen Garten Potsdam **(Abb. 57, 66)**.[252] Nach weiteren Zeichen, darunter wohl einem Steigbügel, folgt ein aus unbestimmbarem Element emporsteigender Vogel mit ausgebreiteten Flügeln. Ob es sich um den Phönix handelt, der in diesen Kontext passen würde, kann man nur vermuten. Phönix, um den sich zahlreiche Überlieferungen ranken, gilt als Symbol der Erneuerung und Auferstehung, da er sich in seinem Nest selbst verbrenne und in verjüngter Gestalt zu neuem Leben hervorgehe. Laut der Darstellung bei Herodot komme er alle fünfhundert Jahre nach Heliopolis, in die Stadt des ägyptischen Sonnengottes.[253] Etwas später im Text sieht man einen waagerecht liegenden, zweiköpfigen Hammer mit spitz zulaufendem Stiel. Er ist wie ein Hammer zum Einschlagen der Punzen auf Gold- und Silberschmiedearbeiten geformt. Darunter steht in vertikaler Richtung die schmale Hieroglyphe eines Dresch-Schlegels und links davon ein Skarabäus mit einer bemerkenswerten Krone. Die drei Zeichen sind so ausgewogen angeordnet, als gehörten sie zusammen oder würden sogar

66 Hieroglyphe »Biene«, Neuer Garten Potsdam, Pyramide Friedrich Wilhelms II. 1790/1792

einen einzigen Begriff bilden.[254] Nach Horapollon bedeute der Skarabäus »allein geboren« sein »oder Geburt oder Vater oder Welt oder Mann«, allerdings auch »Hephaistos«.[255] Und Hephaistos ist besagte griechische Form des Ptah von Memphis, dem Schöpfer und Baumeister der Welt. Der Stil dieses bekrönten Käfers führt den Blick erneut zur Pyramide Friedrich Wilhelms II. als Vorbild **(Abb. 67)**.[256] Ursprünglich lagen die Hieroglyphen auf der Pyramidenfläche, viel später wurden sie in den Sockel des Bauwerks integriert.[257]

67 Hieroglyphe »Skarabäus«, Neuer Garten Potsdam, Pyramide Friedrich Wilhelms II. 1790/1792

Im original erhaltenen Bereich der Malerei erscheinen das Sonnensymbol im Eckquadrat und in der Sockelzeile ein Hammer, ein fliegendes Wesen und ein Delphin mit darüber liegendem Pfeil **(Abb. 68)**.[258] Der Delphin begleitet mitunter die Göttin Demeter und gehört überdies zu Poseidon. Auf einer antiken Tonlampe sind alle Attribute der Göttin Isis, darunter die Zange des Hephaistos und der Delphin des Poseidon, miteinander vereint.[259] Außerdem sei dieses Tier »Das Bild der Sanftmuth überhaupt, und eines menschenfreundlichen Regenten insbesondere«.[260]

Der Delphin kommt mehrfach in den poetisch-hieroglyphischen Bildern in Francesco Colonnas *Hypnerotomachia Poliphili,* Venedig 1499, vor. Carl II. hatte das Werk gewiss im Sinn. Einmal ist der Delphin dort das Bild für »Stets eile mit Weile« und ein anderes Mal ein Lenkender und Rettender von Schiffbrüchigen.[261] Colonna zeigte seine Hieroglyphen fantasievoll

68 Schloss Hohenzieritz, Ägyptischer Saal, Südwestwand, Wandmalerei mit Hieroglyphen

als Bilder der Natur oder als Anordnung eines imaginären Textes, und er deutete manche »allerhervorragendste und mysteriöse und unersinnliche Anordnung« **(Abb. 69)**[262] gemäß dem Bild:

> *»Endlich auf die Ebene zurückgekehrt, sah ich auf jenem porphyretischen Postamente im Umlauf in gebührender Weise folgende Hieroglyphen eingegraben: An erster Stelle einen gehörnten Rinderschädel [...] und einen auf zwei Bocksbeinen gegründeten Altar, mit einem brennenden Flämmchen [...] auf der Stirnseite ein Auge und ein Geier; alsdann ein Malluvium und ein Guturnium* [kultisches Handwaschbecken und Krug]; *folgend ein Fadenknäuel [...] ein altertümliches Gefäß [...] eine Sandale mit einem Auge [...] ein Anker und eine Gans; ein altertümlicher Leuchter [...] ein Delphin; und zuletzt eine verschlossene Truhe. Es waren diese Hieroglyphen beste Steinmetzarbeit [...]. Jene uralten und heiligen Schriftzeichen legte abwägend ich also aus: ›Nach der Arbeit opfere dem Gott der Natur freigiebig. Nach und nach führe zurück die Seele zu Gott, dem sie untertan. Stetige Wacht wird er über Dein Leben walten lassen, barmherzig lenkend, und heil Dich bewahren.‹«*[263]

In der oberen Wandzone und in den Sockelzeilen bei den Konsoltischen des Ägyptischen Saales **(Abb. 78, 79, Taf. IV)** sind etliche weitere Symbole angeordnet wie etwa ein Schmetterling mit untergliederten Flügeln und in Voluten gedrehten Fühlern neben einem schon bekannten Tesserakt, jenem drehsymmetrischen, lateinischen Kreuz, Bild der vierten Dimension und der Ewigkeit. Immanuel Kant merkte 1766 in *Träume eines Geistersehers* bei den Gedanken, »wie der Geist des Menschen aus dieser Welt herausgehe«, an, »Das Sinnbild der alten Ägypter für die Seele war ein Papillon, und die griechische Benennung bedeutete ebendasselbe. Man sieht leicht, daß die Hoffnung, welche aus dem Tode nur eine Verwandlung macht, eine solche Idee samt ihren Zeichen veranlaßt habe.«[264] Da das Ägyptische im Diskurs jener Zeit mit dem Erhabenen verbunden wurde, formulierte Kant es als das Negative, da es unaussprechlich sei.[265] – Etwas weiter links deutet ein großer Schlüssel, den man im Deckenbild wiedersieht, auf die Qualität der Verschwiegenheit oder auf den Zugang zu Geheimnissen hin. Unter dem rechten Konsoltisch befindet sich eine prächtige Schnecke mit Haus: Wohl dem, der im Verborgenen bleibt, oder es ist schon der Gedanke an einen Schneckenberg im Schlosspark und somit ein Bild des Läuterungsweges.

69 Francesco Colonna, Hieroglyphen, Hypnerotomachia Poliphili, 1499

70 *Schloss Hohenzieritz, Ägyptischer Saal, Deckenbild mit Zodiak*

Das Deckenbild

Die vollkommen plane Decke wird von einem gemalten Gesims mit Zahnschnitt gesäumt. Das illusionistische, symmetrisch angelegte Deckenbild besteht aus einem auf die Mitte ausgerichteten Hauptstück und je einem schmalen, hellgrundigen Bildstreifen bei den Fensterfronten, darin mittig je ein vasenartiges Motiv und seitlich akanthusähnliche Formen, die aufgrund des Bildabschnittes und der Schrägansicht nicht klar erkennbar sind **(Abb. 4, 5, 31, 32, Taf. VI)**. Die Raumhöhe beläuft sich dabei auf zurückhaltende viereinhalb Meter.

Umso mehr strebt das zentrale monumentale Deckenbild zur Höhe: Es scheint das Innere einer Pyramide mit rechteckiger Öffnung zur höchsten lichten Quelle darzustellen, eine erhabene, imaginäre Raumerweiterung. Die Auskleidung dieses illusionistischen Raumes besteht wie in einem klassisch monumentalen Pantheon aus Kassetten, hier recht- und achteckige in sieben Reihen. Die Himmelsöffnung ist mit einem Hieroglyphenfries, der einzelne Zeichen der Wandgestaltung wiederholt, aber neu kombiniert, eingefasst, womit das Ägyptische als Hauptthema des Saales nochmals betont ist.

»Im Zentrum aller Dinge residiert die Sonne. Könnten wir einen besseren Platz in diesem schönsten aller Tempel finden, wovon aus diese Leuchte alles erhellen kann? Man nennt sie zu Recht die Lampe, den Geist, den Herrscher des Universums. Für Hermes Trismegistos ist sie der unsichtbare Gott, Sophokles' Elektra nennt sie das All-Sehende [...]«, wie Kopernikus 1543 verlauten ließ.[266] Und 1793 hieß es in Karl Philipp Moritz' *Symbolischer Weisheit:* »Die Sonne. Sie war bey den Aegyptern das Bild der göttlichen Vorsehung.«[267] In Hohenzieritz wurde die Öffnung zum Himmel 1806 im tempelartigen Pantheon der Schlosskirche dann zum dritten Mal ausgeführt.[268]

Im Mittelpunkt der Decke des Ägyptischen Saales befinden sich die zwölf Tierkreiszeichen des Zodiaks **(Abb. 70)**.[269] Diodor gab hierzu die

Himmelsbeobachtungen der Chaldäer wieder: »Götterregenten nehmen sie an der Zahl zwölfe an, deren Jedem sie einen Monat, und eins von den sogenannten zwölf Zeichen des Thierkreises zueignen. Durch diese, sagen sie, vollende Sonne, Mond und die fünf Planeten ihren Lauf, dergestalt daß die Sonne ihren Kreislauf in einem Jahr vollende, der Mond aber seine Bahn in einem Monat durchlaufe.«[270] Die Ausrichtung der Tierkreiszeichen ist auf dem Foto des Deckenbildes schemenhaft erkennbar. Demnach ist das Sternbild der Waage zum Sonnenaufgang gerichtet, was zum Geburtstag des Bauherrn Herzog Carl II. am 10. Oktober (1741) passt. Die Anbindung des Ägyptischen Saales an den Kosmos geschieht überdies durch den Sonnenlauf selbst: Vom ersten Morgensonnenstrahl im parkseitigen Südosten bis zum letzten Abendsonnenstrahl auffahrtsseitig im Nordwesten wird der Saal von Licht erfüllt. Im Park stand auf der Achse des Schlosses ehemals eine Sonnenuhr, die im historischen Plan eingezeichnet ist **(Abb. 13)**.[271]

Die Verknüpfung von Wissen und Geheimnis mit dem Herrschertum war der zentrale Punkt des Mysterienthemas im 18. Jahrhundert. Erst die Bewältigung von Prüfungen, Grenzerfahrungen und das würdige Bestehen rechtfertigte das Herrscheramt.[272] Dies kommt unmittelbar in der *Geschichte des egyptischen Königs Sethos* von Jean Terrasson 1731/1777 beispielhaft zum Ausdruck. Der in ganz Europa verbreitete Roman über die Einweihung des Prinzen war von großem Einfluss auf das Ägyptenbild, auf Geheimbünde und auf künstlerische Werke der Zeit. Der Text galt als Inbegriff der ägyptischen Mysterienweihe. Einige Sätze wirken wie eine Inspiration für Hohenzieritz. Sethos taucht nach seiner Reise in die Unterwelt aus den Substruktionen von Memphis wieder auf:

> *»Neben dem Elysium, wenn man immer gegen die Pyramiden fortgieng, war der letzte Theil der Gewölber, oder das Pantheon der Priester von Memphis; bey welcher Gelegenheit ich anführen muß, daß ganz Egypten das Pantheon der Welt genannt ward. Obgleich die gesammten Gewölber der Tempel überhaupt hießen, so verdiente das Pantheon doch eigentlich nur diesen Namen. Man gieng durch verschiedene sehr tiefe Schwibbogen herein [...]. Das Gewölbe dieses Tempels war nicht außerordentlich hoch, und nur zehn Fuß höher als die Schwibbogen, die eine Höhe von zwanzig Fuß hatten; es hatte aber auf eine Breite von vierzig Fuß eine außerordentliche Länge, so lang das Elisium, die Tiefe des Theatergebäudes mit einbegriffen, selbst war [...]. Der Grund oder das Heilige dieses Tempels war der Isis, Mutter der Natur oder der Natur selbst, gewidmet. Man sahe hier auf einem Piedestal ihre Statue, ohngefähr so als Apuleius in seinen Verwandlungen diese Göttin [...] vorstellt.«*[273]

71 a Ägyptischer Saal, Detail des Deckenbildes aus Abb. 5 a

Mehr noch: Acht monumentale Schlangen umwinden in symmetrischer Anordnung das mittlere Deckenbild und die schmalen Plafonds an den Fensterseiten.[274] Jeweils vier Schlangenköpfe treffen dabei auf den großen beeindruckenden Schädel vermutlich einer Eule auf der Längsachse des Raumes in Höhe der seitlichen Türen **(Abb. 71 a)**. Es könnte sich nicht ganz abwegig um die Eule der Athena handeln **(Abb. 71 b)**.[275] Die Schlangenkörper umringen dann sowohl das mittlere als auch die seitlichen Deckenbilder. Zu dieser bemerkenswerten Komposition konnten bislang noch keine eindeutigen Bild- oder Textvorlagen ausfindig gemacht werden. Zur Idee und Bedeutung dessen, was Herzog Carl II. zu Mecklenburg-Strelitz hier auf den Plan rief, kann man folgende Lesarten anbieten:

71 b Athena und Eule, Tetradrachme, Silber, 1. Hälfte 5. Jh. v. Chr., aus Athen

Zunächst kommt der Gedanke an das Sternbild des Schlangenträgers auf. Die Griechen der Antike sahen darin eine Schlange, die vom heilkundigen Asklepios, eben dem Schlangenträger, gehalten wird. Die Eule und die Schlange waren ihm heilig. Es gibt auch Anhaltspunkte dafür, dass zwischen dem ägyptischen Imhotep-Heilkult und dem späteren griechischen Asklepios eine historische und namentliche Kontinuität bestand: »Will man noch den ägyptischen Aeskulapius mit hieher ziehen, so hat er die königliche Residenz zu Memphis erbauet, Bücher von der Anatomie geschrieben, die Kunst mit Quadratstücken zu bauen erfunden, und was dergleichen mehr ist.«[276] Asklepios soll dem Range nach in die Nähe der Göttergestalt des ägyptisch-griechischen Hermes Trismegistos[277] gerückt sein, was somit seine Symbole Schlange und Eule am Deckenhimmel erklären könnte.

Noch andere miteinander harmonierende Anklänge liegen nahe: Der alexandrinische Sarapis/Serapis (Zeus-Helios-Apollon) tritt häufiger in Schlangengestalt als Agathos Daimon, als guter Schutzgeist des Ortes, in Erscheinung.[278] Als solcher galt auch Weltgeist Kneph, der mitunter als Schlange versinnbildlicht wurde und der aus seinem Munde ein Ei gab, aus dem der Schöpfer Ptah hervorging.[279] Sowohl mit Schlange als auch mit Tierkreis war der griechische Begriff Aion für Zeitalter und Weltzeit in der Spätantike als Gottheit der Ewigkeit verehrt und dargestellt worden.[280] In der römischen Kaiserzeit wurde am 6. Januar nach dem julianischen Kalender im Heiligtum der Kore in Alexandria ein Fest gefeiert, da Kore-Persephone (= Isis) den Aion geboren habe. Das zu diesem Anlass bei Sonnenaufgang präsentierte Kultbild stellte Harpokrates auf der Lotosblüte dar, der seit Anbeginn der Zeit im morgendlichen Aufgehen die Welt erschuf. Aus den Urstoffen Wasser und Erde sei die Blume selbst der Anfang und bringe die Gottheit hervor. Somit war er auch ein Aion, ein Gott der Ewigkeit.[281] Der griechische Philosoph Jamblichus von Chalkis (um 300 n. Chr.) legte in den *Geheimlehren* anhand des Kindes auf der Blüte die neuplatonische Idee dar, das wahre Wesen verborgener Erkenntnisse sei durch sichtbare Abbilder nur angedeutet. Der Lotos entspreche der Kreisbewegung der Himmelskörper und der göttlichen Vernunft (Nus). Über diesen Prinzipien throne der Sonnengott als Lenker ebenso wie im Symbol das Kind über der Blüte.[282]

Da man sich im Deckenbild auf die höchsten schöpferischen Sphären besann, war der Gedanke an den allumfassenden Gott Amun zweifelsohne einbezogen. Nach Plutarch hielten die Ägypter nämlich »den ersten Gott für einerley mit dem Weltall, und da er verborgen und unsichtbar war, so nennen sie ihn Amun, um ihn dadurch zu rufen und zu bitten, daß er sich ihnen zeigen und offenbaren möge.« Den Namen Amun sah er im Kern nahe der Inschrift zu Sais »Ich bin das All, das gewesen ist, das ist, und das seyn wird; noch nie hat ein Sterblicher meinen Schleyer aufgedeckt!«[283] Damit waren in Hohenzieritz die Stufen des Kosmos bis zum Ursprung in bildlicher Gestalt nachvollzogen.

Die Deckenkronen

Drei Deckenkronen tragen zu diesem komplexen Bild bei. Hängeleuchter sind weit mehr als Lichtquellen und gehören zu den kostbarsten repräsentativen Kunstwerken jeder herrschaftlichen Einrichtung.[284] Die drei offenbar gleichen Deckenkronen sind auf der Längsachse des Saales symmetrisch angeordnet: im Zenith der Decke und an jenen Stellen des Plafonds, an denen die Schlangenköpfe und Schnäbel der Eulen aufeinandertreffen **(Abb. 72, 73, 32, Taf. IV–VI)**.[285] Soweit nach der Fotografie zu ermessen, könnten die Leuchter aus feuervergoldeter Bronze bestehen. Sie hängen

72 *Ägyptischer Saal, Detail der Deckenkrone im Zentrum*

73 *Ägyptischer Saal, Deckenkrone zur Parkseite*

an dunkleren (Eisen-?) Ketten und sind mit Reihen aufgefädelter Kristalltropfen geschmückt. Den höchsten Punkt des Leuchters bildet eine durchbrochene Halbkugel, die an das gleiche achtteilige kreisförmige Motiv an den Konsoltischen erinnert. Ein Stab führt hinab und trägt den Körper des Leuchters. Zunächst befindet sich dort eine runde Plattform, auf der – im zentralen Leuchter erkennbar – ein Flügelwesen sitzt, mit dem Körper und den Klauen eines Hundes.[286] Es hebt den mit kleinen Ohren versehenen kräftigen Kopf mit leicht geöffnetem Maul empor. Das sehr ungewöhnliche, in einem Kronleuchter kaum erwartete Wesen könnte auf eines der allerdings nicht geflügelten Prillwitzer Idole zurückgehen **(Abb. 74)**.[287] In den *Gottesdienstlichen Alterthümer[n] der Obotriten* von 1771 gibt es einen Anhaltspunkt: »Mita. Die Figur stellet einen Hund mit einem dicken Kopfe eines Bollenbeißers vor [...]. Der Stellung nach lieget er mit untergeschlagenen Beinen. Der Kopf ist in die Höhe gerichtet [...] und das Maul offen.«[288] Der Hund sei mit den »runischen Worten« Rethra und Mita beschriftet, wobei Mita einer Erklärung bedürfe. Der Name stünde mit Hela, der nordi-

74 *»Mita«, Prillwitzer Idol, aus Masch/Woge, Gottesdienstliche Alterthümer der Obotriten, 1771*

schen Göttin des Todes in Bezug und diese mit Hekate, Göttin der Schwelle, Weltseele und Vermittlerin zwischen den Menschen und den höheren Göttern. Ihr Begleiter sei mitunter der (geflügelte) Hund. Weiter heißt es, man könne nicht beweisen, ob die Wenden ihre Götter auf die Griechen und Römer bezogen.[289] Hekates Attribut ist außerdem die Fackel, da sie als Göttin der Nacht, des Mondes und der Unterwelt gilt.[290] Als zuweilen dreigestaltige Lichtbringerin fügt sie sich ideal in das Thema eines Leuchters. Damit sind im Saal weitere Gottheiten, Aspekte und Namen miteinander verflochten. Wiederholt ist in der Rede der tausendnamigen Isis bei Apuleius alles enthalten: »Ich, Allmutter der Natur, [...], Höchste der Gottheiten, [...], die ich in mir allein die Gestalt aller Götter und Göttinnen vereine [...] Andere nennen mich Juno, andere Bellona, andere Hekate [...] die Besitzer der ältesten Weisheit, die Ägypter, [...] geben meinen wahren Namen mir: Königin Isis.«[291] Die Deckenkronen beziehen sich letztlich auf Isis.

Von dem Podest dieser Figurine Mita/Hekate/Isis schwingen nun zwölf (?) zarte Leuchterarme aus. Sie enden in lilienförmigen hochschlanken Blattkelchen bzw. Blüten, denen wiederum auf einem Stiel ein wellengeränderter Kelch mit Kerzentüllen erwächst. Besagte dunkle Ketten beginnen am obersten Punkt des Leuchters und laufen zu diesen Kerzentüllen hinab. Der Lampenkörper verjüngt sich nun unterhalb der Plattform der Figurine und bildet dann eine korbartig durchbrochene Kugel aus senkrechten, teilweise volutenartig eingerollten Streben. Darin zwei Ringe zur Stabilisierung der Konstruktion. Die Kugel muss ein Behältnis sein, dessen geheimnisvollen Inhalt man nur vermuten kann. Zum unteren Abschluss trägt der Leuchter abwärts geöffnete Blüten und tropfenförmige Bergkristall- oder Glasgehänge, wodurch das Licht gleichsam vom Himmel zur Erde herabfällt.

Einrichtungsgegenstände

Von der ehemaligen Ausstattung ist heute bis auf die zwei hölzernen Säulen an der Nordostwand nichts mehr vorhanden.[292] Verbleib und Erhalt des Mobiliars, der Öfen, Spiegel und Deckenleuchter sind unbekannt. Allerdings ist der originale hölzerne Dielenboden komplett erhalten.

Laut Grundriss gab es an der Nordwestwand zwei Sockel mit Statuen, von denen bis heute weder Abbildungen noch schriftliche Hinweise existieren **(Abb. 33)**. Auf den Fotos sind ein Paar Öfen aus Keramik[293], vier Konsoltische mit plastisch bekrönten Trumeauspiegeln sowie ein Canapée mit Tisch **(Abb. 32)**, eine Anzahl ungepolsterter Stühle mit einfacher Verstrebung der Rückenlehne sowie ein Billardtisch mit Queus dokumentiert.

Das Inventar von 1857 vermerkt für den Saal »2 weiß batistmouseline Drapperien, jede über 3 Fenster, 4 Spiegel in lakirten Rahmen, 4 dito Spiegeltische mit Marmorplatten, 3 Kronenleuchter, 24 Rohrstühle, 1 Divan in halbrunder Form mit grün gestreiften Kattun Bezug, 1 Billard nebst Bällen und Queus, 2 gepolsterte runde Sessel, 6 Polsterstühle mit Kattun Bezug«.[294] Außerdem erfährt man von einer »Gesetztafel [...] des Großherzogs«[295] unklarer Herkunft, und im Vorraum des Saales waren ehemals Gegenstände untergebracht wie etwa »1 gläserner Tafelaufsatz bestehend in: 4 Schalen, 1 große Schale mit einer Blumenvase, 2 große Blumenvasen mit Untersätzen und 2 Schalen mit Deckeln« und 1887 sogar »1 ägypt. Schrank«.[296]

Keramiköfen

In den Nischen der nordöstlichen Wand des Saales standen ehemals zwei identische Öfen aus Keramik **(Abb 75, 76, Taf. IV)**.[297] Diese und weitere Öfen des Schlosses Hohenzieritz wurden vermutlich in der »Tonwarenfabrik Tobias Christoph Feilner« in Berlin hergestellt.[298] War die um 1763 von Gottlob Höhler gegründete Töpferwerkstatt anfangs auf Zuckerformen spezialisiert, so erweiterten Gottlieb und Elisabeth Höhler die Werkstatt 1790 mit der Herstellung künstlerisch anspruchsvoller Gerätschaften und Verzierungen aus gebranntem Ton. 1793 kam der spätere Werkmeister Tobias Christoph Feilner aus Dresden hinzu, und 1794 wurde Gottlieb Höhler preußischer Hoftöpfermeister. Das Unternehmen war nun als Ofenfabrik etabliert, und 1798 avancierte Höhler zum »Akademischen Künstler«.[299]

Die Hohenzieritzer Öfen im Ägyptischen Saal würden in die von 1793 bis 1800 bei Feilner produzierte Linie der streng geometrisch-architektonischen Formensprache des ausgehenden 18. Jahrhunderts passen. Frei auf die Fläche gesetzte Ornamente und antike Versatzstücke charakterisieren diese so

75 Ägyptscher Saal, Ofennische, Aufnahme 2017

76 Ägyptischer Saal, Ofennische

77 *Johann Gottfried Höhler, »Ameublement. Ein geschmackvoller Ofen«, aus Journal des Luxus und der Moden, 1799*

genannten Podestöfen. Man verzichtete mitunter auf die Glasur und beließ das Material teilweise »en bisquit«. Die Entwürfe für die Ofenfabrik sind von bekannten Künstlern erdacht wie etwa Heinrich Gentz, David und Friedrich Gilly, Johann Gottfried Schadow, Carl Gotthard Langhans, Karl Friedrich Schinkel und auch von Hofmarschall Valentin von Massow.[300] Von wem die Entwürfe für die Öfen des Ägyptischen Saales stammen, ist noch offen. Ferdinand Ruscheweyh berichtete, »ich ging diesen Winter mit meinem Vater noch einmal nach Hohenzieritz, um die Oefen zu malen«.[301] Dies betraf den Winter 1795/1796. Mit dieser Notiz könnte die farbige Fassung der Öfen im Ägyptischen Saal gemeint sein.

Bei den Modellen im Saal liegt die Feuerstelle direkt über dem Podest. Darauf der glatte, marmoriert bemalte, Korpus mit halbkreisförmiger Aussparung. Gleich unter dem hellen Gesims und einer gestuften, dunkel marmorierten Attika[302] sind drei weiße identische, plastisch hervortretende, ägyptisch scheinende Köpfe angebracht. Das vermutlich als solches gemeinte ägyptische Königskopftuch ist jeweils an den Seiten etwas hochgerafft sowie an den Schläfen knotenartig aufgebauscht. Dieser Putz gleicht unzweifelhaft einem Wappenmantel, der gewöhnlich Wappen wie ein Baldachin oder Umhang umfängt. Das gleiche Motiv erscheint an einem Feilnerschen Walzenofen von 1796 im vormaligen Schreibzimmer König Friedrichs II., später Toilettezimmer der Königin Luise, in Schloss Charlottenburg Berlin.[303] Die Firma Feilner führte noch weitere ägyptische Motive wie etwa rundplastische Sphingen oder ägyptisch anmutende Reliefkacheln.[304] Ein doppelstöckiger Podestofen von 1799 aus dem *Journal des Luxus und der Moden* präsentiert zu dieser Zeit eindrucksvoll das ägyptische Repertoire **(Abb. 77)**.[305]

Konsoltische mit bekrönten Trumeauspiegeln

78 *Schloss Hohenzieritz, Ägyptischer Saal, Konsoltische mit Trumeauspiegeln auf der Hofseite*

An den schmalen Wandpartien zwischen den Fenstern sieht man hof- und gartenseitig je zwei Konsoltische mit Trumeauspiegeln und darüber bis über die Fensterhöhe hinaufreichende Bekrönungen **(Abb. 78, 79, Taf. IV)**.[306] Die mit weißen Marmorplatten versehenen zierlichen Konsolen werden von je einem Paar sich verjüngender Hermenpilaster mit ägyptischen Köpfen gestützt. Auf den dunklen Partien dieser schmalen Tischbeine sind schemenhaft Ornamente, Symbole oder Hieroglyphen sichtbar. Die mit hellen Leisten eingefasste

Tischzarge zeigt einen durchbrochenen Palmetten- oder Lilienfries. Die Eckpartien sind mit einem achtteiligen Rad oder Stern betont, mittig an der Tischfront ein Medaillon mit nicht erkennbarem Motiv. Vermutlich sind die Ornamente der Zarge, gewiss aber die »Pharaonenköpfe« aus Bronze gearbeitet. Auf einem der Konsoltische stand ehedem eine elegante schwarze Deckelvase **(Abb. 31)**.

Als Vorbilder für die Hohenzieritzer Konsolen kommen die damals Aufsehen erregenden französischen Tische aus Hartgestein mit ägyptisierenden Hermen aus dem Besitz des Duc d'Aumont nicht nur in Betracht, sondern sie sind ohne diese Pariser Stücke kaum denkbar. Der Nachlass von Louis-Marie Augustin Duc d'Aumont wurde unter internationaler Aufmerksamkeit am 12. Dezember 1782 in Paris versteigert. Darunter ein Paar delikater Tische von 1774 aus Porphyr und Jaspis, einer von ägyptisierenden Doppelhermen, der andere von Einzelhermen getragen **(Abb. 80)**.[307] Einmal mehr ist das Material des edlen Hartgesteins mit der Eigenschaft des ägyptischen verknüpft. Die Entwürfe sind aus der Feder des Architekten François-Joseph Bélanger, die Ausführung oblag dem Bronzekünstler Pierre Gouthière. Der Versteigerungskatalog von Julliot & Paillet, *Catalogue Des Vases, Colonnes, Tables de Marbres rares, Figures de bronze [...] Meubles précieux [...] de Feu M Le*

79 Ägyptischer Saal, Konsoltische mit Trumeauspiegeln auf der Gartenseite

Duc d'Aumont, Paris 1782, kehrte besonders die Prunktische ob ihrer exquisiten Gestalt und vorzüglichen Ausführung hervor und machte sie mit der Verbreitung der Kupferstiche weithin bekannt. Der König von Frankreich Ludwig XVI. und seine Gemahlin Marie-Antoinette hatten dann diese Tische erworben.[308]

Auch in Preußen war das ägyptisch konnotierte Luxusgut wie überall en vogue. Zur Einrichtung König Friedrich Wilhelms II. im Corps de Logis des Berliner Schlosses gehörte ebenfalls »Eine Tischplatte von [echtem] ägyptischem Porphyr, mit einer Leiste von Bronze«.[309] Aufgrund der Verbindung zwischen Mecklenburg-Strelitz und Preußen könnten die französisch scheinenden Konsolen samt Spiegeln und Aufsatz in Berlin entstanden sein. In Frage kommen gleichfalls ortsansässige Künstler wie etwa der von den besten Potsdamer und Berliner Hofkünstlern beeinflusste Bildhauer und Ornamentist Simon Gehle, seit 1771 am Umbau in Hohenzieritz beteiligt und ab 1780 Gestalter in Neustrelitz und Mirow.[310]

Die vier hohen Trumeauspiegel sind jeweils mit einem schmalen, vermutlich hölzernen, dunklen Rahmen und dieser wiederum von hellen Leisten umfasst. Die Eckquadrate hob man in Korrespondenz zu der Konsole mit sonnen- oder zirkelförmigem Motiv hervor. Hieroglyphische Schriftzeichen überziehen gleichmäßig die dunklen Rahmen. Es bleibt eben noch – vor allem an den Spiegeln der Nordwestwand/Hofseite – erkennbar, dass die Spiegelrahmen unterschiedliche Motive und Texte tragen. Somit kommt eine gewisse Variation in die sonst klare symmetrische Ordnung.

80 Tisch aus Jaspis und Bronze des Duc d'Aumont 1774, aus Catalogue des Vases, Colonnes, Tables [...], 1782

Die Trumeauspiegel krönen aufwendige Aufsätze. Das Bildmaterial lässt immerhin folgende Anordnungen erkennen: Zwei symmetrisch liegende Sphingen im Profil halten in den Vordertatzen je ein gewundenes Füllhorn mit üppigen Früchten. Die Idee und Bewandtnis der Sphinx mit Füllhorn tradiert sich aus der Antike: Eine liegende Sphinx mit einem überquellenden Füllhorn gehört zur Skulpturengruppe des Nil aus dem ehemaligen stadtrömischen Isisheiligtum und symbolisiert die üppige Fruchtbarkeit des Landes **(Abb. 81)**.[311] Paarweise angeordnete, einander zu- oder abgewandte Sphingen kommen

81 »Statua del Nilo col cornucopia«, aus Paolo Alessandro Maffei, Domenico de Rossi, Raccolta di Statue […], 1704

82 Sphingenpaar in Kew Gardens, aus Le Rouge, Jardins anglo-chinois à la mode, 1776

im 18. Jahrhundert vielerorts auf. Bekannt ist das Motiv aus Giovanni Battista Piranesis Caffè degl' Inglesi 1769.[312] Vor allem die Sphingen aus den Royal Botanic Gardens Kew sind ein naheliegendes Vorbild, denn sie stehen zugleich für die Verbindung zu Sir William Chambers, Architekt König Georgs III., Schwager Carls II. **(Abb. 82)**.[313]

In Hohenzieritz bezog man sich durch die französisch angeregten Konsoltische mit Trumeauspiegeln und Sphingenpaaren im Ägyptischen Saal unzweifelhaft auch auf das Königtum Frankreichs. Die Enzyklopädie Denis Diderots interpretierte die Sphinx 1765 als Repräsentantin der Klugheit. Sie sei mit Apollon und der Sonne verbunden, und nichts bliebe vor ihr verborgen. Am Eingang der Tempel stehe sie für die Heiligkeit der Mysterien. Außerdem sei sie Symbol für die undurchdringlichen Geheimnisse des Herrschers.[314]

Die Sphingenpaare tragen jeweils eine gerahmte, leicht nach vorne geneigte, auf einen Sockel gestützte Tafel mit bildlicher Darstellung. Man kann nicht übersehen, ob es sich um Gemälde oder Reliefs handelt. Das Ganze wird bekrönt von Symbolen, vermutlich Wappen und Insignien. Die kaum erkennbaren Darstellungen auf den Bildfeldern sind aber thematisch unterschiedlich. Die Szene auf der Hofseite links des mittleren Fensters zeigt anscheinend eine im Zentrum thronende Gottheit mit flankierenden Figuren **(Abb. 78, Taf. IV)**. Das Pendant hingegen ist von einem Kronleuchter verdeckt. Gartenseitig präsentiert das linke Bild zwei bis drei agierende Personen, bei der Szene rechts sieht man in der Mitte deutlich einen Obelisken und zwei Figuren **(Abb. 79)**. Es sind Darstellungen, die sich hell vor dunklem Hintergrund abzeichnen. Offensichtlich beziehen sie sich auf antikisierende, mythologische, historische Motive und Begebenheiten. Diese Bekrönungen der Trumeauspiegel bergen gewiss weitere für Hohenzieritz aufschlussreiche Geschichten.

Das »ägyptische« Geheimnis, das herrscherliche Plateau und die Wahlverwandtschaften

In Hohenzieritz ist ein erstaunlicher geistiger Bogen aus Themen, Herleitungen und Verknüpfungen gespannt: Ägypten – Klassisches Altertum – Archäologie – Lokale Ur- und Frühgeschichte – Ortsheiligtum – Götterverwandtschaften – Weisheit – Natur – Kosmologie – Legitimation des Landesfürsten – Dynastische Konjunktion mit England und mit Preußen. Es strebt alles zum Ägyptischen hin, über dem sich, wie oben ausgeführt, stufenartig der komplexe Aufstieg in die lichtvollen Sphären zum Ursprung und bis zu den höchsten Himmeln vollzieht. All dies setzt die exquisite Kennerschaft des Herrschers beziehungsweise Erfinders eines solchen Programms voraus.

Dazu gehören der Heilige Hain mit Waldaltar und Obelisk, der Schneckenberg als Läuterungsweg, die Moschee der Weltweisheit und im Schloss der Chinesische Salon mit der Öffnung zur Sonne. Jene Gartenbauten und Innenräume des Schlosses sind Teile dieser geistigen Weite mit dem Ägyptischen Saal als eine Art Schlussstein.

Man ermisst nicht gleich den Gehalt des Ägyptischen Saales. Das Geheimnis zeigt sich erst mit der Erkenntnis, dass der Mittelrisalit mit Tempelfront ein eigenständiger Baukörper ist: Als Podiumstempel mit einläufiger Treppe an der Fassade beherbergt er den Gartensaal im erhöhten Erdgeschoss und den darüber liegenden Ägyptischen Saal als Krönung (**Abb. 2, 25**). Dieser nimmt im Obergeschoss die genaue Breite und Tiefe des Mittelrisalites ein und verbirgt sich nach außen hinter einer verhüllenden klassischen Säulenordnung, womit Herzog Carl II. auf der Wahrung des Geheimnisses bestand. Die Ausgestaltung mit Hieroglyphen, Sphingen, Greifen, Götterbildern, Naturmotiven und dem Himmelsbild als Verbindung zur kosmischen Ordnung weist den Saal unzweifelhaft als Tempel der Natur und mithin als einen der Isis zugeeigneten Tempel aus. Laut Naturauffassung der Ägypter – so legte es 1783 der Mathematiker und Physiker Christian Ernst Wünsch nach Quellen dar – verdanke sich alle Religion und Kultur ursprünglich der Beobachtung der Natur und besonders des Sternenhimmels. Die ersten Aufzeichnungen davon seien bildhaft gewesen und ließen sich in den Hieroglyphen erkennen.[315] Hatte Carl II. im Gartenreich für die Rückbindung zu Osiris gesorgt, so bildet der Saal als »Isistempel« das Pendant. Dieses herzoglich bestimmte Vorgehen ist außergewöhnlich. Nunmehr wurde deutlich, dass es sich nicht allein um einen ägyptisch geprägten Raum, sondern um ein vollständiges, im Schloss verborgenes Bauwerk handelt.

Die Brüder Herzog Carl II. (1741–1816) und Adolph Friedrich IV. zu Mecklenburg-Strelitz (1738–1794) waren als Prinzen Freimaurer und im Rang aufgeklärter Regenten Protektoren von Logen. Dem Zeitgeist gemäß bestand die Idee der Rückverbindung der Herrscherlinie bis zu den Pharaonen. Dieses Geheimnis wurde wie an anderen Höfen auch sorgsam gehütet. In Terrassons *Sethos* war diese Haltung vorbildhaft zum Ausdruck gebracht.[316] Das Ziel des guten, reinen, geläuterten, gerechten Herrschertums konnte durch die pflichtgemäße, dem Herrscherhaus jeweils eigene, Einweihung des neuen Regenten gewährleistet werden. Plutarch beschrieb es über die Ägypter so: »Ihre Könige wurden entweder aus dem Soldaten- oder aus dem Priesterstande erwählt, indem jener der Tapferkeit, dieser der Weisheit wegen, eine besondere Würde und Ansehen hatte. Der aus den Soldaten gewählte König wurde dann sogleich unter die Priester aufgenommen, und in derjenigen Weisheit unterrichtet, die fast in lauter dunkle Fabeln und Erzählungen, die nur einen schwachen Schimmer der Wahrheit von sich geben, eingehüllt ist. [...] So groß war die Vorsicht und Behutsamkeit der Aegypter in Ansehung ihrer Religionssachen.«[317]

König Friedrich Wilhelm II. und seine Söhne trafen im Frühjahr 1793 in Frankfurt auf »die beiden edlen Fürstentöchter Louise Auguste Wilhelmine Amalie und Friederike Karoline Sophie Alexandrine, Prinzessinnen zu Mecklenburg-Strelitz, die nun der glücklichen Preußischen Nation angehören, und ihr Schmuck, ihr Stolz sind«.[318] Der König lancierte die Verbindung, die am Ostersonntag, 24. April 1793, in der Residenz Darmstadt in die Verlobung und am 24./26. Dezember 1793 in die Vermählung der Prinzessinnen Luise und Friederike mit dem Thronfolger Friedrich Wilhelm und dem Prinzen Ludwig von Preußen mündete. Die Hochzeit der künftigen Königin von Preußen 1793, die Geburt des Thronfolgers Friedrich Wilhelm (IV.) 1795 und die Königswerdung 1797 standen zeitlich parallel zur Regierungsübernahme Herzog Carls II. zu Mecklenburg-Strelitz im Juni 1794, zum Erwerb des Gutes Prillwitz 1795, der Ausstellung der Prillwitzer Idole in Hohenzieritz und dem 1795 ausgemalten Ägyptischen Saal.

Nachdem der Dresdner Hof mit der Oper *Osiride* im Jahr 1781 vorausgegangen war[319], nahm der preußische Hof dieses geheimnisvolle Thema auf. Zur Vermählung der Prinzessinnen Luise und Friederike mit den preußischen Prinzen beauftragte der König »als schickliche Allegorie« eine Oper, in der der Bräutigam Friedrich Wilhelm eindeutig Osiris genannt wird, womit erstmalig ein Schriftbeleg für diese Verknüpfung vorliegt. Luise hatte somit die Rolle seiner Schwester und Gemahlin Isis inne: *Der Triumph der Ariadne*[320] mit »Anspielungen auf die Vermählungen« war »überhaupt sehr prachtvoll«.[321] Das Libretto leitet mit Osiris als Gemahl Ariadnes ein und erläutert jene seit Herodot übliche Parallelität zwischen Osiris und Dionysos/Bacchus.

Dem Kronprinzenpaar sind also antike Götteridentitäten auferlegt[322], und der griechische Mythos von Ariadne und Dionysos wird ägyptisch interpretiert[323], wofür außerdem ein Obelisk im Bühnenbild spricht.[324] Für den Kronprinzen ist nur der Vergleich mit dem Allerhöchsten angemessen:

> *»Da nun sowohl zur Führung unsers Schauspiels, als zu einer richtigen Anspielung, ein göttlicher, unter den erhabensten Gottheiten, eine der ersten Stufen behauptender Held, nöthig war, so schien es uns schicklich ihn, mit Ablegung des Nahmens Bachus, als welcher durch Mißbrauch den Begrif eines lasterhaften Wesens erregt, Osiris zu nennen, zumal man aus dem Plutarch, und den meisten Autoren weiß, daß Dionysius bey den Griechen, Liber bey den Lateinern, und Osiris bey den Aegyptern, immer ein und der nämliche Bachus ist, und unter diesen und einigen andern Benennungen verehrt wurde.«*[325]

Die Pointe liegt in dieser unverfänglichen Rechtfertigung, man habe Dionysos/Bacchus nur aufgrund seiner Neigung zur Trunkenheit doch lieber Osiris genannt – und schützt danebst aus Gründen der Geheimhaltung den wahren Namen Osiris, den künftigen König. Die Geschichte der Ariadne ist in unterschiedlichen Aspekten und Varianten überliefert.[326] Ariadne half Theseus mit jenem Fadenknäuel durch das Labyrinth, so dass Minotauros getötet und Theseus gerettet war. Dieser versprach Ariadne die Hochzeit in Athen, doch Theseus verließ Ariadne auf der Insel Naxos, dem mythischen Dia. Sie wurde von Dionysos mit seinem frohen Gefolge errettet. Als Brautgeschenk überreichte ihr Aphrodite eine funkelnde, von Hephaistos geschmiedete Krone. Später schleuderte Dionysos diese Krone an den Himmel, wo sie sich in das bereits bei Ovid beschriebene Sternbild der Corona Borealis am nördlichen Sternenhimmel verwandelte. Die meisten alten Überlieferungen ließen Ariadne sterben, selbst nach ihrer Hochzeit mit Dionysos. In der Oper wurden Freispruch und Rechtfertigung für Theseus (Prinz Ludwig) erdacht, der Phaidra (Friederike) heiratete. Die Schwestern Ariadne und Phaidra waren die Enkelinnen des Sonnengottes. Mit dem zarten Marmorrelief »Bacchus tröstet Ariadne« griff Johann Gottfried Schadow 1793 dieses gegenwärtige hochzeitliche Thema auf.[327]

Die Anbindung des preußischen Kronprinzenpaares an Isis und Osiris kam erneut in den Aufführungen der *Zauberflöte* in Berlin zum Ausdruck wie etwa am 12. Mai 1794 und zum 28. Geburtstag des Königs in seinem ersten Regierungsjahr 1798.[328]

Der äußeren, sichtbaren Etikette nach war Friedrich Wilhelm II. von Preußen 1793 der Brautwerber der Mecklenburger Prinzessinnen. Aufgrund der älteren Stammtafel Mecklenburgs einschließlich der Idee des Apis-Stieres[329] war diese Vermählung ein Gewinn für das Haus Hohenzollern. Da Preußen indes ranghöher war, verhieß diese Verbindung für Herzog Carl II.

ebenfalls einen Aufstieg. Doch der tiefere Sinn des Ganzen ging über das bloße Zeremoniell weit hinaus: Schloss Hohenzieritz ist ein Solitär und wohlüberlegt vernetzt. Seine hohe Bedeutung wurde bislang nicht erkannt. Das maßgebende Ansinnen Carls II. zu Mecklenburg-Strelitz lag in der geistigen Legitimation der Herrschaft. 1795 war es das Verdienst des Herzogs, der Kronprinzessin und künftigen Königin von Preußen mit Bezug auf Isis einen Tempel zu bauen, womit er die Hohenzieritzer Verbindung nach Ägypten bekundete. Dessen wahrer Gehalt sollte von außen nicht ersichtlich, sondern geheim und nur Auserwählten zugänglich und deutlich sein. Dieses Verschleiern, das Prinzip des Verbergens durch Zeigen und des Zeigens durch Verbergen ist seit alters her bekannt: Wie in der Einweihung bei Apuleius deutete man an, ohne je greifbar zu werden, denn Geheimnisse blieben letztendlich »vor dem Verständnis jedes vorwitzigen Unheiligen gesichert«.[330] Der volkstümliche »Luisenkult« entstand nach dem Tod der Königin 1810, was zeigt, dass die Bedeutung des Schlosses mit dem Ägyptischen Saal ganz im Sinne Carls II. bis auf den heutigen Tag verborgen blieb.

Über Ägypten war seit der Antike mehr Wissen und Mythos überliefert als über die eigene nordische Geschichte, weshalb die Ortsgötter zwar einen gewissen historischen Raum sichtbar absteckten, bei weitem aber nicht die mit Ägypten vorgestellte Jahrtausende alte Tiefe erreichten. Über den Isistempel hinaus kam bei Carl II. noch ein anderes Ansinnen hinzu, eine Art der Verbindung zu Friedrich Wilhelm II., die das Genealogische weit übertreffen sollte. Beide begründeten nicht nur die Verwandtschaft zwischen den Höfen von Mecklenburg-Strelitz und Preußen. Als ungleiches Brüderpaar im Geiste betraf ihre Wahlverwandtschaft den einhelligen umweglosen Zugriff auf das Alte Ägypten. Die selbst geschaffenen Hieroglyphen führten zur Anbindung an das verehrte Zeitalter. Sie erträumten ein vollkommenes Herrschertum im ewigen Dasein. Während sich beim König die Hieroglyphen aus gold- und rosenkreuzerischen Gedanken speisten, entstanden sie beim Herzog aus dem Freimaurertum.[331] Der Begriff »Ägyptomanie« erscheint dabei in neuem Licht, da er treffend eine tiefere, ausschließlich dem Herrscher zugefallene Rückbindung ins Ewigliche bezeichnet.[332] Die landläufige Auffassung eines bezaubernden Schlosses für den »Luisenkult« hat somit keinen Bestand mehr.

Kronprinzessin Luise war in unterschiedlicher Gestalt in diese entlegene dynastische Linie eingebunden. Von den ägyptisch inspirierten Werken und Anklängen seien nur wenige genannt: Sie gab bald nach ihrer Hochzeit Obelisken aus Bronze und dem neuerdings so attraktiven Flussglas bei der 1792 gegründeten Bronzefabrik Werner & Mieth in Auftrag. Einen ägyptisierenden Tafelaufsatz mit Sphingen und einer »allegorische[n] Beziehung auf Sr. Majestät den König« präsentierte sie ihrem Gemahl zu seinem Geburtstag im Jahre 1800.[333] Mehr noch: Der ägyptische Ptah von Memphis hatte wie bemerkt sein Sinnbild im heiligen Stier Apis. Dass eine Verbindung zum mecklenburgischen Stier bestand, war bereits 1753 angemerkt worden.[334]

Schließlich hielt 1804 »Ptah von Memphis-Mecklenburg« in Gestalt des Apis auf einem immens prachtvollen Tafelaufsatz mit ägyptisch anmutenden Figurinen im Palmenhain Einzug in das preußische Königshaus. Luise hatte bei solchen höfischen Aufträgen ihre Hand im Spiel **(Abb. 89)**. Außerdem war sie auf der Höhe der Zeit. Als Verehrerin Friedrich Schillers befasste sie sich mit der Schrift *Über die ästhetische Erziehung des Menschen in einer Reihe von Briefen* (1795). Das Königspaar traf Schiller und Goethe in Jena.[335] Als Königin gab Luise 1802 die Zustimmung zur Namensgebung der Loge *Luise* in Charlottenburg, was für ihren Großmut spricht.[336]

Im Hohenzieritzer Inventar ist 1857 »1 Gemälde Santa rosa« im Vorraum zum Ägyptischen Saal verzeichnet.[337] Zuerst denkt man an die Mystikerin und Glaubensbotin Rosa von Viterbo (um 1234–1252). Sie wird in zahlreichen Portraits oftmals mit roten und weißen Rosen bekränzt dargestellt.[338] Vielleicht ist auf dem Gemälde aber auch eine mittelalterliche Fensterrose zu sehen. Möglicherweise gab es familiäre Gründe oder eine Reise, die Carl II. dazu bewogen haben könnten, dies ungewöhnliche Bild nach Hohenzieritz zu bringen. Schon bei der antiken Isisweihe war die Rose mit ihrer mystischen Kraft ein Symbol der Wandlung: Bei Apuleius reichte ein Priester dem in einen Esel verwandelten Lucius den Rosenkranz. Daraufhin nahm er wieder Menschengestalt an und wurde in die Mysterien der Isis eingeweiht.[339] Die Rose erhielt dann bei Dante Alighieri eine noch weitreichendere Bedeutung. In dessen *Commedia* wird im *Paradiso* das »Empyreum/Empyrion«, das pure Licht des allerhöchsten Himmels, als Sitz des dreifaltigen Gottes in Form einer Rose beschrieben. Herzog Carl II. könnte die erste deutsche Ausgabe in seiner Bibliothek gehütet und somit im Ägyptischen Saal wirklich alle Sphären bedacht haben. Im 31. Gesang heißt es: »Gebildet wie eine weiße Rose, zeigte sich mir also die heilige Schaar, mit der sich Christus durch sein Blut einst vermählte [...]. Das göttliche Licht bringt alle Theile des Weltgebäudes, nach den Graden ihrer Fähigkeiten, hindurch, so, dass nichts den Glanz desselben verhindern kann [...] O du dreieiniges Licht, dessen Glanz funkelnd aus einem einzigen Sterne, alle jene Blicke so göttlich beruhiget, o! schaue auf unser irrdisches[sic] und unruhvolles Leben!«[340]

In den ägyptischen Kontext war die Kronprinzessin 1796 auf dem vom preußischen Hof erworbenen Gemälde der Kronprinzessin Luise mit Sphinx von Johann Friedrich August Tischbein gerückt **(Abb. 83)**.[341] Im selben Jahr soll Luise Hohenzieritz besucht haben.[342] Als Anwärterin auf den königlichen Thron ist die Prinzessin mit dem ägyptischen, liegenden, steinernen, eigentlich männlichen Sphinx portraitiert. In keinem anderen Bildnis wird ihre ägyptische Zugehörigkeit derart offenbar. Luise stützt die Hand an den Vorderlauf der durch Brüste nun doch als weiblich gekennzeichneten Sphinx mit ägyptischem Königskopftuch, so dass beide kompositorisch verschmolzen sind. Eine mächtige Eiche in vollem Laub, eine Akazie und Efeuranken umgeben die Szene. Im felsigen Hintergrund kommen aus der Ferne

Reiter heran. Die in schleierzarte, sich an der rechten Schulter lösenden, Gewandschichten gehüllte Prinzessin hält in Höhe der Tatze der Sphinx eine rosafarbene Rose, die eben in Einheit mit der Sphinx auf den Begriff »sub rosa« weisen könnte, »unter dem Siegel des Stillschweigens«.[343] Zu all dem gehört auch, dass die Kinder Luises unmittelbar nach ihrem Tod am 19. Juli 1810 in den Garten geschickt wurden, um Rosen zu pflücken, die dann kranzförmig auf die Brust des Leichnams gelegt wurden.[344] Der Rosengarten besteht bis heute, und vielleicht sollte das Gemälde der Santa Rosa an die rosenbekränzte Luise erinnern. Mochte die Anlage des Rosengartens noch freimaurerisch begründet sein[345], so handelt es sich bei jenem Kranz für die Verstorbene aller Wahrscheinlichkeit nach um einen Isiskranz.

84 Medaille auf den Tod der Königin Luise von Preußen 1810, Medailleur: Abraham Abramson

85 Medaille auf den Tod der Königin Luise von Preußen 1810, Medailleur: Daniel Friedrich Loos

Die silberne Sterbemedaille von Abraham Abramson zeigt Luises Bildnis mit Diadem und umseitig eine Pyramide in weiter Landschaft **(Abb. 84)**.[346] Im Himmelsgewölbe ein sechszackiger Stern, der die Pyramide mit Licht bestrahlt. Die Münzinschrift mit der Wortfolge LUISE PREUSSENS SCHMUCK – ACH! IST FÜR UNS DAHIN lässt offen, ob am Ende gar ein unsichtbares Fragezeichen stehen könnte. Auf einer weiteren Medaille steht ein Fels mit Emblem des preußischen Adlers im Vordergrund, darüber Wolken mit einer Flamme **(Abb. 85)**.[347] Das Bauwerk im Hintergrund könnte die bedeutende mecklenburgische Höhenburg Stargard sein. Die Aufschrift lautet AUS DER ERDE NEBEL ZURÜCK ZUM EWIGEN LICHT. Das Wort ZURÜCK steht im Zenith, darunter hebräisch das Tetragramm JHWH mit Strahlen zur Erde, womit Jerusalem und das Christentum als Herkunft geheimer Gesellschaften deutlich werden. Der Aufstieg zurück zum ewigen Licht steht zweifellos in direktem Zusammenhang mit dem Ägyptischen Saal und Dantes allerhöchstem Himmel. Ob auch noch das Luisen-Mausoleum im Schlosspark Charlottenburg mit der Anspielung auf den Heratempel von Paestum – allerdings mit viersäuligem Portikus – als die griechische Übersetzung des Isistempels von Pompeji gedacht war, wäre einer eigenen Untersuchung vorbehalten.[348] Die Linie Hera – Juno – Isis war damals jedenfalls deutlich genug **(Abb. 86)**.[349]

86 Christian Daniel Rauch, Königin Luise von Preußen, Bruststück der Sarkophagskulptur, 1817

83 Johann Friedrich August Tischbein, Kronprinzessin Luise mit Sphinx, 1796

Nachspann zu Hohenzieritz

Tatsächlich bilden die 1806 nahe der Auffahrt zum Schloss erbaute Schlosskirche mit einer Kuppelöffnung wie das römische Pantheon, das Herz des Schlosses und der 1815 als Monopteros errichtete südwestlich gelegene Luisentempel mit der Marmorbüste der Königin **(Abb. 49)** die Eckpunkte eines pythagoreischen Dreiecks (Nr. 1, 4, 14 auf **Taf. XII**). Das Schloss steht dabei auf dem rechten Winkel. Dies entsprach dem Ansinnen des Herzogs, der gewiss an Plutarch dachte: In dessen Schrift »Über Isis und Osiris« wird die erhabene göttliche Natur als Dreiklang aus dem Geistigen, aus der Materie und dem von beiden Abstammenden gesehen. Dabei hätten sich die Ägypter wohl die Natur des Weltalls symbolisch unter jenem schönsten aller Dreiecke vorgestellt: Osiris war die Urkraft, Isis die Empfängnis und Horus das Vollendete.[350] All dies bekundet selbst Jahrzehnte nach dem Ägyptischen Saal unverbrüchlich den lebenslangen herzoglichen Blick zum Ägyptischen und dem Kosmos in Hohenzieritz. Mit der Ausführung des Pantheons im Jahr der Niederlage Preußens bei Jena und Auerstedt 1806 und dessen Bezug zum Isistempel von 1795 sowie später zu dem für alle sichtbaren Luisentempel 1815 scheint der Herzog eine Art althergebrachte herrscherliche Harmonie der Geschehnisse beschworen zu haben.[351] Carl II. starb am 6. November 1816 in Neustrelitz. Er wurde in der Familiengruft in der von den Johannitern im 14. Jahrhundert begründeten Kirche auf der Schlossinsel Mirow beigesetzt.[352]

Sein Sohn Georg, jener »Archäologe« auf dem Bildnis im Chinesischen Salon und Bruder der Königin Luise, war von 1816 bis 1860 Großherzog zu Mecklenburg-Strelitz und Protektor der Neustrelitzer Loge *Georg zur wahren Treue.*[353] Georg lebte am Hofe in Berlin, in Italien und in Paris, bevor er die Regierung 1816 übernahm. 1825 ließ er die Hohenzieritzer Schmiede unweit des Schlosses erbauen. Sie führte die ägyptische Linie weiter in das 19. Jahrhundert hinein **(Abb. 87)**.[354] Jener Architekt und Konservator am Neustrelitzer Museum Konrad Hustaedt äußert sich: »Der Schöpfer des Baues [...] hat auf das antike Tempelschema zurückgegriffen, [...] indem er der eigentlichen Werkstätte (Cella) eine offene, später seitlich vermauerte, auf vier Säulen ruhende Vorhalle beigesellte, und somit den Typus des ›Prostylos Tetrastylos‹ schuf. Von besonderem kunsthistorischen Interesse ist die dem Ägyptizismus entlehnte, hier allerdings notgedrungen der Polychromie entbehrenden Formensprache, die das schlichte architektonische Gebilde doch überraschend meistert. Versucht, an manches Detail des originellen Saales im Schlosse zu glauben, rechtfertigt eben das einviertel Jahrhundert spätere völlige Aufgehen in das klassizistische, mit ägyptischen Ingredienzien verbrämte historische Programm der Vergangenheit den sich in den Ideenkreis versenkenden Geist des Erbauers vollkommen. Für den [...] Ägyptizismus sind die der geöffneten Lotosblume nachgebildeten Kapitäle der Säulen und die typische Hohlkehle des Gesimses charakteristisch.«[355] Die ägyptisierenden Bauelemente der Schmiede lassen sich mit der bekannten Parallelität des ägyptischen Ptah, Baumeister der Welt, zum griechischen Hephaistos erklären. Die Verbindung zum Apis als Bild des Ptah ist ebenfalls gegeben. Ein ägyptischer Nachklang findet sich um 1820 noch an einem tempelartigen Hohenzieritzer Sekretär mit Flügeln und Schlangen, die zum Motiv der ägyptischen Sonnenscheibe gehören.[356] Das Hohenzieritzer Ägyptenbild war damit abgeschlossen.

87 Hohenzieritz, Schmiede an der Dorfstraße 1823/1825

Georg verlegte sich nunmehr ganz auf das Schloss und den Garten in Neustrelitz.[357] Die Ausstattung war von namhaften Berliner Künstlern geprägt, was durch den regen Kontakt zum preußischen Kronprinzen Friedrich Wilhelm begünstigt war. Dort erscheint Ägypten um 1820 nur in Gestalt einer Sitzgarnitur mit Sphingen sowie im Thronsaal mit einem Paar Dreifüßen, jeweils von drei Schlangen umwunden. Diese weisen auf das Orakel von Delphi und somit auf Osiris/Dionysos und Apollon.[358]

Am 2. Juni 1817 besuchte Kronprinz Friedrich Wilhelm gemeinsam mit seiner Schwester Charlotte, inzwischen russische Kaiserin, das zum fürstlichen Wallfahrtsort geratene Schloss Hohenzieritz, und beide verewigten sich in Form eines Graffito mit Namen und Körpergröße.[359]

Und Horus? – Der Blick auf Berlin

Noch einen entscheidenden Schritt weiter bei der Interpretation und Einordnung von Schloss Hohenzieritz gelangt man beim Blick auf Luises Sohn Friedrich Wilhelm IV. von Preußen mit seinen vielseitigen gedanklichen und dynastischen Bezügen. Sein Ägyptenverständnis ist ein Haltepunkt auf dem Weg nach »Heliopolis«, den die preußischen Könige seit dem 18. Januar 1701 bis zum Tod Friedrich Wilhelms IV. verfolgten.[360]

Gottfried Wilhelm Leibniz, Mentor der ersten Preußenkönigin Sophie Charlotte, hatte diesen Weg auf anmutige Art vorgebracht, indem er ihr Schloss Lützenburg/Charlottenburg als geistigen Ort »Heliosophopolis« nannte: »Aber haben I. M. nicht mehr als alle Alchemisten uns herstellen können? So kann Lützenburg Heliosophopolis werden ohne den Stein der Weisen«.[361] Dies deutet auf das ägyptische Heliopolis und auf den wohl nicht zufälligen Wunsch der Königin nach einer Sternwarte, denn die Ägypter hätten als Erste »das Jahr [...] mittels der Sterne herausgefunden«, und außerdem sollen nämlich »die Bewohner von Heliopolis [...] die gelehrtesten Ägypter sein«.[362] Mit dem Namen »Heliosophopolis« wurde bereits im 17. Jahrhundert die Stadt Berlin bedacht, später kamen Memphis und Heliopolis hinzu.[363] Leibniz hegte eigene Gedanken zu Ägypten[364], und in »Luzembourg« hatte er den geistigen Austausch mit der Königin im Visier. Das Alchemistische, Verwandelnde, mochte er innerlich im Sinne des Diskurses über die Religionen gesehen haben. »Heliosophopolis« ist ein fein pointiertes Spiel mit der Weisheit und Sophie inmitten von »Heliopolis«. Hinzu kommt, dass Polis in seiner ursprünglichen Bedeutung Burg hieß, und Helios ist die griechische Bezeichnung für den altägyptischen Sonnengott.

Sophie Charlottes Gemahl, der 1701 gekrönte erste König Friedrich I. in Preußen, bewahrte Aegyptiaca in der Brandenburgisch-Preußischen Kunstkammer des Berliner Schlosses.[365] Noch als Kurfürst Friedrich III. von Brandenburg zeigte er 1696 im mehrbändigen barocken Prachtwerk *Thesaurus Brandenburgicus* das emblemhafte Bild zweier schwebender weiblicher Figuren. In Händen halten sie einen Blüten- und Blätterkranz mit Blick in einen Raum, darin vier Pyramiden. Vermutlich mochte er sich damit bereits in die künftige Königswürde hineinversetzen.[366] Das Frontispiz des *Thesaurus*-Bandes von 1701 zeigt die mit Sistrum und Mauerkrone dargestellte Kybele/Isis/Diana Ephesia als Verkörperung der allerältesten Kultur, Ägyp-

88 Lorenz Beger, Thesaurus Brandenburgicus 3, Cölln/Spree 1701, Frontispiz

ten **(Abb. 88, 64)**.[367] Sie weist auf ihre Abkömmlinge und schaut zugleich zu einem priesterlich gewandeten Mann auf, der sie in die Obhut des Königs und der Stadt einlädt. Ein Standbild der Diana Ephesia flankiert den Weg dorthin.

Ein gutes Jahrhundert später knüpfte Kronprinz Friedrich Wilhelm, Sohn der Königin Luise und Friedrich Wilhelms III., an das ägyptische Thema an. Als Achtjähriger bestaunte er 1804 jenen Tafelaufsatz mit dem Triumph des Apis **(Abb. 89)**[368], und sein Großvater Herzog Carl II. zu Mecklenburg-Strelitz machte ihn neugierig auf die alten Ägypter.[369] Eine Zeichnung des Kronprinzen um 1816 mit dem Sonnentempel des Sarastro nimmt deutlich Bezug auf die 12. Dekoration Karl Friedrich Schinkels zur Aufführung der *Zauberflöte* in Berlin.[370] Ein weiteres Blatt mit der Figur des Osiris vor einer Landschaft und megalomanisch-ägyptischer Architektur lässt gleichfalls an eine opernhafte Inszenierung denken **(Abb. 90)**.[371] Er dürfte damit auf den König als Auftraggeber der *Zauberflöte* als Staatsakt zum Krönungsjubiläum am 18. Januar 1816 angespielt haben.

90 Kronprinz Friedrich Wilhelm (IV.), Zeichnung einer ägyptisierenden Szenerie mit Osiris, um 1815

König Friedrich Wilhelm III. entsandte 1820/21 – zur Zeit der französischen Veröffentlichung der vielbändigen monumentalen *Déscription de l'Égypte* (1809–1828) – den General Heinrich Menu von Minutoli auf die erste preußische Expedition in das Niltal und hauptsächlich zum Tempel des Jupiter Ammon in der ägyptischen Oase Siwa.[372] Dieses Heiligtum übte auch auf Preußen besondere Anziehung aus, denn Alexander der Große hatte damals seine Herrschaft in Ägypten durch die Zustimmung des Orakels des Gottes Jupiter Ammon, seines Vaters, legitimieren lassen. Alexander wurde daraufhin in Memphis gekrönt.[373] Mit der Verehrung des Apis von Memphis zollte er den ägyptischen Göttern Respekt. Gemeinsam mit dem griechischen Delphi für Apollon und Dodona für Zeus war Siwa eine der gewichtigen antiken Orakelstätten.[374] Dies knüpft an Aspekte des Tafelaufsatzes an, und die mythologischen Ausführungen im Bericht Minutolis über die *Reise zum Tempel des Jupiter Ammon* 1824 lassen auf die Bedeutsamkeit des Themas für das preußische Königtum schließen.

Nur schrittweise kommt man dem Ansinnen all dieser weit verzweigten Zusammenhänge, zu deren Radius auch Ideen aus Hohenzieritz gehören – wie etwa der Anklang an Amun –, mit folgenden Beobachtungen näher:

89 Tafelaufsatz mit dem Triumph des Apis 1804, Bronzefabrik Werner & Mieth Berlin, Schlossmuseum Darmstadt

91 Hermenbüste des Zeus Ammon, Marmor, römisch, 1. Jh. n. Chr., nach einem griechischen Vorbild des 5. Jhs. v. Chr., Antikensammlung Berlin

In der antiken Gestalt des Zeus/Jupiter Ammon verschmelzen der ägyptische Amun als Widder mit dem griechischen Zeus/ dem römischen Jupiter, so dass Ammon in der Kunst mit bärtigem männlichem Haupt und Widderhörnern dargestellt wurde **(Abb. 91)**.[375] Schriftliche Quellen geben weiteren Aufschluss: Herodot berichtete im 5. Jahrhundert v. Chr. von einer uralten Gottheit in Ägypten namens Herakles, wobei die Griechen den Namen Herakles von den Ägyptern übernommen haben sollen. Dort liest man weiter, Herakles wünschte den sich lieber verbergenden Zeus zu sehen. Dieser habe daher den Kopf eines Widders vor und das Vlies um sich gehalten und sich so gezeigt, weshalb die Ägypter das Kultbild des Zeus, den sie Amun nennen, mit dem Widderkopf darstellten.[376] Laut dem Mythos trug es sich zu, dass Herakles/Herkules auf dem Weg zu den Indern durch die zu Ägypten gehörende libysche Wüste dürstend und erschöpft seinen Vater Jupiter um Hilfe anrief. Darauf sandte ihm dieser einen Widder, der Herkules durch Scharren mit dem Huf eine Quelle, jene von Siwa, aus dem Boden öffnete. Zum Dank soll Herkules dem Jupiter Ammon einen Tempel und ein Bildnis mit Widderhörnern errichtet haben.[377] Gemäß jener gebräuchlichen Parallelität der Gottheiten wird in der Überlieferung Herkules auch Bacchus-Osiris genannt.[378]

Im Altägyptischen bedeutet »Amun« der »Verborgene«. Amun, auf den das Weltganze zurückgeht, war in der ägyptischen Theologie gut verankert und wurde so weitertradiert bis zur »interpretatio graeca« der ägyptischen Religion und zu den antiken Schriftstellern wie etwa den Griechen Herodot oder Plutarch. Nach letzterem heiße Amun bei den Griechen »Ammoon«, und die Ägypter hielten »den ersten Gott für einerley mit dem Weltall, und da er verborgen und unsichtbar war, so nennen sie ihn Amun, um ihn dadurch zu rufen und zu bitten, daß er sich ihnen zeigen und offenbaren möge.« Der Name Amun bezeuge den Kern der Inschrift zu Sais »Ich bin das All, das gewesen ist, das ist, und das seyn wird; noch nie hat ein Sterblicher meinen Schleyer aufgedeckt!«[379] – In einem altägyptischen Hymnus lautet es eindrucksvoll:

»Einzig ist Amun, der sich vor ihnen verborgen hat,
der sich vor den Göttern verhüllt, so daß man sein Wesen nicht kennt;
er ist ferner als der Himmel,
tiefer als die Unterwelt.
Kein Gott kennt seine wahre Gestalt,
sein Bild wird nicht entfaltet in den Schriftrollen,
man kann nichts Gesichertes über ihn lehren.

Er ist zu geheimnisvoll, um seine Hoheit zu enthüllen,
er ist zu groß, um ihn zu erforschen,
zu stark, um ihn zu erkennen.
Man fällt um auf der Stelle vor Schrecken,
wenn man seinen geheimen Namen wissentlich oder unwissentlich ausspricht.
Es gibt keinen Gott, der ihn dabei anrufen könnte.
Bā-hafter, der seinen Namen verbirgt wie sein Geheimnis.«[380]

Ob bereits der Kronprinz sich mit Gedanken an den Tempel der Oase Siwa trug, ist offen. Drei Jahrzehnte nach der preußischen Expedition Minutolis zur Oase Siwa verlebendigte er, jetzt König Friedrich Wilhelm IV., den Mythos jedenfalls sichtlich im Schlosspark Sanssouci in Zusammenhang mit dem Quellwasser und zeichnete dazu die Brunnenbecken.[381] – Zur Wasserversorgung der Fontänen in Sanssouci hatte Friedrich der Große einst nördlich seines Schlosses ein mit Ruinen geschmücktes Hochbecken anlegen lassen. Doch erst, als Friedrich Wilhelm IV. in jenem Sommerschloss Wohnsitz nahm, den Ruinenberg gärtnerisch gestalten und das – orientalisierende – Dampfmaschinenhaus in der Havelbucht verwirklichen ließ, konnte erstmals verlässlich das Wasser zum Ruinenberg gelangen und in den Schlosspark hinabströmen.[382] Damit war der Gedanke des lebensspendenden Wüstenquells bereits 1842 auf den Weg gebracht. – Seit 1852 spielt Jupiter Ammon als Wasserspeier des Rossbrunnens auf der Achse nördlich des Ehrenhofes von Schloss Sanssouci auf die Oase an **(Abb. 92)**[383], was die Worte aus der *Reise zum Tempel des Jupiter Ammon* wachruft: »Hier in Siwa, dem wasserreichen, gesegneten Orte mitten in lebloser Wüste« ist es »Ammon [...], der erquickendes Wasser giebt! Mehrere Erzählungen knüpfen an dies Geben des Wassers zugleich die Widdergestalt des Gottes, das Kundwerden des Orakels und die Gründung des Tempels.« Der Wasserlauf der Oase hieß »Sonnenquell«.[384] Jener 1848 im Auftrag des Königs erworbene Zeus Ammon mit gewundenem Stirnhaar **(Abb. 91)** gab möglicherweise das Beispiel für das Antlitz mit dem wilden Stirnschopf am Brunnen, durch den der Quell sinnbildlich nach Sanssouci fließt. Und seit 1854 bekrönen zwei Doppel-Hermen des Jupiter Ammon mit seinem Sohn Dionysos/Osiris das Grüne Gitter mit den Initialen Friedrich Wilhelms IV. als Haupteingang zum Schlosspark Sanssouci, womit eindrücklich der Wegweiser zur

92 *Kopf des Zeus Ammon als Wasserspeier am Rossbrunnen, Maulbeerallee, Schlosspark Sanssouci, Potsdam 1852*

»Oase Siwa« gegeben ist **(Abb. 93)**.[385] Das Vorbild ist offenkundig der bis 1850 in der Gemäldegalerie Sanssouci aufgestellte antike Doppelhermenkopf **(Abb. 94)**[386], was den Sinngehalt antiker Neuzugänge im Hinblick auf die preußische Königsikonographie einmal mehr verdeutlicht. Ferner ist der Aspekt des Dionysos/Osiris am Grünen Gitter mit den Osiris- und Serapisskulpturen seines Großvaters Friedrich Wilhelm II. an der Orangerie des Neuen Gartens Potsdam 1791/1793 verwandt.[387]

Das ägyptische Thema war von Friedrich Wilhelm IV. längst verinnerlicht und fortdauernd, denn im Jahrzehnt vor dieser Inszenierung in Sanssouci hatte er bald nach Regierungsantritt 1840 die Planung und Errichtung des Neuen Museums in Berlin als Freistätte für Kunst und Wissenschaften ausgerufen. Ägypten sollte dort in einer besonderen Abteilung vertreten sein, wobei die vorhandene königliche Sammlung an Aegyptiaca nach und nach beträchtlich erweitert wurde.[388] Im Zuge dessen entsandte der König 1842 eine diesmal über Ägypten hinaus bis in den Sudan reichende preußische Expedition unter der Leitung des Sprachwissenschaftlers und Ägyptologen Karl Richard Lepsius.[389] Da in Preußen die Ägyptenkunde von Staats wegen von Belang war, wurde

93 Doppelherme des Zeus Ammon mit Dionysos/Osiris am Grünen Gitter, Schlosspark Sanssouci, Potsdam 1854

94 Doppelherme des Zeus Ammon mit Dionysos/Osiris, Marmor, H 51 cm, um 160/170 n. Chr.

95 *Statue des Amun-Re mit Pharao Amenophis III., um 1390 v. Chr., aus Soleb, Rosengranit, Aufnahme um 1930 im Ägyptischen Hof des Neuen Museums Berlin*

der bewanderte Lepsius von höchster Stelle gefördert wie etwa von Christian Carl Josias von Bunsen, Gründungsmitglied des Archäologischen Instituts in Rom, preußischer Gesandter und Berater Friedrich Wilhelms IV.[390]

Am 15. Oktober 1842 feierte die Expedition den 47. Geburtstag des Königs auf der Großen Pyramide von Gizeh. Aus diesem Anlass entstand eine erst aufgrund neuer sprachwissenschaftlicher Errungenschaften möglich gewordene hieroglyphische Inschrift auf den König und die Expeditionsteilnehmer, die man gleich im Jahr darauf als Gedächtnistafel am Nordzugang der Pyramide anbrachte: Zum Staatsfeiertag der preußischen Königswerdung am 18. Januar (1701) respektive tags zuvor zum Gründungsdatum des Preußischen Ordens vom Schwarzen Adler (1701).[391]

Von der preußischen Expedition stammt auch die Granitstatue des widdergestaltigen Gottes Amun-Re zusammen mit dem göttlichen Pharao Amenophis III. Sie wurde 1844 weit im Süden nahe des vierten Nilkataraktes am heiligen Berg Gebel Barkal im dortigen Amun-Tempel aufgefunden. Amun als »Verborgenheit [...] an der Spitze einer weltzeugenden Entwicklung« war soeben hieroglyphisch belegt worden.[392] Als wahrhaft königliches Geschenk Muhammad Ali Paschas, osmanischer Vizekönig in Ägypten, hielt somit der altägyptische Amun 1846 Einzug in Berlin **(Abb. 95)**.[393]

Mochten diese bedeutende Statue und das Vordringen Preußens in noch unerforschte Reiche in Richtung Nilquellen den König dann zur genannten Belebung des Jupiter Ammon in Sanssouci bewogen haben?

1846 ließ Friedrich Wilhelm IV. ein zartes bronzenes Gazellenpaar vor seinem kronprinzlichen Charlottenhof in Sanssouci aufstellen (**Abb. 96**).[394] Die zwei symmetrisch männlichen Gazellen stehen Hieroglyphen gleich parallel zum Portal an der Tempelfassade. Der Göttin der Nilkatarakte Anuket und Satet, Herrin von Elephantine, war die Gazelle als »Prophetin der Nilflut« heilig, da sie »beim Steigen des Nils dem Gebirge zueilt«, und sie war der »libyschen Minerva« zugeordnet.[395] Der Gedanke, ob mit dieser in der Sahara und Nubien beheimateten Dorkasgazelle sublim auf die Oase Siwa ebenso wie auf Anuket/Satet angespielt wurde, liegt angesichts königlich-hieroglyphischer Auffassung nicht fern. So könnte das Gazellenpaar gleichsam eine Spielart der Sphinx sein. Im Neuen Museum Berlin waren Anuket mit Satet und dem widderköpfigen Schöpfergott Chnum als Trias auf einem Wandbild mit König Amenophis II. jedenfalls zugegen.[396]

Mehr noch verwirklichte Friedrich Wilhelm IV. seine ägyptische Idee in der prächtigen, königlichen Tempelinszenierung der 1850 eröffneten Ägyptischen Abteilung im Nordflügel des Neuen Museums Berlin (**Abb. 97**).[397] Auf den glasgedeckten lichten Säulenhof, in dem der große Widder einem antiken Altar gegenüber eindrucksvoll präsentiert wurde, folgten das Hypostyl und die Cella. Die bühnenhaften Räume waren an eine ägyptische Tempelstruktur angelehnt, und in der mittleren Cella befand sich eine altägyptische, königliche, als »Horus« bezeichnete Statue.[398] Da an einem solchen heiligen Ort keine Königsstatue, sondern ein Götterbild üblich war,

96 Wilhelm Wolff, Gazelle vor dem Charlottenhof in Sanssouci 1846, Bronze

97 *Der »Ägyptische Tempelhof« im Neuen Museum Berlin, nach Planung von Friedrich August Stüler 1840, Ausmalung nach Vorschlägen von Karl Richard Lepsius, aquarellierte Zeichnung von Eduard Gaertner 1850*

erklärte man, dies widerspreche dem Ägyptischen nicht, da dem Pharao bereits zu Lebzeiten göttliche Ehren zuteilwurden.[399] Der preußische König ließ sich auf dem Architrav des Lichthofes wie die altägyptischen Herrscher hieroglyphisch verewigen. Dies war nicht so überhöht gedacht wie es zunächst scheint. Keinesfalls wollte sich der König damit zum Gott erheben, wohl aber eine bildhafte, eindrucksvolle königliche Anspielung und herrschaftliche Rückbindung bekunden. Die Widmungsinschrift bezieht sich auf die Gründung im neunten Regierungsjahr 1848. »Friedrich Wilhelm« und Königin »Elisabeth« sind in Namenskartuschen auf den Kämpferplatten der Säulen genannt. Die Inschrift auf dem Architrav lautet: »Es lebe Horus, der Schützer Preußens, König von Ober- und Unterägypten, Sonne und Stütze Preußens, Sohn des Re Friedrich Wilhelm IV., der seinen Vater Liebende, der Wohltätige [...].« Der König habe mit diesem Denkmal eine Art Erneuerung der »Mauern von Gebäuden in Ägypten« erschaffen, »um seinen Namen ewiglich leben zu lassen« **(Abb. 98)**.[400]

Letztendlich verwandten Großvater und Enkel, beide im Sternbild Waage geboren, in der Ausgestaltung ihrer hieroglyphischen Szenerien den

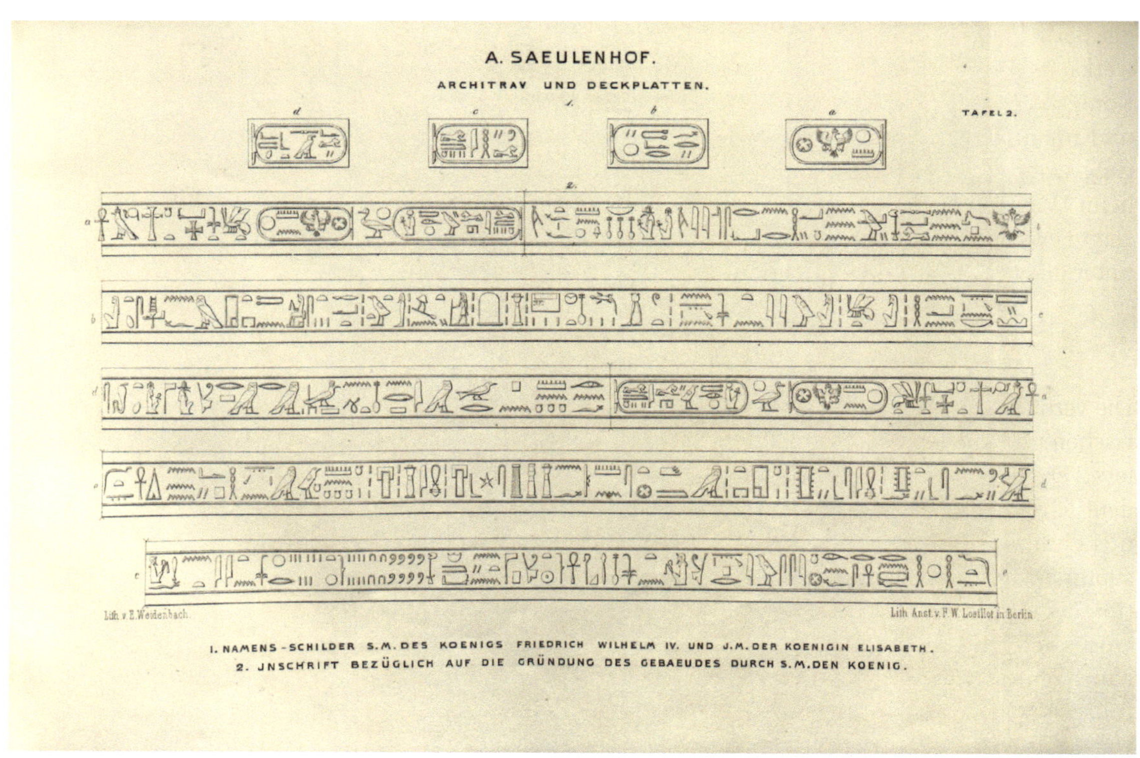

98 Karl Richard Lepsius, Inschrift für König Friedrich Wilhelm IV. im Ägyptischen Hof des Neuen Museums Berlin, aus Lepsius, Koenigliche Museen [...], 1855

gleichen Grundgedanken mit den jeweiligen Mitteln ihrer Zeit. Während sich Carl II. zu Mecklenburg-Strelitz in Hohenzieritz auf die Mysterien des 18. Jahrhunderts und die jüngst erfolgte Freilegung des Isistempels von Pompeji bezog, nutzte Friedrich Wilhelm IV. die neuesten wissenschaftlichen Erkenntnisse der Ägyptologie für seinen Zweck, sich nachdrücklich auf die großväterliche Idee des Geheimnisses und somit des Verbergens rückzubeziehen:

Die persönliche königliche Anbindung an die Pharaonen erscheint heute als entlegen, doch nach alldem liegt höchstwahrscheinlich eine doppelte Bedeutung vor: Als Anschauung für den Besucher eine unverfänglich wirkende Hieroglypheninschrift und zugleich die Weiterführung des althergebrachten Herrschaftsgedankens, denn der König wird seinen Namen kaum als Hieroglyphenspiel gesehen haben.[401] Friedrich Wilhelm IV. wollte somit seinen Namen »ewiglich« in diesem musealen Bauwerk sichern. Folgendes könnte erdacht worden sein: Die Ägyptologie sollte ebenso der Wissenschaft wie der Königsikonographie dienen und damit der geheimen preußisch-pharaonischen Idee dem Wissensstand gemäß eine ikonographische Auswahl liefern. Für die Wahrung des Königsnamens, für »Horus« und für Amun-Re wählte man einen aussagekräftigen und beständigen Ort, an dem niemand ein solches sublimes Thema vermutete, da die Aufmerksamkeit der Besucher in eine andere Richtung gelenkt wurde: Die Funktion des Bauwerks als Museum würde der ideale Schleier sein, denn Ägyptologie und Königsikonographie bildeten dort ein widerspruchsloses, sich ergänzendes und unauffälliges Zusammenspiel, weshalb die tiefere königliche Bedeutung wohl verborgen blieb. Im Park von Sanssouci spielte Friedrich Wilhelm IV. mit Jupiter Ammon auf seinen Vater an, und im Neuen Museum zeigte er sein Ansinnen ebenso vor aller Augen. Denn Sichtbarkeit ist mitunter das beste Versteck.

Die verhüllten Tempel von Hohenzieritz und Berlin sind in ihrem künstlerischen und kulturellen Rang Werken wie Mozarts *Zauberflöte* oder Schillers *Verschleiertem Bild zu Sais* gleichzusetzen. Nunmehr wird endgültig deutlich, dass es sich bei diesen mecklenburgischen und preußischen Ideen nicht um vereinzelte wunderliche Neigungen, sondern um eine verbindende sublime Kulturäußerung handelt. Innerhalb der jahrhundertealten Tradition der Ägyptenrezeption zeugt dies sowie der Bezug auf Isis, Osiris und Horus von einem beständigen innerhalb der Familie weitergegebenen Vorhaben ohnegleichen. Die schon für sich alleine beeindruckenden Kunstwerke führen erst in der Gesamtschau – wie die Hieroglyphen eines Textes – zum eigentlichen, tieferen Sinn des Ganzen.

Alle gewonnenen Erkenntnisse erlauben den Schluss, dass Herzog Carl II. den der Isis zugeeigneten Tempel im Corps de Logis des Schlosses Hohenzieritz für Kronprinzessin Luise, die spätere Königin von Preußen, erbaute. Im Gegensatz zum Monopteros im Schlosspark von 1815 mit der Büste der Königin war der innere, Luise gewidmete Tempel nicht für jeden Blick bestimmt.

Der hohe geistige Aufwand der Rückbindung Carls II. an Ägypten gründet auf der Legitimation der Herrschaft und zudem wohl auf einem Friedensgedanken. Weit über die Heiratspolitik hinaus war Carl II. mit König Friedrich Wilhelm II. verbunden, denn beide erträumten ein vollkommenes ewiges Herrschertum wie es die Weisheit und Beständigkeit Ägyptens hervorgebracht habe. Da klassische griechische Philosophen wie Pythagoras und Platon laut Überlieferung in die Geheimnisse Ägyptens eingeweiht worden sein sollen, war die Brücke zum aufgeklärten Herrschertum gebaut. Mit dieser geistigen Haltung verwirklichte man symbolisch, philosophisch und künstlerisch die erstrebte Ordnung und kosmische Harmonie – gleichsam als Grundlage für die Bewahrung des Friedens. Der Gedanke an eines der Gesetze des Hermes Trismegistos – wie im Innen, so im Außen – liegt nahe.

Mit Hohenzieritz schloss sich Herzog Carl II. an die Versöhnlichkeit der alten Mythen an und war selbst bestrebt, ein milder Regent zu sein.

Mochte die französische Schreckensherrschaft nach der Revolution ihn zu der Gestaltung bewogen haben? Somit wird denkbar, dass Königin Luise 1804 mit dem Triumph des Apis-Stieres auf dem Tafelaufsatz sinnbildlich den Schutz des Königtums beschwor. Dieser nach Innen gewandte, stille Rückbezug auf Ägypten war das Gegenteil zur imperialistischen Vereinnahmung der altägyptischen Kultur und der Bedrohung Europas durch Napoleon. In dieser Ausnahmelage zeigt sich das Verbergen der gedanklichen Anbindung an die Pharaonen gleichsam als politische Sicherungsabsicht. Nachdem Napoleon 1815 bezwungen war, wurde zum Krönungs- und Friedensfest am 18. Januar 1816 in Berlin die *Zauberflöte* aufgeführt. Längst zählte sie dort zur königlichen Ikonographie. Da diese Oper stetig auf die Bühne kommt, bleibt die »Ägyptomanie« auch heute präsent.

Herzog Carl II. zu Mecklenburg-Strelitz und sein Enkel König Friedrich Wilhelm IV. von Preußen trugen mit ihren tiefgründigen Architekturerfindungen den Gedanken an Harmonie und somit gewissermaßen auch die Idee des Friedens weiter. Das Hervorholen und Bündeln solch hoher geistiger Kräfte in Anlehnung an jahrtausendealte Weisheit wäre heute ebenso dienlich wie ehedem.

Der König dachte in die Zukunft: Unabhängig vom Weg der Monarchie würden die Wissenschaft und das Museum unzweifelhaft fortgeführt, weshalb dieses Bauwerk für die Bewahrung des königlichen Ansinnens bis heute der denkbar günstigste Ort blieb. Daher darf man auf die künftige Sichtbarmachung des Verlorenen nicht nur in Hohenzieritz, sondern auch in Berlin hoffen. Außerdem fehlt dem königlichen Schloss symbolisch gedacht noch der Schlussstein. Dessen Gestalt ließe sich nunmehr leicht erschließen.

Das Prinzip des Verhüllens, durch Isis und Amun versinnbildlicht, ist den alten Mythen und somit der vorliegenden Geschichte eigen. Wie einst sollte das Geheimnis strenggenommen verschlossen und nach Apuleius letztlich »vor dem Verständnis jedes vorwitzigen Unheiligen gesichert« bleiben, fürwahr mit Erfolg. Vor allem deshalb sind diese Herrscher und ihre Kunstwerke so anziehend und aktuell.

finis fabulae – initium fabulae

Die wichtigsten Akteure

Obodriten

- Carl Herzog zu Mecklenburg-Strelitz »Prinz von Mirow« (1708–1752)
- Elisabeth Albertine Prinzessin von Sachsen-Hildburghausen (1713–1761)

Eltern von:

- Adolph Friedrich IV. Herzog zu Mecklenburg-Strelitz (1738–1794, reg. 1752–1794)
- Sophie Charlotte Herzogin zu Mecklenburg-Strelitz, Königin von Großbritannien und Irland (1744–1818, reg. 1761–1818)
- Carl II. Ludwig Friedrich Herzog zu Mecklenburg-Strelitz (1741–1816, reg. 1794–1816), Auftraggeber Ägyptischer Saal/Hohenzieritz

Kinder Carls II.:

- Georg Friedrich Carl Joseph Großherzog zu Mecklenburg-Strelitz (1779–1860, reg. 1816–1860)
- Friederike Luise Caroline Sophie Herzogin zu Mecklenburg-Strelitz, Prinzessin von Preußen, Königin von Hannover (1778–1841)
- Luise Auguste Wilhelmine Amalie Herzogin zu Mecklenburg-Strelitz, Königin von Preußen (1776–1810, reg. 1797–1810)

Hohenzollern

- Sophie Charlotte Herzogin von Braunschweig und Lüneburg, erste Königin in Preußen (1668–1705, reg. 1701–1705)
- Friedrich I. in Preußen (1657–1713, reg. als Friedrich III. Kurfürst von Brandenburg 1688–1701, reg. als König Friedrich I. in Preußen 1701–1713)
- Friedrich II. von Preußen (1712–1786, reg. ab 1740 König *in,* ab 1772–1786 König von Preußen)
- Friedrich Wilhelm II., König von Preußen (1744–1797, reg. 1786–1797)
- Friedrich Wilhelm III., König von Preußen (1770–1840, reg. 1797–1840), Gemahl von Luise Herzogin zu Mecklenburg-Strelitz, Königin von Preußen (1776–1810)
- Friedrich Wilhelm IV., König von Preußen (1795–1861, reg. 1840–1861), Sohn des Königspaares Friedrich Wilhelm III. und Luise

Anmerkungen

1 Werner Burmeister, »Hohenzieritz«, *Mecklenburgische Monatshefte* 3, 1927, S. 414–418, hier S. 418.

2 Abb. 1: Postkarte von 1908; Abb. 2, 3: Fotos Friederike Werner (FW) 2017; Abdruck meiner Fotografien aus Hohenzieritz mit freundlicher Genehmigung der SSGK M-V (23.3.2020); ausführliche Bibliographie zum Schloss im Kapitel Literatur über Hohenzieritz.

3 Abb. 4: © DHM, Inv.-Nr. 01/0828/ 041/185/043; Abb. 5a: aus Jürgen Brandt, *Alt-Mecklenburgische Schlösser und Herrensitze,* Berlin 1924, S. 158; Abb. 5b: © Archiv Hans-Joachim Engel, Berlin; aus einer Privatsammlung in Stralsund wurde mir dieses Motiv als Ansichtskarte von 1909 übermittelt, wobei das Motiv dort vor dem Druck per Hand grob überarbeitet wurde; Taf. III–VI: © LAKD M-V LD, ohne Inv.-Nr.

4 Siehe in den Kapiteln Literatur über Hohenzieritz und Das Ägyptenbild von Schloss Hohenzieritz.

5 Canapé und Fauteuil mit Sphingen an den Armlehnen, Esche, teilvergoldet, um 1800, Kulturquartier Mecklenburg-Strelitz, Herkunft unklar: Auskunft von Dorothea Klein-Onnen; Torsten Foelsch, *Das Residenzschloß zu Neustrelitz. Ein verschwundenes Schloß in Mecklenburg,* Groß Gottschow 2016; Foelsch dokumentiert die jüngste Schlossausstattung nach den Quellen. Ältere Planungen und Gestaltungen (Archive) sind noch nicht auf ägyptische Motive überprüft; Auskunft von Dr. Friederike Drinkuth, 22.7.2019.

6 Zu den freimaurerischen Aktivitäten Herzog Carls II. im Kapitel Auftraggeber.

7 Berit Ruge, *Hohenzieritz,* Schlösser und Gärten in Mecklenburg-Vorpommern 13, Freundeskreis Schlösser und Gärten der Mark (Hg.), Berlin 2010, S. 7, 19–22.

8 Friederike Drinkuth, »Vergessenheit und Verluste – Mecklenburg-Strelitzer Schlösser in der Demokratie«, *Das Schloss in der Republik – Monument zwischen Repräsentation und Haus der Geschichte. Jahrbuch der Stiftung Thüringer Schlösser und Gärten* 18, 2014, S. 91–99; Jörg Meiner, »Hohenzieritz zwischen Andacht und Verdammung – Der Sterbeort der Königin Luise von Preußen als Zeitenbild«, *KulturERBE in Mecklenburg und Vorpommern* 10, 2021; das Portrait Carls II. nach Johann Georg Ziesenis wurde 2010 anonym zurückgegeben (S. 4).

9 Restaurierungsbericht im LAKD M-V LD, Bearbeitungsergebnisse im Ägyptischen Saal, Okt.–Dez. 1999 (Raum 1.02), S. 72; Sabine Bock, *Herrschaftliche Wohnhäuser auf den Gütern und Domänen in Mecklenburg-Strelitz. Architektur und Geschichte,* Beiträge zur Architekturgeschichte und Denkmalpflege in Mecklenburg und Vorpommern, 1: *Katalog Alt Horst–Küssow,* Schwerin 2008, S. 389–408; zum Umgang mit den Herrenhäusern nach 1945: Bock, *Herrschaftliche Wohnhäuser* 3, bes. S. 1070–1109; Ewa Prync-Pommerencke, »Zur Sanierung des Schlosses Hohenzieritz«, *Denkmalschutz und Denkmalpflege in Mecklenburg-Vorpommern* 8, 2001, S. 48–54.

10 LAKD M-V LD, Akte Hohenzieritz, 21.11.1950, Blatt 39.

11 Siehe Anm. 9, Restaurierungsbericht 1999 (Raum 1.02), S. 72.

12 Abb. 6: Fotos FW 2017, Verwendung der Innenraum-Aufnahmen © SBL-MV (31.1.23).

13 Selbst die Recherche in Privatarchiven der Region erbrachte bis zur Drucklegung keine weiteren noch unbekannte Abbildungen. Mit Dank für Auskünfte an: Fotostudio Jung, ehem. Neustrelitzer Hoffotograf; Privatsammlung Christian Röse, Neustrelitz, viertausend Postkartenmotive der Region; Dr. Rajko Lippert, Kulturgut Mecklenburg-Strelitz e.V.: Fotonegative von Hohenzieritz vom 20. Juni 1942 aus dem Besitz Carl Gregors Herzog zu Mecklenburg.

14 Laut Berit Ruge, *Hohenzieritz*, scheint es im Archiv in Schwerin keine Bauakten über den Ägyptischen Saal zu geben. Das LAKD M-V LD bewahrt Tapetenfragmente, den Restaurierungsbericht von 1999 sowie ältere Notizen zum Zustand des Saales. Im LAKD M-V LHAS liegen zu Schloss Hohenzieritz in verschiedenen Beständen Inventarlisten, Korrespondenzen, Personalakten, Rechnungen, Ausgaben und Aquarelle der Gartenbauten. Im Hausarchiv des Strelitzschen Fürstenhauses befindet sich die herzogliche Briefsammlung mit Korrespondenz, Tagebüchern und Aufzeichnungen Herzog Carls II., die künftig ertragreich sein könnten; Bock, *Herrschaftliche Wohnhäuser* 1, S. 408 verzeichnet Archivalien, Karten, Pläne sowie historische Abbildungen: Laut Auskunft von Prof. Dr. Sabine Bock sind außer den historischen Fotografien im hier vorliegenden Buch derzeit keine weiteren Bilder des Ägyptischen Saales bekannt (26.10.22); Carl August Endler, »Bericht über das Familienarchiv des Großherzoglichen Hauses«, 18.11.1926, LAKD M-V LHAS, Rep. 4.12-6/6 Verwaltung der Strelitzer Landesschlösser, des Hauptarchivs [...], Nr. 4, ausführlich bei Foelsch, *Residenzschloß Neustrelitz*, S. 617–625; aufgrund der Vernetzung der europäischen Höfe lässt sich vielerorts weitergehendes Archivmaterial erhoffen.

15 In Auswahl: Miguel John Versluys (Hg.), *Beyond Egyptomania. Objects, Style and Agency*, Berlin 2020; Florian Ebeling, »Ägypten zwischen Pantheismus und Panentheismus. Gedächtnisgeschichtliche Spurensuche«, *Aegyptiaca. Journal of the History of Reception of Ancient Egypt* 3, 2018, S. 27–58; Florian Ebeling, Christian E. Loeben (Hgg.), *O Isis und Osiris – Ägyptens Mysterien und die Freimaurerei*, Museum Kestnerianum 21, Rahden, 2017; Friederike Werner, *Ägyptomanie in Preußen. Die Tafelskulptur zur Hochzeit im Königshaus 1804*, Weimar 2016; Anke Napp, *In Terra Aegypti. Das Bild des Alten Ägypten von der Spätantike bis zur frühen Neuzeit*, Baden-Baden 2015; Isabel Grimm-Stadelmann, Alfred Grimm, *Fürsten und Pharaonen – Ägypten in Bayern*, München 2011; Jan Assmann, Florian Ebeling, *Ägyptische Mysterien. Reisen in die Unterwelt in Aufklärung und Romantik*, München 2011; Jan Assmann, *Erinnertes Ägypten. Pharaonische Motive in der europäischen Religions- und Geistesgeschichte*, Kulturwissenschaftliche Interventionen 6, Kulturwissenschaftliches Institut Essen (Hg.), Berlin 2010; Brian Curran, *The Egyptian Renaissance. The Afterlife of Ancient Egypt in Early Modern Italy*, Chicago 2007; Stefano de Caro (Hg.), *Egittomania. Iside e il Mistero*, Mailand 2006; Wilfried Seipel (Hg.), *Ägyptomanie. Europäische Ägyptenimaginationen von der Antike bis heute*, Schriften des Kunsthistorischen Museums 3, Mailand 2000; Friederike Werner, »Ägypten als Inbegriff des Erhabenen in der Baukunst«, in: Seipel, *Ägyptomanie*, S. 83–104; Erik Hornung, *Das esoterische Ägypten. Das geheime Wissen der Ägypter und sein Einfluss auf das Abendland*, München 1999; Jean-Marcel Humbert, Michel Pantazzi, Wilfried Seipel, Christiane Ziegler (Hgg.), *Ägyptomanie. Ägypten in der europäischen Kunst 1730–1930. Die Sehnsucht Europas nach dem Land der Pharaonen. Zur Begegnung von Orient und Okzident am Beispiel des Alten Ägypten*, Kat. Ausst. Paris, Ottawa, Wien 1994; Dirk Syndram, *Ägypten-Faszinationen. Untersuchungen zum Ägyptenbild im europäischen Klassizismus bis 1800*, Frankfurt am Main 1990; Ludwig Volkmann, *Ägypten-Romantik in der europäischen Kunst*, Leipzig 1942, Nachdruck Potsdam 2008.

16 Jörg Meiner, Sebastian Joost, *Luisen-Gedenkstätte Schloss Hohenzieritz,* Amtlicher Führer, SSGK M-V (Hg.), Schwerin 2018; Mara Maroske, »Schloss Hohenzieritz«, *Mitteldeutsches Jahrbuch für Kultur und Geschichte* 25, Deutsche Stiftung Denkmalschutz Monumente-Publikationen, 2018, S. 276–279; Foelsch, *Residenzschloß Neustrelitz,* S. 166–182; Georg Dehio, *Handbuch der deutschen Kunstdenkmäler. Mecklenburg-Vorpommern,* München 2016, S. 269f.; Katja Pawlak, »Der Schlosspark Hohenzieritz im Spiegel neuer Erkenntnisse zur historischen Pflanzenverwendung, zur Geschichte und eines wiederentdeckten Parkplans«, *KulturERBE in Mecklenburg und Vorpommern* 9, Jg. 2013, Schwerin 2016, S. 27–48; Matthias Manke, »Königin Luise von Preußen. Der nationale Mythos in der mecklenburgischen Geschichtsrezeption«, *Mecklenburgische Jahrbücher* 129, 2014, S. 45–92; Ruge, *Hohenzieritz;* Berit Ruge, *Von der Finsternis zum Licht. Inszenierte Erkenntnisreisen in Gärten des Gold- und Rosenkreuzers Friedrich Wilhelm II.,* Worms 2013, S. 114f.; Friederike Drinkuth, *Schlosspark Hohenzieritz,* Schwerin 2009; Gert Gröning, »Über deutsch-britischen Kulturtransfer in der Landschaftsarchitektur des 18. und 19. Jahrhunderts«, in: Franz Bosbach, Gert Gröning (Hgg.), *Landschaftsgärten des 18. und 19. Jahrhunderts. Beispiele deutsch-britischen Kulturtransfers,* Prinz-Albert-Studien 26, München 2008, S. 17–32, hier S. 22f.; Hans-Joachim Engel, *Die großherzogliche Sommerresidenz Hohenzieritz. Geschichte des Schlosses und seiner Gedenkstätte für die Königin Louise Prinzessin von Mecklenburg-Strelitz,* Preußische Geschichte 4, Berlin 2004; Bock, *Herrschaftliche Wohnhäuser* 1, S. 389–408, Lit. und Archivalien: S. 407f.; Marcus Köhler (Hg.), *Historische Gärten um Neubrandenburg,* Mitteilungen der Pückler Gesellschaft 17, NF, Berlin 2002, S. 25–30; Rudi Belkins, Werner Debler, Hans Helmut Böhme, Gerhard Krenz, *Die Geschichte von Hohenzieritz, Prillwitz und Zippelow,* Hohenzieritz 2002, S. 67–75; Christine Hinz, »Die Parklandschaft Hohenzieritz«, in: Harri Günther (Hg.), *Gärten der Goethezeit,* Leipzig 1993, S. 119–124; Christine Hinz, *Parklandschaft Hohenzieritz,* Museum der Stadt Neustrelitz (Hg.), Neustrelitz 1988; Matthias Gärtner, *Untersuchungen zum Park von Hohenzieritz – eine sentimentale Parkanlage in Mecklenburg,* Ms. Dipl.-Arb. Sek. Kultur- und Kunstwissenschaften, Leipzig 1986; Walter Ohle, »Ehemalige Guts- und Herrenhäuser in Mecklenburg«, *Denkmalpflege in Mecklenburg, Jahrbuch,* Schwerin 1951/52, S. 90–113; Konrad Hustaedt, *Hohenzieritz. Seine Kunstdenkmäler und Erinnerungsstätten,* Neustrelitz 1924; Konrad Hustaedt, *Hohenzieritz. Ein Geleitwort zur Betrachtung seiner Kunstdenkmäler und Erinnerungsstätten,* Neustrelitz 1910, im Stadtarchiv Neustrelitz; Brandt, *Alt-Mecklenburgische Schlösser,* S. 21f., 27, Abb. auf S. 144–161, 182.

17 Friedrich Rühs, »Ueber Mecklenburg Strelitz«, in: Christoph Martin Wieland, Friedrich Justin Bertuch, Karl Leonhard Reinhold, Karl August Böttiger (Hgg.), *Der Neue Teutsche Merkur* 1, 5. Stk., Mai 1805, Weimar 1805, Kap. 6, S. 156–158.

18 Georg Krüger, *Kunst- und Geschichtsdenkmäler des Freistaates Mecklenburg-Strelitz* I,1, Das Land Stargard, 1. Abteilung: Geologische, vorgeschichtliche und geschichtliche Einleitung, die Amtsgerichtsbezirke Neustrelitz, Strelitz und Mirow, Neubrandenburg 1921, S. 103–112, hier S. 106f.

19 Brandt, *Alt-Mecklenburgische Schlösser,* S. 22; zu Hohenzieritz außerdem: S. 21, 27, 31, Abb. auf S. 144–161, 182.

20 Brandt, *Alt-Mecklenburgische Schlösser,* S. 21.

21 o. A., *Konrad Hustaedt (1874–1948). Leben und Werk,* Strelitzer Geschichte 17, Neustrelitz 1997.

22 Forst- und Vermessungsingenieur Johann Christoph Dräsecke; Hustaedt, *Hohenzieritz,* S. 24, 26; Ruge, *Hohenzieritz,* S. 4.

23 Charles Percier, Pierre François Léonard Fontaine, *Recueil de décorations intérieures: comprenant tout ce qui a rapport à l'ameublement, comme vases, trépieds, candélabres […],* Paris 1812.

24 Johann Friedrich Schatz, Kastellan und Hofbildhauer; Foelsch, *Residenzschloß Neustrelitz,* S. 146–148.

25 Hustaedt, *Hohenzieritz,* S. 26 f.; Aussagen über die ausführenden Künstler sind in der Literatur mitunter widersprüchlich; Literatur und Quellen bei Hustaedt: Akten des ehem. Großherzogl. Cabinetsamtes (heute im Hauptarchiv Neustrelitz) und des Hauptarchivs Neustrelitz; Johann Carl Friedrich Rellstab, *Ausflucht nach der Insel Rügen durch Mecklenburg und Pommern,* Berlin 1797; Hermann Jacoby, *Geschichte der Parochie Prillwitz,* Neustrelitz 1893.

26 Johann Christian Wilhelm Verpoorten (1721–1792), Leibmedicus, Architekt, 1776 tätig in Hohenzieritz, Schloss-Umbau und Kavalierhäuser; Bock, *Herrschaftliche Wohnhäuser* 3, S. 1127.

27 Paul Martins, »Friedrich Wilhelm Dunckelberg, ein Mecklenburg-Strelitzer Landbaumeister um 1800«, *Mecklenburg-Strelitzer Geschichtsblätter* 3, 1927, S. 179–208.

28 Zu den ausführenden Künstlern siehe im Kapitel Die malerische Ausgestaltung.

29 Werner Burmeister, *Mecklenburg, Deutsche Lande/Deutsche Kunst,* Burkhard Meier (Hg.), Berlin 1926, S. 45, 51, Abb. 104 f., 116.

30 Burmeister, »Hohenzieritz«, S. 417.

31 Volkmann, *Ägypten-Romantik,* S. 102–104, Abb. 198 f.

32 Peter Hofmann, *Mecklenburg-Strelitz. Eine Region im Auf und Nieder der Geschichte,* Nienburg 2001.

33 Martin Möhle, Michael Scheftel, »Neustrelitz. Eine barocke Planstadt in Mecklenburg«, *Jahrbuch für Hausforschung* 49, 2002, S. 355–372; Friederike Drinkuth, *Männlicher als ihr Gemahl: Herzogin Dorothea Sophie von Schleswig-Holstein-Sonderburg-Plön, Gemahlin Adolph Friedrichs III. von Mecklenburg-Strelitz. Regentin und Stadtgründerin von Neustrelitz,* Schwerin 2016; Rajko Lippert, *Das Großherzogliche Haus Mecklenburg-Strelitz,* Die Reihe beider Mecklenburg 1, Reutlingen 1994; Foelsch, *Residenzschloß Neustrelitz.*

34 Alles Biographische im Folgenden nach: Christel Schütt, »Carl II. Ludwig Friedrich von Mecklenburg-Strelitz«, in: Andreas Röpcke (Hg.), *Biographisches Lexikon für Mecklenburg* 7, Veröffentlichungen der Historischen Kommission für Mecklenburg, Rostock 2013, S. 71–78, mit Quellen, Archivalien, Bibliographie und Angaben zu den Bildnissen Herzog Carls II.; Foelsch, *Residenzschloß Neustrelitz,* S. 166–168; Lippert, *Das Großherzogliche Haus;* Helmut Borth, *Herzoghaus Mecklenburg-Strelitz. Von gekrönten Häuptern, blaublütigen Kuckuckskindern und der Mirower Fürstengruft,* Berlin 2011 und 2015, S. 200–209; Eberhard Fischer, Rüdiger Templin, *Chronik der Freimaurerei in Mecklenburg und Vorpommern,* Festschrift zum 250. Jubiläum der Johannis-Loge Zu den Drei Sternen Nr. 38 i. Or. Rostock (Hg.), Rostock 2010; Hinz, *Parklandschaft Hohenzieritz,* S. 11; Hofmann, *Mecklenburg-Strelitz,* S. 94–113; Paul Kühl, »Auf den Spuren unseres Gründers des Herzogs Carl von Mecklenburg-Strelitz, Vaters der Königin Luise«, *Caroliner Zeitung, Blätter für Kultur und Heimat,* Sonderheft 25/26, März 1958, S. 10–30; Carl August Endler, »Herzog Karl von Mecklenburg-Strelitz, der Vater der Königin Luise«, *Westermanns Monatshefte* 70, 1926, S. 47–52; Ludwig Fromm, »Georg Friedrich Karl Joseph, Großherzog von Mecklenburg-Strelitz«, in: *Allgemeine Deutsche Biographie* 8, Leipzig 1878, S. 680 f.

35 Peter Starsy, »Gottlob Burchard Genzmer«, in: Andreas Röpcke (Hg.), *Biographisches Lexikon für Mecklenburg* 2, Rostock 1999, S. 97–103; Georg Krüger, »Die Pastoren im Lande Stargard seit der Reformation«, *Jahrbücher des Vereins für Mecklenburgische Geschichte und Altertumskunde* 69, 1904, S. 1–270, hier S. 183 f.

36 Abb. 7: © Archiv Dorotheum, Wien, Öl/Lwd., 64 × 55 cm.

37 Laut dem Schriftsteller und Übersetzer Thomas Nugent, zitiert in: Schütt, »Carl II.«, S. 74.

38 Abb. 8: Royal Collection Trust/© His Majesty King Charles III 2024, Kew Palace, Inv. Nr. RCIN 403551; Öl/Lwd., 77 × 64 cm; zur Pose: Uwe Fleckner et al. (Hg.), *Handbuch der politischen Ikonographie,* München 2011, S. 457; Johann Jacob Engel et al., *Ideen zu einer Mimik,* Berlin 1785, S. 251, Abb. 30.

39 Abb. 9: Royal Collection Trust/© His Majesty King Charles III 2024, Kew Palace, Inv. Nr. RCIN 401004; Öl/Lwd., 105 × 127 cm; Desmond Shawe-Taylor, *The Conversation Piece. Scenes of Fashionable Life,* London 2009, S. 116.

40 Friederike Drinkuth, *Königin Charlotte: Eine Prinzessin aus Mecklenburg-Strelitz besteigt den englischen Thron,* Schwerin 2011.

41 Hofmann, *Mecklenburg-Strelitz,* S. 76–93.

42 Abb. 10: © Kulturquartier Mecklenburg-Strelitz, Neustrelitz, Inv. Nr. M 15; Öl/Lwd., 60 × 50 cm.

43 Ruge, *Von der Finsternis zum Licht,* S. 27, 115, Anm. 193, 968: Akte im Geheimen Staatsarchiv Preußischer Kulturbesitz GStA PK, Mitglied Nr. 549; Fischer, Templin, *Chronik der Freimaurerei,* S. 61 f., 67 f., 244 f.

44 Torsten Fried, *Geprägte Macht. Münzen und Medaillen der mecklenburgischen Herzöge als Zeichen fürstlicher Herrschaft,* Köln 2015, S. 309, 311; Fischer, Templin, *Chronik der Freimaurerei,* S. 26 f., Abb. 3.

45 Aufgrund der engen Verbindung des Kurfürstentums Hannover mit England durch die Personalunion wurde die Freimaurerei in Hannover bereits 1746 mit der Loge *Friedrich,* später *Zum weißen Pferde,* heutzutage namens *Friedrich zum weißen Pferde* etabliert; Edzard Bakker, Siegfried Schildmacher, »Die Ethikschule der Freimaurerei: aktuell seit 300 Jahren und Zukunftsmodell – in Hannover und Überall«, in: Ebeling, Loeben, *O Isis und Osiris,* S. 501–511, hier S. 505; Hannover-Marienwerder bot mit dem Garten des Jobst Anton von Hinüber, 1753/1755 Stuhlmeister der Loge *Friedrich* und 1755–1765 Großmeister der Provinzialgroßloge des Kurfürstentums Hannover, einen freimaurerischen Garten, der den Initiationsweg vom Lehrling über den Gesellen zum Meister darstellt, in: Bakker, Schildmacher, »Ethikschule«, (s.o.), S. 507.

46 Fischer, Templin, *Chronik der Freimaurerei,* S. 61 f., 244; Eugen Lennhoff, Oskar Posner, *Internationales Freimaurer-Lexikon,* Wien 1932, unveränderter Nachdruck Wien, München 1992, Sp. 1520–1524.

47 Fischer, Templin, *Chronik der Freimaurerei,* S. 62; Dank dieser Ordensaufnahme entstand 1774 in Neubrandenburg die Freimaurerloge *Zum gekrönten goldenen Ringe,* mitunter auch *Zum gekrönten goldenen Greif* genannt; Hofmann, *Mecklenburg-Strelitz,* S. 93.

48 Fischer, Templin, *Chronik der Freimaurerei,* S. 63, 278, Anm. 4a mit Literatur.

49 Hofmann, *Mecklenburg-Strelitz,* S. 93 f.

50 Ruge, *Von der Finsternis zum Licht,* S. 27 f., mit Anm. 200; zu den Rosenkreuzern dort S. 28–35.

51 Bastian Salier, *Freimaurer in Hildburghausen. Die Geschichte der Loge Karl zum Rautenkranz,* Hildburghausen 2005.

52 Fischer, Templin, *Chronik der Freimaurerei,* S. 67–75.

53 Fried, *Geprägte Macht,* S. 74.

54 Fried, *Geprägte Macht,* S. 322–327; Gustav Adolph Ackermann, *Ordensbuch sämmtlicher in Europa blühender und erloschener Orden und Ehrenzeichen,* Annaberg 1855.

55 Fried, *Geprägte Macht,* S. 307–327; Michael Kunzel, *Das Münzwesen Mecklenburgs von 1492–1872. Münzgeschichte und Prägekatalog,* Berlin 1994; Michael Kunzel, *Die Gnadenpfennige und Ereignismedaillen der regierenden Herzöge und Großherzöge von Mecklenburg 1537–1918,* Rostock 1995; Carl Friedrich Evers, *Mecklenburgische Münz-Verfassung, besonders die Geschichte derselben,* 2 Teile, Schwerin 1798/99, Nachdruck Köln 1983.

56 Georg Christian Friedrich Lisch (Hg.), *Jahrbücher des Vereins für Mecklenburgische Geschichte und Alterthumskunde, aus den Arbeiten des Vereins* 10, Schwerin 1845, S. 333 f.; Fried, *Geprägte Macht,* S. 322–327.

57 Zu Ianus: Benjamin Hederich, *Gründliches mythologisches Lexikon, worinnen so wohl die fabelhafte, als wahrscheinliche und eigentliche Geschichte der alten römischen, griechischen und ägyptischen Götter und Göttinnen [...] zusammen getragen [...],* Leipzig 1724, bearb. von Johann Joachim Schwabe, Neusatz und Faksimile Leipzig 1770, Sp. 1317–1324.

58 Abb. 11, 12: Fotos FW 2017, Abb. 13: © LAKD M-V LHAS 12.12-1, Karten von ländlichen Gemarkungen, Sign. 2293; Taf. XII: © SSGK M-V, Zeichnung Jürgen Willbarth 2006.

59 Heiko Laß, »Die Gärten in Braunschweig-Richmond und Hohenzieritz«, in: *Im Reich der Göttin der Freiheit. Gothas fürstliche Gärten in fünf Jahrhunderten,* Weimar 2007, S. 119–126.

60 Zum Park und den Bauten: Pawlak, »Schlosspark Hohenzieritz«; Drinkuth, *Schlosspark Hohenzieritz;* Ruge, *Hohenzieritz,* S. 12–18.

61 Bock, *Herrschaftliche Wohnhäuser* 2, S. 720–729.

62 Hartmut Boek, *Wo lag Rethra? Forscher mit und ohne Spaten auf der Suche nach einer versunkenen Stadt,* Schriftenreihe des Karbe-Wagner-Archivs, Historisches Bezirksmuseum Neubrandenburg (Hg.), Neubrandenburg 1982; Rethra wird mit den Wenden in Zusammenhang gebracht, die im 11. Jh. vom Herzogshaus der Obodriten besiegt wurden. Da Carl II. der Familie der Obodriten entstammte, besaß er das eigentliche mecklenburgische Stammland. Die Legitimation und seine historische Überlegenheit gegenüber den älteren Vettern in Schwerin galt damit als gesichert; Marcus Köhler, »Park, Hohenzieritz«, in: *Weißbuch der historischen Gärten und Parks in den neuen Bundesländern,* Bonn 2005, S. 82–84; Marcus Köhler, »The German Legacy«, *Garden History: Lancelot Brown (1716–83) and the Landscape Park* 29, 2001, S. 29–35.

63 Abb. 14: © SSGK M-V, Staatliches Museum Schwerin, Inv. Nr. 2629, Öl/Lwd., 56 × 73 cm, Foto: Gabriele Bröcker; Rainer Szczesiak, *Die »Prillwitzer Idole«. Auf der Suche nach Rethra,* mit einem Reisebericht von Daniel Spoerri, Schriftenreihe des Regionalmuseums Neubrandenburg 39, Neubrandenburg 2005; Franz Boll, »Kritische Geschichte der sogenannten Prillwitzer Idole«, *Jahrbücher des Vereins für Mecklenburgische Geschichte und Altertumskunde* 19, 1854, S. 168–286; Jean Potocki, *Voyage dans quelques Parties de la Basse-Saxe pour la recherche des antiquités slaves ou vendes. Fait en 1794,* Hamburg 1795, S. 4–6; Stephanie-Gerrit Bruer, »Jan Potocki auf Grand Tour zum slawischen Pantheon. Eine Suche nach den Ursprüngen der Slawen«, in: *Johann Joachim Winckelmann und Stanislaw Kostka Potocki – Meister und Schüler,* Ruhpolding, Mainz 2016, S. 267–278; Stephanie-Gerrit Bruer, »Erfundene Götzen, gefälschte Idole, Funde. Die Anfänge der Archäologie in Mittel- und Nordeuropa im 18. Jahrhundert«, in: *Götzen, Götter und Idole. Frühe Menschenbilder aus 10 Jahrtausenden,* Kat. Ausst. Stendal, Ruhpolding, Mainz 2010, S. 43–75; Michael Niedermeier, »›So vermählte sich die germanische und slawische Welt‹. Archäologie, Genealogie und Landschaftsgestaltung in Brandenburg und Mecklenburg«, in: Michael Niedermeier, *Angestammte Landschaften, mystische Einweihungsräume und arkadische Liebesgärten. Gartenkunst der Goethezeit,* Mitteilungen der Pückler-Gesellschaft e. V. 31, NF, Weimar 2017, S. 269–287, bes. S. 281–285; Michael Niedermeier, »Archäologie, Genealogie und Politik in der europäischen Gartenkunst des 18. Jahrhunderts«, in: Niedermeier, *Angestammte Landschaften,* S. 289–308, bes. S. 297 f.

64 Jan Assmann, *Das kulturelle Gedächtnis. Schrift und Erinnerung und politische Identität in frühen Hochkulturen,* München 2007, S. 71; Hans Henrich Klüvers,

Beschreibung des Herzogthums Mecklenburg [...] Die Vorfahren der Durchlauchtigsten Herrn Herzöge, als Könige der Obotriten und Wenden [...], Hamburg 1729.

65 Andreas Gottlieb Masch, Daniel Woge, *Die gottesdienstlichen Alterthümer der Obotriten, aus dem Tempel zu Rethra am Tollenzer-See. Nach den Originalen auf das genaueste gemahlet, und in Kupferstichen, nebst Hrn. Andreas Gottlieb Maschens, Herzogl. Mecklenb. Strelitzischen Hofpredigers, Consistorial-Raths und Superintendentens Erläuterung derselben herausgegeben von Daniel Wogen, herzogl. Mecklenb. Strel. Hofmahler,* Berlin 1771; Grete Grewolls, *Wer war wer in Mecklenburg-Vorpommern? Ein Personenlexikon,* Bremen 1995.

66 Asmus Wilhelm von Bredow verkaufte sein Gut Prillwitz mit der Meierei Ehrenhof an Herzog Carl II.: LAKD M-V LHAS, 4.11-4, Mag. VI, B 332-3; Bock, *Herrschaftliche Wohnhäuser* 3, S. 1064, Anm. 31; Ruge, *Hohenzieritz,* S. 15.

67 Herzog Carl II. erwarb die Stücke aus der Sammlung von Gideon Sponholz in Ratzeburg. Erst 1803 verkaufte Sponholz seine Kollektion mit allerlei aus Stein und Metall gefertigten Altertümern an Herzog Carl II. Darunter sollen sich auch die Kleinbronzen einer Isis Fortuna und einer Isis mit Horusknaben befunden haben: Szczesiak, *Prillwitzer Idole,* S. 95–97; Rühs, »Ueber Mecklenburg Strelitz«, Kap. 6, S. 146–155.

68 Michael Niedermeier, »Anthyrius–Odin–Radegast. Die gefälschten mecklenburgischen Bodendenkmäler und inszenierte Herrscherabstammungen im ›englischen‹ Garten«, in: Dietrich Hakelberg, Ingo Wiwjorra (Hgg.), *Vorwelten und Vorzeiten. Archäologie als Spiegel historischen Bewußtseins in der Frühen Neuzeit,* Wolfenbütteler Forschungen 124, Wiesbaden 2010, S. 173–207.

69 Konrad Hustaedt, »Prillwitzer Festtage in alter Zeit«, *Mecklenburg Strelitzer Heimatblätter,* 6. Jg., 2, Juni 1930, S. 41–43, zitiert nach Bock, *Herrschaftliche Wohnhäuser* 2, S. 726.

70 Abb. 15: Foto FW 2017; Hinz, *Parklandschaft Hohenzieritz,* S. 18.

71 Gustav Hempel, *Geographisch-statistisch-historisches Handbuch des Meklenburger Landes,* Erster Theil, Parchim und Ludwigslust 1842, S. 496; Bock, *Herrschaftliche Wohnhäuser* 2, S. 723; zum Typus des Schneckenberges bei Christian Cay Lorenz Hirschfeld, *Theorie der Gartenkunst* 3, Leipzig 1780, S. 184 f.: »[...] einen anmuthigen schlängelnden Pfad [...]. Immer sich windend [...] führt er durch die reizende Wildniß von allerley Bäumen. Er bringt auf den sogenannten Schneckenberg. Dieß ist ein schöner runder Berg, mit sanften Anhängen umgeben, und mit einigen sehr hohen Buchen bekrönt [...]. | Alles ist dicht und verschlossen, und doch dabey frey und anmuthig. [...] die feyerliche Einsamkeit die hier herrscht, vereinigen sich, einen Sitz der ernsten Betrachtung zu bilden.« Der Schneckenberg auf Taf. III aus Hirschfeld, op. cit.

72 Ruge, *Von der Finsternis zum Licht,* S. 65; Hinz, *Parklandschaft Hohenzieritz,* S. 8.

73 Drinkuth, *Schlosspark Hohenzieritz,* S. 24 f.

74 Niedermeier, »›So vermählte sich die germanische und slawische Welt‹«, S. 283, Abb. 16; Hinz, *Parklandschaft Hohenzieritz,* S. 28, mit Abb.

75 Laut Achim von Arnim, bei: Niedermeier, »›So vermählte sich die germanische und slawische Welt‹«, S. 283.

76 Michael Niedermeier, »Altertümer und Artefakte. Vor- und frühgeschichtliche Archäologie und patriotische Baukunst«, in: Annette Dorgerloh, Michael Niedermeier, Horst Bredekamp (Hgg.), *Klassizismus – Gotik. Karl Friedrich Schinkel und die patriotische Baukunst,* München 2007, S. 17–42, hier S. 27–35.

77 Sarah Scott, *The History of Mecklenburgh from the first settlement of the Vandals in that country, to the present time; Including a Period of about Three Thousand Years,* London 1762.

78 Thomas Nugent, *The History of Vandalia. Containing the Ancient and Present State of the Country of Mecklenburg; Its Revolution under The Vandals, and the Saxons; with the Succession and Memorable Actions of its Souvereigns,* 1, London 1766.

79 Masch, Woge, *Die gottesdienstlichen Altertümer,* S. 95 ff., 161, 170, Abb. 15; die Göttin Venus galt als Stammmutter der Trojaner wie der Germanen (Freia). Siwa/Sieba als vandalisch-wendische Venus war somit auch als Stammmutter der Mecklenburger Herzöge angesehen.

80 Winckelmann sammelte solche Versteinerungen für Genzmer in den Albaner Bergen; Martin Disselkamp, Fausto Testa (Hgg.), *Winckelmann Handbuch. Leben, Werk, Wirkung,* Stuttgart 2017, S. 9 f.; zum Kontakt der Gelehrten: Niedermeier, »Altertümer und Artefakte«, S. 32; Boll, »Kritische Geschichte der Prillwitzer Idole«, S. 168–286.

81 Dietrich Hakelberg, Ingo Wiwjorra, »Vorwelten, Vorzeiten und die ›Archäologie‹ der Frühen Neuzeit«, in: Hakelberg, Wiwjorra, *Vorwelten und Vorzeiten,* S. 15–40; Michael Niedermeier, »Helden, Hirten und gefälschte Götter – Anciennitätskonzepte in herrschaftlichen Gärten des 18. und frühen 19. Jahrhunderts«, in: Michael Rode, SPSG (Hgg.), *Preußische Gärten in Europa. 300 Jahre Gartengeschichte,* Leipzig 2007, S. 162–165.

82 Ios. Fiorelli, *Pompejanum Antiquitatum Historia* 1, Grabungsjahre 1748–1840, Neapel 1840; Herkulaneum wurde 1709 entdeckt und seit 1738 ausgegraben, 1748 begannen die Arbeiten in Pompeji; Roger Diederen, Harald Meller, Jens-Arne Dickmann (Hgg.), *Pompeji. Leben auf dem Vulkan,* München 2013; Agnes Allroggen Bedel, »Archäologie und Politik. Herculaneum und Pompeji im 18. Jahrhundert«, *Hephaistos* 14, 1996, S. 217–252.

83 Alfred Grimm, Sylvia Schoske (Hgg.), *Winckelmann und Ägypten. Die Wiederentdeckung der ägyptischen Kunst im 18. Jahrhundert,* München 2005; Rosaria Ciardiello, »Winckelmann und die Rezeption der herkulanischen und pompejanischen Entdeckungen in der europäischen Kunst«, in: Max Kunze, Jorge Maier Allende (Hgg.), *Das Vermächtnis von Johann Joachim Winckelmann in Spanien,* Cyriacus. Studien zur Rezeption der Antike 4, Antiquaria Hispanica 26, Akten des Kongresses Madrid 20.–21. Oktober 2011, Mainz 2014, S. 71–88.

84 Joachim Friedrich Quack, »Heiligtümer ägyptischer Gottheiten und ihre Ausstattung in Italien«, in: Herbert Beck, Peter Cornelis Bol, Maraike Bückling (Hgg.), *Ägypten Griechenland Rom. Abwehr und Berührung,* Tübingen, Berlin 2005, S. 398–404; Peter Hoffmann, *Der Isis-Tempel in Pompeji,* Charybdis 7, Münster 1993.

85 Masch, Woge, *Die gottesdienstlichen Alterthümer,* Kap. Vorläufige Abhandlung, § 2, S. 1 f.

86 Samuel B. Buchholtz, *Versuch in der Geschichte des Herzogtums Meklenburg,* mit einer Vorrede von Angelius Johann Daniel Aepinus, Rostock 1753, S. 85.

87 David Frank (Präpositus zu Sternberg), *Alt- und Neues Mecklenburg, darinn die Geschichte, Gottes-Dienste, Gesetze und Verfassung der Wariner, Winuler, Wenden, und Sachsen, auch dieses Landes Fürsten, Bischöfe, Adel, Städte, Klöster, Gelehrte, Müntzen und Alterthümer, aus glaubwürdigen Geschichtsschreibern, Archivischen Urkunden und vielen Diplomaten in Chronologischer Ordnung beschrieben worden,* mit einer Vorrede von D. Siegm. Jacob Baumgarten, Güstrow, Leipzig 1753, I, Kap. 13, S. 72; das Interesse an der Verbindung ägyptischer und slawischer Altertümer blieb weiterhin und auch andernorts aktuell: Friedrich August Wagner, *Aegypten in Deutschland oder die germanisch-slavischen wo nicht rein germanischen Alterthümer an der schwarzen Elster,* mit 6 Steintafeln und einer Charte, Leipzig 1833.

88 Abb. 16: aus Hofmann, *Mecklenburg-Strelitz,* S. 10–12, mit Abb., Wappenbild im Karbe-Wagner-Archiv Neustrelitz.

89 Werner, *Ägyptomanie in Preußen.*

90 Oberst v. Bonin (Verse und Anordnung), »I. Fest-Spiel zur Siebzehnten Geburtsfeier des Erbprinzen George Friedrich Carl Joseph zu Mecklenburg-Strelitz. In Hohen-

Zieritz. Am 12ten August 1795«, in: o. A., *Strelitzer Fest-Spiele*, o. J., S. 6–14; dieses Buch enthält Feiern für die Mitglieder des Hofes von 1795 bis 1820 in Hohenzieritz und Neustrelitz; Karbe-Wagner Bibliothek, Kulturquartier Neustrelitz.

91 Abb. 17: Foto FW 2017.

92 Ruscheweyh, *Erinnerungen,* S. 31; genaues zu dieser Quelle im Kapitel Die malerische Ausgestaltung.

93 Rede und Aufforderung gesprochen von August Christian Friedrich Graf von der Schulenburg, *Strelitzer Fest-Spiele,* S. 8f.

94 *Strelitzer Fest-Spiele,* S. 11.

95 *Strelitzer Fest-Spiele,* S. 14.

96 Im 1795 errichteten Borkenhaus befand sich der Raum für das Billardspiel; Ruge, *Hohenzieritz,* S. 16.

97 Abb. 18: © LAKD M-V LHAS, 13.1.-1, Bildersammlung Orte Mecklenburg, Hohenzieritz Nr. 4/23; Drinkuth, *Schlosspark Hohenzieritz,* S. 25; Ruge, *Hohenzieritz,* S. 16; Hinz, *Parklandschaft Hohenzieritz,* S. 13, 18; Hustaedt, *Hohenzieritz,* S. 45; Joachim Bennöhr, Michael Bunners, »Ein Altar für die Geschichte Mecklenburgs und seiner Dynastie. Das vierte Gebot«, *Mecklenburgia sacra, Jahrbuch für Mecklenburgische Kirchengeschichte* 13, Wismar 2010, S. 204f.; mitunter heißt es, Herzog Carl II. habe die Feiern am Waldaltar in Erinnerung an Jean-Jacques Rousseau gestiftet: David Watkin, »The Influence of English Royal Gardens on the Continent in the 18th Century«, in: Franz Bosbach, Gert Gröning (Hgg.), *Landschaftsgärten des 18. und 19. Jahrhunderts. Beispiele deutsch-britischen Kulturtransfers,* Prinz-Albert-Studien 26, München 2008, S. 33–48, hier S. 35 mit Anm. 10.

98 Fasces: Rutenbündel, im antiken Rom ein mit Lederriemen umschnürtes Bündel von Ruten oder Stäben, symbolische Zeichen der höchsten Gewalt über Leib und Leben. Sie wurden von Liktoren (Amtsdienern) den Königen, in der Zeit der Republik den Konsuln und Prätoren und später den Kaisern vorangetragen.

99 Heinrich Wilhelm Stoll, Adolf Furtwängler, »Ares«, in: Wilhelm Heinrich Roscher (Hg.), *Ausführliches Lexikon der griechischen und römischen Mythologie* 1, 1, Leipzig 1886, Sp. 447–493.

100 Dieses Areal soll ehemals ein Galgenberg gewesen sein, was bei genauerer Betrachtung gewiss weiteren Aufschluss geben wird.

101 Ruge, *Von der Finsternis zum Licht,* S. 60.

102 Ebeling, Loeben, *O Isis und Osiris,* S. 51, 209.

103 Rod Barnett, »Sacred Groves: Sacrifice and the Order of Nature in Ancient Greek Landscapes«, *Landscape Journal* 26, 2007, S. 252–269.

104 Abb. 19: © LAKD M-V LD, ohne Inv.-Nr.

105 P. Martell, »Zur Stammesgeschichte des Hundes«, *Schweizer Archiv für Tierheilkunde SAT: Fachzeitschrift für Tierärzte* 58, Heft 11, 1916, S. 555f.; dort heißt es, der ägyptische Schakal soll sogar der Stammvater des Torfhundes sein, was nur die damalige Auffassung wiedergibt; zum Spitz oder Pommer (Canis familiaris domesticus pomeranus): *Brehms Tierleben,* Säugetiere, 2, Leipzig, Wien 1890, S. 165–167.

106 Im Teehaus Friedrichs des Großen im Park Sanssouci in Potsdam (1754–1764) sind Konfuzius und Hermes Trismegistos symbolisch verbunden: Adrian von Buttlar, »›Legt Ihr's nicht aus, so legt was unter‹ (Goethe) – Über die Notwendigkeit und Aporie der ikonologischen Gartenforschung«, in: *Preußische Gärten in Europa. 300 Jahre Gartengeschichte,* SPSG (Hg.), Leipzig 2007, S. 138–141, hier S. 140f.

107 Abb. 20: Foto Dr. Susanne Bocher 2020, Abb. 21: Foto Christine Henning 2020; jeweils © SSGK M-V.

108 Ruscheweyh, *Erinnerungen,* S. 32; genaues zu dieser Quelle im Kapitel Die malerische Ausgestaltung.

109 Abb. 22: © LAKD M-V LHAS, 13.1.-1, Bildersammlung Orte Mecklenburg, Hohenzieritz Nr. 4/30; Pawlak, »Schlosspark Hohenzieritz«, S. 34, Abb. 10, S. 35f.

110 Ruge, *Hohenzieritz,* S. 15 mit Anm. 46: 1816 waren die Moschee und das Monument zur Erinnerung an die beiden Gemahlinnen und die fünf verstorbenen Kinder Herzog Carls instandgesetzt, LAKD M-V LHAS, 4.11–6, Mecklenburg-Strelitzer Kammer- und Forstkollegium, Nr. 6697; Drinkuth, *Schlosspark Hohenzieritz,* S. 26; Hinz, *Parklandschaft Hohenzieritz,* S. 14, jeweils ohne Quelle und ohne Abb.; Hustaedt, *Hohenzieritz,* S. 43, zur Moschee: »Zentralanlage mit Kuppel von octogonaler Grundrißform mit zwei wiederum octogonalen [...] Nebenräumen. Rundbogige Fenster. Kuppel bemalt, wie überhaupt der Innenraum reichere Polychromie zeigte, die sich dem exotischen Charakter entsprechend auch im Äußeren fortsetzte (Ruschewey). Bedachungsmaterial Kupfer und Weißblech (bemalt). Erbaut 1795 durch den Baukondukteur Ebel«; die Beschreibungen der Moschee in der Literatur sind unklar und ohne Quelle. Anstelle einer Moschee soll ehemals eine Waldkapelle mit Kirchen- und Logenraum gedacht gewesen sein: z. B. Hinz, *Parklandschaft Hohenzieritz,* S. 12, 14; oder es heißt, man habe Logenraum und Eremitenkapelle ineinander gebaut, wobei der Logenraum im Grundriss Dreieck, Quadrat, Kreis und Winkelmaß abbildete: Adrian von Buttlar, »Das Grab im Garten. Zur naturreligiösen Deutung eines arkadischen Gartenmotivs«, in: Heinke Wunderlich (Hg.), *›Landschaft‹ und Landschaften im achtzehnten Jahrhundert,* Beiträge zur Geschichte der Literatur und Kunst des 18. Jahrhunderts 13, Heidelberg 1995, S. 79–119, hier S. 101.

111 Damit sind die Gegenstände aus dem Besitz der Schwiegermutter Carls II., Landgräfin Louise Marie Albertine von Hessen-Darmstadt (1729–1818), gemeint, die 1794 an den Hof nach Mecklenburg-Strelitz übersiedelte; Hustaedt, *Hohenzieritz,* S. 43, ohne Angabe der Quelle.

112 Hinz, *Parklandschaft Hohenzieritz,* S. 12.

113 Susan Richter, »Die Schwetzinger Moschee – ein Tempel der Weltweisheit?«, *Archiv für Kulturgeschichte* 90, Heft 1, Wien, Köln, Weimar 2008, S. 109–128.

114 Claus Priesner, *Geschichte der Alchemie,* München 2011; Hornung, *Das esoterische Ägypten,* S. 40–48; Ursula Weisser (Aut.), Albert Dietrich, Otto Spies (Hgg.), *Das »Buch über die Geheimnisse der Schöpfung« von Pseudo-Appolonios von Tyana,* Ars Medica, Abteilung Arabische Medizin 2, Berlin 1980, bes. S. 44–46; Julius Ruska, *Tabula Smaragdina. Ein Beitrag zur Geschichte der hermetischen Literatur,* Heidelberger Akten der von-Portheim-Stiftung 16, Arbeiten aus dem Institut für Geschichte der Naturwissenschaft IV, Heidelberg 1926.

115 Friedrich Schiller, »Vom Erhabenen«, in: Friedrich Schiller (Hg.), *Neue Thalia* 1, Leipzig 1793; Jan Assmann, *Das verschleierte Bild zu Sais. Schillers Ballade und ihre griechischen und ägyptischen Hintergründe,* Stuttgart 1999.

116 Friedrich Schiller, »Das verschleierte Bild zu Sais«, in: *Die Horen,* 9. Stück, 1795, S. 94–98, folgend zitiert nach dem Original, Quelle: Digitale Sammlungen der Universität Bielefeld.

117 Jan Assmann, *Moses der Ägypter. Entzifferung einer Gedächtnisspur,* Frankfurt am Main 2011, hier S. 40 f., 209 f.; Jan Assmann, »Die ›Mosaische Unterscheidung‹ und die Frage der Intoleranz. Eine Klarstellung«, in: Rolf Kloepfer, Burckhard Dücker (Hgg.), *Kritik und Geschichte der Intoleranz,* Heidelberg 2000, S. 185–195; Jan Assmann, *Die Mosaische Unterscheidung oder der Preis des Monotheismus,* München 2003.

118 Nach Jan Assmann, *Religio duplex. Ägyptische Mysterien und europäische Aufklärung,* Berlin 2017.

119 Jeffrey Spier, Timothy Potts, Sarah E. Cole (Hgg.), *Beyond the Nile. Egypt and the Classical World,* Los Angeles 2018; Walter Burkert, »Mysterien der Ägypter in griechischer Sicht. Projektionen im Kulturkontakt«, in: Jan Assmann, Martin Bommas (Hgg.), Ägyptische Mysterien?, München 2002, S. 9–26; Jan Assmann, *Weisheit und Mysterium. Das Bild der Griechen von Ägypten,* München 2000; Beck et al., *Ägypten Griechenland Rom.*

120 Kai Brodersen (Übers./Hg.), *Herodot. Historien,* Zweites Buch, Stuttgart 2005, Kap. 2, 42, 50, 59, 144; Stefan Pfeiffer, »Die Entsprechung ägyptischer Götter im griechischen Pantheon«, in: Beck et al., *Ägypten Griechenland Rom,* S. 285–290.

121 Ebeling, »Ägyptische Freimaurerei«; Christian E. Loeben, »Welten voller Symbole: Altes Ägypten und Freimaurerei«, in: Ebeling, Loeben, *O Isis und Osiris,* S. 193–229; Christian E. Loeben, »Ägypten-Bilder für die Freimaurer: Die Tafeln in Pluche, Histoire du Ciel«, in: Ebeling, Loeben, *O Isis und Osiris,* S. 125–132; Assmann, *Religio duplex,* S. 122–350; Jan Assmann, »Das alte Ägypten und die Illuminaten«, in: Jost Hermand, Sabine Mödersheim (Hg.), *Deutsche Geheimgesellschaften. Von der frühen Neuzeit bis zur Gegenwart,* Köln 2013, S. 59–79; Assmann, Ebeling, *Ägyptische Mysterien;* Florian Ebeling, »›Ägyptische Freimaurerei‹ in der zweiten Hälfte des 18. Jahrhunderts«, *Zeitschrift für Internationale Freimaurer-Forschung* 22, 2009, S. 9–28; Dirk von Petersdorff, *Mysterienrede. Zum Selbstverständnis romantischer Intellektueller,* Studien zur deutschen Literatur 139, Tübingen 1996.

122 Die Interpretation von Gärten des 18. Jahrhunderts als Initiationswege sowie als Freimaurergärten ist viel diskutiert: Ruge, *Von der Finsternis zum Licht*; Michael Niedermeier, »Freimaurer und Geheimbünde in den frühen Landschaftsgärten der Aufklärung«, in: Richard Faber und Christine Holste (Hgg.), *Arkadische Kulturlandschaft und Gartenkunst. Eine Tour d'Horizon,* Würzburg 2010, S. 139–165, bes. S. 152–165; von Buttlar, »›Legt Ihr's nicht aus, so legt was unter‹«; Jan A. M. Snoek, Monika Scholl, Andréa A. Kroon (Hgg.), *Symbolism in 18th Century Gardens: The Influence of Intellectual and Esoteric Currents, such as Freemasonry,* Konferenz Schloss Schwetzingen, Den Haag 2006; Berit Ruge, »Der Landschaftsgarten Machern: Spiegel freimaurerischer Gesinnung versus mystische Initiationsreise im Geiste des Ordens der Gold- und Rosenkreuzer«, *Quatuor Coronati* 40, 2003, S. 121–154; Jan Assmann, »Hieroglyphische Gärten. Ägypten in der romantischen Gartenkunst«, in: Günter Oesterle (Hg.), *Erinnern und Vergessen in der europäischen Romantik,* Stiftung für Romantikforschung 20, Würzburg 2001, S. 25–50.

123 Die Gärten von Hohenzieritz, Gotha und Braunschweig sind sich zeitlich und gestalterisch nahe; Pawlak, »Schlosspark Hohenzieritz«, S. 29; Michael Niedermeier, »Der Herzogliche Englische Garten in Gotha und das Geheimbundwesen«, in: Helmut Reinalter (Hg.), *Freimaurerische Kunst – Kunst der Freimaurerei,* Innsbruck 2005, S. 127–151; Ruge, *Von der Finsternis zum Licht.*

124 Friedrich Andreas Stroth (Übers.), *Diodors von Sicilien Bibliothek der Geschichte* 1, Frankfurt am Main 1782, 1. Buch, Kap. 96, S. 189f., Kap. 98, S. 195; Anne Burton, *Diodorus Siculus, Book I, A Commentary,* Études préliminaires aux religions orientales dans l'empire romain (EPRO) 29, Leiden 1972.

125 Herwig Görgemanns, »Plutarchs Isis-Buch«, in: Michael Erler, Martin Andreas Stadler (Hgg.), *Platonismus und spätägyptische Religion. Plutarch und die Ägyptenrezeption in der römischen Kaiserzeit,* Beiträge zur Altertumskunde 364, Berlin 2017, S. 7–20.

126 Johann Friedrich Salomon Kaltwasser (Übers.), »Ueber Isis und Osiris«, in: *Plutarchs moralische Abhandlungen* 3, Frankfurt am Main 1786, S. 374–482, hier S. 384f.; zu Amun siehe außerdem in den Kapiteln Das Deckenbild sowie Und Horus?

127 Lucius Apuleius, *Der goldene Esel,* übers. von August von Rode, Dessau 1783, Neuausgabe Wiesbaden 2009, 11. Buch, S. 236f.; Assmann, Ebeling, *Ägyptische Mysterien,* S. 29–47; Svenja Nagel, *Isis im Römischen Reich,* Philippika – Altertumswissenschaftliche Abhandlungen 109, Wiesbaden 2019.

128 Apuleius, *Der goldene Esel,* S. 247–254.

129 Ignaz von Born, »Ueber die Mysterien der Aegyptier«, *Journal für Freimaurer* 1, 1784, S. 15–132; Assmann, *Religio duplex,* S. 249–265.

130 Abb. 23, 24: aus Krüger, *Kunst- und Geschichtsdenkmäler des Freistaates Mecklenburg-Strelitz* I,1, S. 105f.

131 Prync-Pommerencke, »Zur Sanierung des Schlosses Hohenzieritz«, S. 49, Abb. 3; immerhin war die Eiche von Dodona in dem nach Delphi bedeutendsten Orakelheiligtum dem Zeus und der Gaia heilig. Inwieweit das Eichenholz der Kapitelle auf die antike und/oder nordische Mythologie anspielt, kann man ohne Quellen nicht sagen.

132 Abb. 25, 26: Fotos FW 2017; Abb. 27: privat.

133 Ruge, *Hohenzieritz,* S. 4, Anm 7: Demnach könnte Carl II. eine farbige Gestaltung womöglich sogar abgelehnt haben; ob das helle Blau auf der Darstellung von 1842/45 (Abb. 27) der Fassung von 1795 entspricht, ist derzeit nicht ermittelbar.

134 Peter Ohm-Hieronymussen (Bearb.: Jean Bellmann), *Die Mecklenburg-Strelitzer Orden und Ehrenzeichen,* Kopenhagen 2000, S. 10–12.

135 Abb. 28: © SPSG, GK II (1) ohne Nr., Foto: Daniel Lindner; das erhöhte Erdgeschoss ist als 1. Etage bezeichnet; Bock, *Herrschaftliche Wohnhäuser* 1, S. 395 und Ruge, *Hohenzieritz,* S. 4: 1802 ersetzte man die noch vom ersten Bau stammende zweiläufige Treppe der Hofseite durch die breite einläufige Sandsteintreppe. Außerdem wurde die zweiläufige Treppe an der Gartenseite errichtet. Das Material stammt aus Neustrelitz durch den Abbruch eines Bogenganges und der Freitreppen im Schlossgarten.

136 Abb. 29 a: © LAKD M-V LD, ohne Inv. Nr.; Abb. 29 b: © Fritz-Reuter-Literaturmuseum Stavenhagen, Inv. Nr. V 2764 Z, 21,5 × 29,5 cm, Farbdruck 1966 erworben, Verbleib des Original-Pastells unbekannt.

137 Ruge, *Hohenzieritz,* S. 8; über die genaue Funktion einiger Schlossräume besteht bis heute Klärungsbedarf; eine historische Fotografie zeigt den Sekretär der Königin Luise: Brandenburgisches Landesamt für Denkmalpflege und Archäologisches Landesmuseum, Inv. Nr. 81 i 24/ D 3457.11.

138 Abb. 30: Foto FW 2017.

139 Abb. 31: © Karl Eschenburg; Foto rücks. bez.: Archivbild Karl Eschenburg, Foto Eschenburg, Warnemünde, Reg. Nr. II/15/65; Karl Eschenburg war 1935 nach Hohenzieritz gereist; diesen Abzug sandte mir 2019 Hans Joachim Engel, Berlin; er erhielt ihn von Familie Eschenburg als Geschenk; o. A., »Historische Aufnahmen von Karl Eschenburg (1900–1947)«, *Mecklenburgia sacra, Jahrbuch für Mecklenburgische Kirchengeschichte* 13, Wismar 2010, S. 209–218; demnach sollen sich die Fotos im Archiv der Universität Rostock befinden, was aber laut dortiger Auskunft vom 14.2.2019 nicht bestätigt wurde; das Motiv war beim Verlag von C. Warncke, Hohenzieritz, als Ansichtskarte gedruckt worden; Abb. 32: aus Brandt, *Alt-Mecklenburgische Schlösser,* S. 159.

140 Abb. 33: © SPSG, GK II (1) ohne Nr., Foto: Daniel Lindner; die Nischen in beiden Wänden waren schon 1790 von Dräsecke geplant worden, jedoch noch ohne Öfen, Sockel und Säulen.

141 Abb. 34: © Dr. Peter-Michael Bauers, Potsdam; abgedruckt mit freundlicher Genehmigung des Palais-Eigners Prof. Dr. Axel Fischer, Potsdam.

142 Zum Palais Ritz-Lichtenau und zur Linie Hohenzieritz–Preußen: Alfred P. Hagemann, *Wilhelmine von Lichtenau (1753–1820). Von der Mätresse zur Mäzenin,* Studien zur Kunst 9, Köln 2007, S. 218–239; bereits unter der Herrschaft Herzog Adolph Friedrichs IV. waren Potsdamer Künstler für das Haus Mecklenburg-Strelitz z.B. in Mirow tätig wie etwa Johann Melchior Kambly und Peter Schwitzer: Hofmann, *Mecklenburg-Strelitz,* S. 78; allgemein: Hermann Schmitz, *Berliner Baumeister vom Ausgang des achtzehnten Jahrhunderts,* Berlin 1925, S. 184f.; Burkhardt Göres, Christoph Martin Vogtherr, Susanne Evers (Hgg.), *Friedrich Wilhelm II. und die Künste. Preußens Weg zum Klassizismus,* Berlin 1997.

143 Syndram, *Ägypten-Faszinationen*; Bénédicte Savoy, Dietrich Wildung, »Neue Impulse aus Berlin? Ägyptische Museen in Europa vor und nach der Eröffnung des Neuen Museums in Berlin«, in: Ellinoor Bergvelt, Debora J. Meijers, Lieske Tibbe, Elsa van Wezel (Hgg.), *Museale Spezialisierung und Nationalisierung ab 1830. Das*

Neue Museum in Berlin im internationalen Kontext, Berliner Schriftenreihe zur Museumsforschung 29, Berlin 2011, S. 51–68.

144 Harald Tausch, »*Die Architektur ist die Nachtseite der Kunst« – Erdichtete Architekturen und Gärten in der deutschsprachigen Literatur zwischen Frühaufklärung und Romantik,* Stiftung für Romantikforschung 34, Würzburg 2006.

145 Johann August Wagner (Übers., Erläut.), *Ammian Marcellin, aus dem Lateinischen übersetzt und mit erläuternden Anmerkungen begleitet von Johann August Wagner* 2, Frankfurt a. M. 1793, 22. Buch, Kap. 16, S. 149 f.

146 Reinhold Merkelbach, *Isis regina – Zeus Sarapis. Die griechisch-ägyptische Religion nach den Quellen dargestellt,* Stuttgart 1995, S. 148 f., § 272.

147 Beck et al., *Ägypten Griechenland Rom;* Anne Roullet, *The Egyptian and Egyptianizing Monuments of Imperial Rome,* Études préliminaires aux religions orientales dans l'empire romain (EPRO) 20, Leiden 1972.

148 Ausführlicher im Kapitel Ortsheiligtum; Quack, »Heiligtümer ägyptischer Gottheiten«; Hoffmann, *Isis-Tempel;* Katrin Kleibl, *Iseion. Raumgestaltung und Kultpraxis in den Heiligtümern gräco-ägyptischer Götter im Mittelmeerraum,* Worms 2009.

149 Benedetta Adembri, *Suggestioni Egizie a Villa Adriana,* Mailand 2006.

150 Syndram, *Ägypten-Faszinationen,* S. 146–148; Giovanni Gaetano Bottari, *Del Museo Capitolino* 3, Contenente Statue, Rom 1755; die Statuen befinden sich heute im Vatikan.

151 Syndram, *Ägypten-Faszinationen,* S. 148–152; Herbert Beck, Peter Cornelis Bol (Hgg.), *Forschungen zur Villa Albani. Antike Kunst und die Epoche der Aufklärung,* Frankfurter Forschungen zur Kunst 10, Berlin 1982; zur Galleria del Canopo: Peter Cornelis Bol, *Forschungen zur Villa Albani,* Katalog der antiken Bildwerke 4, Berlin 1994.

152 Zeichnung in Besançon, Bibliothèque Municipale, in: Beck, Bol, *Forschungen zur Villa Albani,* Tf. 98, Abb. 200.

153 Abb. 35: aus Jean-Marcel Humbert, *L'Égyptomanie dans l'art occidental,* Paris 1989, Abb. S. 103; Syndram, *Ägypten-Faszinationen,* S. 152–157; Steffi Roettgen, »Das Papyruskabinett von Mengs in der Bibliotheca Vaticana. Ein Beitrag zur Idee und Geschichte des Museo Pio-Clementino«, *Münchner Jahrbuch der bildenden Kunst* 31, 1980, S. 186–246.

154 Abb. 36: Ministero per i Beni e le Attivita Culturali, Rom, Foto: © Gabinetto Nazionale delle Stampe e dei Disegni, F.N. 71265 (Sc. 30), aus Carole Paul, *Making a prince's museum: drawings for the late-eighteenth-century redecoration of the Villa Borghese,* Los Angeles 2000, S. 139, Tf. 9.

155 Abb. 37: © BSB, Res/2 A. civ. 144; Kupferstich, 41 × 56 cm, aus Giovanni Battista Piranesi, *Diverse Maniere d'adornare i Cammini ed ogni altra Parte degli Edifizj [...],* Rom 1769, Tf. 45.

156 Abb. 38: © Klassik Stiftung Weimar, Herzogin Anna Amalia Bibliothek; außerdem: Johann Gottfried Grohmann, *Ideenmagazin für Liebhaber von Gärten, englischen Anlagen und für Besitzer von Landgütern,* Leipzig 1796, Heft 9, Nr. 1; Friedrich Meinert, *Die schöne Landbaukunst [...]* 1, Leipzig 1798, Abt. 2, S. 41, Tf. 13 f.; zu den Kulturjournalen: Klaus Jan Philipp, *Um 1800. Architekturtheorie und Architekturkritik in Deutschland zwischen 1790 und 1810,* Stuttgart 1997.

157 Alfred Grimm, Isabel Grimm-Stadelmann, *Theatrum Hieroglyphicum. Ägyptisierende Bildwerke im Geiste des Barock,* Ponte fra le Culture, Schriften des Knauf-Museums Iphofen, Dettelbach 2011.

158 Abb. 39: © UB HD, »Temple d'Isis à Pompeii tel qu'il devoit être en l'année 79 lorsqu'il a été détruit par l'éruption du Vesuve, et retabli d'après et suivant ce qui en existe encore aujourd'hui. Par Desprez Architecte Pensionnaire du Roi à l'Académie de France à Rome A.P.D.B. / Les figures gravées par [...] / Gravé au Lavis par Edouard et Louis Dagoty fils«, in: Jean-Claude Richard Abbé de Saint Non, *Voyage pitto-*

resque, ou déscription des royaumes de Naples et de Sicile 1, 2, Paris 1782, Kap. 10, S. 115–124, Abb. nach S. 118.

159 Sinngemäße Wiedergabe FW; Abbé de Saint Non, *Voyage pittoresque,* Kap. 10, S. 115, 118: »Le Culte d'*Isis* apporté d'Egypte, fut adopté chez les Romains [...]. On y reçevoit des Néophites, ou Initiés; & ces Cérémonies secrètes peuvent, à certains égards, se comparer à nos Ordres de Francs-Maçons. [...] Nous n'entreprendrons point d'expliquer à nos Lecteurs en quoi pouvoient consister des Mystères d'Isis. C'étoit le plus étendu, le plus Célèbre des Cultes Religieux de toute l'Antiquité, *le Culte par excellence*; mais tout ce que nous en savons, c'est [...] de ceux qui prétendoient à y être admis: c'est l'idée que nous en donne Plutarque, qui en a fait un Traité particulier intitulé, *De Iside & Osiride*, ainsi que plusieurs Auteurs anciens, & sur-tout Apulée qui nous raconte dans ses Métamorphoses qu'il y fut initié lui-même plusieurs fois. Ce qui peut résulter de plus certain des détails qu'il nous fait de ce Culte Egyptien, & de la vénération dans laquelle il étoit non-seulement en Egypte, mais à Rome & dans toute l'Italie, c'est que c'étoit la Divinité même, *l'Etre Suprême* auquel il étoit adressé; & que tous les noms d'*Isis*, d'*Osiris, Apis, Serapis*, &c., n'en étoient que des Symboles & des Emblêmes différens. Rien n'est fait sans doute pour en donner une idée plus grande, plus élevée, que la belle Inscription rapportée par Plutarchque & qui étoit sur le Temple de *Says* en Egypte.«

160 Ferdinand Ruscheweyh, *Erinnerungen aus meinem Leben,* Neustrelitz 1842, S. 30; Manuskript und Transkription SSGK M-V, Kupferstichkabinett, Inv.-Nr. 308 Hz B, Zg.-Nr. 2016-430; die Information über die Quelle und die Transkription stammen von Dr. Sebastian Prüfer, Berlin.

161 Carl Benjamin Ruscheweyh, »Theatralische Anmerkungen«, Staatsbibliothek Berlin, Handschriftenabteilung, o. Sign. Darin ein allgemeiner Hinweis auf Arbeiten in Hohenzieritz, Angaben über Einnahmen und von Ruscheweyh genutzte Werke zwecks autodidaktischer Weiterbildung als Künstler; Hinweise von Dr. Sebastian Prüfer, Berlin; zu Ruscheweyh: Ruge, *Hohenzieritz,* S. 7; Foelsch, *Residenzschloß Neustrelitz,* S. 179; Bock, *Herrschaftliche Wohnhäuser* 3, S. 1126; Hustaedt, *Hohenzieritz,* S. 18f.

162 Ruscheweyh, *Erinnerungen,* S. 31; Urlichs, »d'Alton, Eduard« in: *Allgemeine Deutsche Biographie* 1, 1875, S. 372f., [Online-Version]; URL: [https://www.deutsche-biographie.de/pnd119061341.html#adbcontent], 27.8.2020; die Mitwirkung d'Altons und seiner Malerkollegen in Hohenzieritz bleibt noch genauer zu prüfen.

163 Abb. 40: © LAKD M-V LHAS, 13.1.-1, Bildersammlung Orte Mecklenburg, Hohenzieritz Nr. 4/9; Ruge, *Hohenzieritz,* S. 16, 20; laut Hustaedt, *Hohenzieritz,* S. 43f. war der Billard-Saal »mit Baumrinde belegt« sowie mit Moos, »Tannen-Äpfeln« und Birkenborke, das rustikale Mobiliar bestand aus Ästen. 1803 verfiel das Häuschen; zur besonderen Bedeutung des otaheitischen Themas in Gärten und in der Freimaurerei: Michael Niedermeier, »Exotische Südseewelten und herrschaftlich-patriotische Vorzeit«, in: Niedermeier, *Angestammte Landschaften,* S. 155–180, hier S. 175; mit dem Borkenhäuschen bezog sich Herzog Carl II. wohl auf das Otaheitische Kabinett Friedrich Wilhelms II. auf der Pfaueninsel in Potsdam (1794).

164 Abb. 41: Ausschnitt aus der Hauptansicht, Taf. IV.

165 Werner, *Ägyptomanie in Preußen,* S. 95–101; Johann Heinrich Voß, *Über den Ursprung der Greife,* Jena 1804.

166 Herodot, *Historien,* Kap. 144.

167 H.-U. Cain, »Fünf Architekturreliefs mit gegenständigen Greifenpaaren«, in: Peter Cornelis Bol, *Forschungen zur Villa Albani,* Katalog der antiken Bildwerke 3, Bildwerke in der Galleria della Leda, im ehemaligen Tempel der ephesischen Artemis und im Bigliardo, Berlin 1992, S. 286–290, Tf. 186–188.

168 Goerd Peschken, Hans-Werner Klünner, *Das Berliner Schloß,* Berlin 1991, S. 510, Abb. 204; Elke Blauert (Hg.), *Neue Baukunst. Berlin um 1800,* Berlin 2007, S. 84f.; Schmitz, *Berliner Baumeister,* S. 184, 186.

169 Apuleius, *Der goldene Esel,* S. 250.

170 Anonym, *Louisens und Friederikens, Kronprinzessin, und Gemahlin des Prinzen Ludwig von Preußen, geborner Prinzessinnen von Mecklenburg-Strelitz, Ankunft und Vermählung in Berlin. Im December 1793,* Berlin 1794, S. 101.

171 Abb. 42, 43: Fotos FW 2014; der Abdruck meiner Fotografien aus Schwetzingen mit Genehmigung der Staatlichen Schlösser und Gärten Baden-Württemberg, Schloss Schwetzingen (16.12.2020); Werner, *Ägyptomanie in Preußen,* S. 100 f.; Hartmut Troll, Andreas Förderer, Uta Schmidt, *Schlossgarten Schwetzingen,* München 2009, S. 51–54; Rainer Stripf, *Die Arboreten des Schwetzinger Schlossgartens,* München 2004, S. 24–27.

172 Assmann, *Religio duplex,* S. 135.

173 Werner, *Ägyptomanie in Preußen,* S. 113–118; Bernadette Malinowski, Jörg Wesche, Doren Wohlleben (Hgg.), *Fragen an die Sphinx. Kulturhermeneutik einer Chimäre zwischen Mythos und Wissenschaft,* Beiträge zur neueren Literaturgeschichte 290, Heidelberg 2011.

174 Hederich, *Mythologisches Lexikon,* Sp. 2254 f.

175 Johann Gottfried Herder, »Der Sphinx. Eine Erd- und Menschengeschichte«, *Zerstreute Blätter,* Erste Sammlung, Paramythien, Dichtungen aus der griechischen Fabel, Gotha 1785, S. 214.

176 Abb. 44: Ausschnitt aus Abb. 61, © DHM.

177 Volkmann, *Ägypten-Romantik,* S. 62 f., Abb. 83 f.

178 Abb. 45: Foto FW 2014.

179 Georg Dehio, *Handbuch der deutschen Kunstdenkmäler. Mecklenburg-Vorpommern,* München 2016, S. 372–375.

180 Detlef Fuchs, Leo Seidel, *Rheinsberg. Musenhof in neuem Glanz,* München 2016, S. 35.

181 Volkmann, *Ägypten-Romantik,* S. 73–75, Abb. 112–116.

182 Abb. 46: Foto FW 2014; Abdruck meiner Fotografien aus Sanssouci und aus dem Neuen Garten Potsdam mit freundlicher Genehmigung der SPSG (26.11.2020); Ruge, *Von der Finsternis zum Licht,* S. 87–91.

183 Merkelbach, *Isis regina – Zeus Sarapis,* Abb. 72, Tf. V.

184 Abb. 47: Foto FW 2017.

185 Plutarch, »Ueber Isis und Osiris«, S. 384.

186 Syndram, *Ägypten-Faszinationen,* S. 249–260.

187 Nagel, *Isis im Römischen Reich;* Regine Schulz, »Warum Isis? Gedanken zum universellen Charakter einer ägyptischen Göttin im Römischen Reich«, in: Manfred Görg, Günther Hölbl (Hgg.), *Ägypten und der östliche Mittelmeerraum im 1. Jahrtausend v. Chr.,* Ägypten und Altes Testament 44, Wiesbaden 2000, S. 251–280; Günther Hölbl, »Verehrung ägyptischer Götter im Ausland, besonders griechisch-römischer Zeit«, in: Eberhard Otto, Wolfgang Helck, Wolfhart Westendorf (Hgg.), *Lexikon der Ägyptologie* 1–7, Wiesbaden 1975–1992, hier 6, 1986, Sp. 931.

188 Reinhard Häussler, *Hera und Juno. Wandlungen und Beharrung einer Göttin,* Stuttgart 1995, S. 17.

189 Abb. 48: Foto FW 2014; Museo Nazionale Romano Palazzo Altemps Rom, Inv. Nr. 8596; Rolf-Peter Janz, »Ansichten der Juno Ludovisi. Winckelmann – Schiller – Goethe«, in: Peter-André Alt et al., *Prägnanter Moment.* Studien zur deutschen Literatur der Aufklärung und Klassik, Würzburg 2002, S. 357–372.

190 Abb. 49: Foto Christine Henning 2021; Moderner Gipsabguss, Luisen-Gedenkstätte Schloss Hohenzieritz, Inv. Nr. 6; Luises Gewand ist mit Eichenlaub gesäumt, dem Zeichen souveräner Macht; zur Serie der Büste als Juno gehört auch die Skulptur Christian Daniel Rauchs von 1804 in Schloss Paretz; Astrid Fendt, *Archäologie und Restaurierung. Die Skulpturenergänzungen der Berliner Antikensammlung des 19. Jahrhunderts,* Transformationen der Antike 22, 1–3, Berlin 2012, 2, S. 155, Kat. Nr. 32, 3, Tf. 54, 2; Bärbel Hedinger, Adelheid Schendel, Stefan Schimmel, *Luise.*

Kleider für die Königin. Mode, Schmuck und Accessoires am preußischen Hof um 1800, SPSG (Hg.), Kat. Ausst. Schloss Paretz 2010, München 2010, S. 218, Kat. Nr. 46; Holger Simon, »Die Bildpolitik des preußischen Königshauses im 19. Jahrhundert. Zur Ikonographie der preußischen Königin Luise (1776–1810)«, *Wallraf-Richartz-Jahrbuch* 60, 1999, S. 231–262, hier S. 249.

191 Nagel, *Isis im Römischen Reich;* Merkelbach, *Isis regina – Zeus Sarapis,* S. 94–100, § 164–174; Elisabeth Staehelin, »Alma Mater Isis«, in: Elisabeth Staehelin, Bertrand Jaeger (Hgg.), *Ägypten-Bilder,* Orbis Biblicus et Orientalis (OBO) 150, Akten des Symposions zur Ägypten-Rezeption, Göttingen 1997, S. 103–142.

192 Diodor, *Bibliothek der Geschichte* 1, 1. Buch, Kap. 27, S. 51; zur großen Aretalogie, der Lobrede der Isis, die in mehreren griechischen Inschriften erhalten ist: Joachim Friedrich Quack, »›Ich bin Isis, die Herrin der beiden Länder‹. Versuch zum demotischen Hintergrund der memphitischen Isisaretalogie«, in: Sibylle Meyer (Hg.), *Egypt – Temple of the Whole World,* Studies in Honour of Jan Assmann, Leiden 2003, S. 319–365; Hans Kloft, *Mysterienkulte der Antike. Götter, Menschen, Rituale,* München 2010, S. 45 f.; Laurent Bricault, *Recueil des inscriptions concernant les cultes isiaques* (RICIS) 1–3, Paris 2005.

193 Hustaedt, *Hohenzieritz,* S. 26 f.; von diesen Vasenbildern ist derzeit kein Bildmaterial bekannt.

194 Abb. 50: Ausschnitt aus Taf. IV; Hederich, *Mythologisches Lexikon,* Sp. 1492 f.; Friedrich Matz, Bernard Andreae, Carl Robert (Hgg.), *Die antiken Sarkophagreliefs* 2, Mythologische Zyklen, Berlin 1890, S. 35–37, Tf. 14, Abb. 25, UB HD.

195 Abb. 51: © UB HD; Johann Joachim Winckelmann, *Monumenti antichi inediti, spiegati ed illustrati da Giovanni Winckelmann prefetto delle antichità di Roma,* 1, Rom 1767, Tf. 124; Abb. 52: © UB HD; Giovanni Battista Piranesi, *Le Antichità Romane,* 2, Contenente Gli Avanzi De' Monumenti Sepolcrali Di Roma E Dell'Agro Romano, Rom 1784, Tf. 31–33.

196 Dies und folgend nach: Fendt, *Archäologie und Restaurierung* 1, S. 94–102; Huberta Heres, Gerald Heres, »Achill unter den Töchtern des Lykomedes. Zur Geschichte einer Statuengruppe«, *Staatliche Museen zu Berlin. Forschungen und Berichte* 20/21, 1980, S. 105–146; Astrid Dostert, *Die Antikensammlung des Kardinals Melchior de Polignac,* Diss. Freie Universität Berlin 2009, online 2016, S. 75–88.

197 Lambert Sigismund Adam, *Collection de Sculptures Antiques Grecques, et Romaines [...],* Paris 1755.

198 Der Antikentempel Sanssouci stammt von Carl Philipp Christian von Gontard 1768. Vorbild ist ein Rundtempel im englischen Stourhead/Wiltshire um 1750. Zur Potsdamer Antikensammlung gehörten auch Portraits etwa von Caesar, Cicero, Drusus, die ägyptische Arbeiten aus dem Wadi Hammamat sind: Klaus Parlasca, »Die Potsdamer Antikensammlung im 18. Jahrhundert«, in: Herbert Beck, Peter Cornelis Bol, *Antikensammlungen im 18. Jahrhundert,* Berlin 1981, S. 211–229.

199 Konrad Levezow, *Über die Familie des Lycomedes in der Königlichen Preussischen Antikensammlung. Eine archäologische Untersuchung,* Berlin 1804, Tf. 4.

200 Heres, »Achill unter den Töchtern«, S. 117–119; dort zur Verbreitung der »Lycomedes«-Figuren.

201 Levezow, *Über die Familie des Lycomedes,* Tf. 8.

202 Heres, »Achill unter den Töchtern«, S. 122 f.; eine Figurengruppe des Lycomedes aus der KPM gelangte 1806 nach Frankreich und schmückte dort einen Sèvres-Tafelaufsatz.

203 Friedrich III. von Brandenburg, seit 18. Januar 1701 König Friedrich I. in Preußen, übergab 1688 dem Archivar und Numismatiker Lorenz Beger die kurfürstliche »Antiquitäten-Cammer« mit Münz- und Gemmen-Sammlung. Die Kunstkammer im Berliner Schloss umfasste auch Kunst und Naturalien. Hinzu kamen ägyptische Denkmäler aus der römischen Sammlung Giovanni Pietro Bellori. Damit war die erste komplexe und separate Antikensammlung des nördlichen Europa geschaffen; Jürgen Settgast, »Aegyptiaca im Kurfürstlich-Brandenburgischen Besitz. Ein Beitrag zur Vorgeschichte des Ägyptischen Museums Berlin«, *Jahrbuch Preußischer Kulturbesitz,* Sonderband 1, Berlin 1983, S. 21–44; Lorenz Beger, *Thesaurus Electoralis Brandenburgicus Selectus [...],* Cölln 1696–1701; Gerald Heres, »Der Neuaufbau des Berliner Antikenkabinetts im Jahre 1703«, in: Beck, Bol, *Antikensammlungen im 18. Jahrhundert,* S. 187–198; Adolf Heinrich Borbein, »Klassische Archäologie in Berlin vom 18. bis zum 20. Jahrhundert«, in: Willmuth Arenhövel, Christa Schreiber (Hgg.), *Berlin und die Antike* 2, Berlin 1979, S. 99–150.

204 Fuchs, Seidel, *Rheinsberg,* S. 52–55; Sepp-Gustav Gröschel, »Winckelmann und Frédéric Reclam. Italien und Rheinsberg«, *Jahrbuch Stiftung Preußische Schlösser und Gärten Berlin-Brandenburg* 6, 2004/2006, S. 227–247.

205 Carl Wilhelm Hennert, *Beschreibung des Lustschlosses und Gartens Sr. Königl. Hoheit des Prinzen Heinrichs Bruders des Königs, zu Reinsberg, wie auch der Stadt und der Gegend um dieselbe: Nebst einem in Kupfer gestochenen Grundrisse,* Berlin 1778, S. 93.

206 John Kenworthy-Browne, »Private Skulpturengalerien in England 1730–1830«, in: Klaus Vierneisel, Gottlieb Leinz (Hgg.), *Glyptothek München 1830–1980,* München 1980, S. 334–353, hier S. 338 f.

207 Abb. 53: Ausschnitt aus Taf. IV.

208 Zu Kircher zuletzt Jean Winand, »Athanasius Kircher et le déchiffrement des hiéroglyphes: réalité ou fiction?«, *Revue de l'histoire des religions* 239, 2, 2022, S. 217–255; Jean Winand, Gilbert Chantrain (Hgg.), *Les hiéroglyphes en Europe avant Champollion. Depuis l'Antiquité classique jusqu'à l'Expédition d'Égypte,* Liège 2022; Horst Beinlich, »Zu Adolf Ermans Kritik an Athanasius Kircher«, *Göttinger Miszellen* 261, 2020, S. 179–188; Aleida und Jan Assmann (Hgg.), *Hieroglyphen. Stationen einer anderen abendländischen Grammatologie, Archäologie der literarischen Kommunikation* VIII, München 2003; Grimm-Stadelmann, *Fürsten und Pharaonen,* S. 108–128; Ulrich Gaier, »Vielversprechende Hieroglyphen. Hermeneutiken der Entschlüsselungsversuche von der Renaissance bis Rosette«, in: Seipel, *Ägyptomanie,* S. 175–191; Erik Iversen, *The Myth of Egypt and its Hieroglyphs in European tradition,* Kopenhagen 1961; Annette Graczyk, *Die Hieroglyphe im 18. Jahrhundert. Theorien zwischen Aufklärung und Esoterik,* Hallesche Beiträge zur Europäischen Aufklärung 51, Schriftenreihe des Interdisziplinären Zentrums für die Erforschung der Europäischen Aufklärung, Martin-Luther-Universität Halle-Wittenberg, Berlin 2015.

209 Jean-François Champollion, *Lettre à Monsieur Dacier relative à l'alphabet des hiéroglyphes phonétiques [...],* Paris 1822.

210 Jan Assmann, *Die Zauberflöte. Oper und Mysterium,* München 2005, S. 95.

211 Abb. 54: Domenico Fontana, *Della trasportatione dell' obelisco vaticano et delle fabriche di nostro signore Papa Sisto V [...],* Rom 1590, aus Brian Curran et al., *Obelisk. A History,* Cambridge Massachusetts 2009, S. 159.

212 Zu Boissard siehe Abb. 65; Athanasius Kircher, *Obeliscus Pamphilius. Hoc Est, Interpretatio Nova & hucusque intentata Obelisci Hieroglyphici [...],* Rom 1650; Frederik Ludvig Norden, *Travels in Egypt and Nubia,* London 1757; Richard Pococke et al., Christian Ernst von Windheim (Übers.), *Beschreibung des Morgenlandes und einiger anderer Länder, Von Egypten,* Erlangen 1771; Piranesi, *Diverse Maniere.*

213 Abb. 55: aus Eva-Maria Engel, »Die Obelisken mit Hieroglyphendekor aus der Zeit Friedrichs II.«, in: Eva-Maria-Engel (Hg.), *Ägyptens Glanz für Preußens Gloria. Zur Rezeption antiker Motive in der märkischen Baukunst,* Münster 2012, S. 154–184, hier S. 161; weitere Obelisken: Rheinsberg 1739; Parkeingang von Sanssouci 1748; zwei Obelisken am Neustädter Tor Potsdam 1753.

214 Abb. 56: Foto FW 2014; Abb. 57: Foto FW 2022.

215 Francesco Colonna, *Hypnerotomachia Poliphili,* Venedig 1499; Curran, *The Egyptian Renaissance;* Rudolf Wittkower, »Hieroglyphen in der Frührenaissance«, in:

Rudolf Wittkower, *Allegorie und Wandel der Symbole in Antike und Renaissance,* Köln 1984, S. 218–245; Ludwig Volkmann, *Bilderschriften der Renaissance. Hieroglyphik und Emblematik in ihren Beziehungen und Fortwirkungen,* Leipzig 1923; Karl Giehlow, »Die Hieroglyphenkunde des Humanismus in der Allegorie der Renaissance besonders der Ehrenpforte Kaiser Maximilians I.«, mit Nachwort von A. Weixlgärtner, *Jahrbuch der Kunsthistorischen Sammlungen des Allerhöchsten Kaiserhauses* 32, Heft 1, Wien, Leipzig 1915, S. 1–232.

216 Beispielsweise gab es auch zeitgenössische Interpretationen antiker Hieroglyphentexte als Mysterienweihe wie etwa jene über den Lateransobelisken: Karl Friedrich Köppen, *Erklärung einer Egyptischen Spitz-Säule [...]. Zum bessern Verständnis des ersten Theils der Hieroglyphen bei Warburton,* Berlin 1768; dazu Ebeling, »Ägyptische Freimaurerei«, S. 93f.

217 Julia Budka, *Der Schönbrunner Obelisk. Symbolik und inhaltliches Programm des Hieroglyphendekors,* Veröffentlichungen der Institute für Afrikanistik und Ägyptologie der Universität Wien 103, Beiträge zur Ägyptologie 21, Wien 2005; Julia Budka, »›Hieroglyphen‹ und das Haus Habsburg: Der Dekor des neuzeitlichen Obelisken im Schönbrunner Schlosspark«, *Kemet* 15, 4, 2006, S. 58–62; Beatrix Hajós, »Der Obeliskbrunnen in Schönbrunn. Die Vision des Aeneas und die Geheimnisse der Isis«, in: Herbert Lachmayer (Hg.), *Mozart. Experiment Aufklärung im Wien des ausgehenden 18. Jahrhunderts,* Essayband zur Mozart-Ausstellung, Albertina Wien 2006, Ostfildern 2006, S. 771–780; Ruge, *Von der Finsternis zum Licht,* S. 75f.

218 Grimm-Stadelmann, *Fürsten und Pharaonen,* S. 129ff.; die Autorin Emilie Berrin erdachte 1800 ein System des fantasievollen hieroglyphischen Schreibens und gab dies unter Pseudonym heraus: J. G. Boreux, *Galante Hieroglyphen ein Secretär der Liebe [...],* Leipzig 1800.

219 Rühs, »Ueber Mecklenburg Strelitz«, Kap. 6, S. 156–158: »Die herzogliche Bibliothek [in Strelitz] ist ebenfalls erst unter der jetzigen Regierung angelegt; sie enthält schon über 18.000 Bände, größtentheils neue seltene und kostbare Werke, besonders reich ist sie an Französischen, Englischen und Dänischen Büchern. Die Aufsicht über die Sammlung führt der Kammerherr Graf von der Schulenburg, der einen sehr genauen und sorgfältigen Katalog darüber verfertigt hat.«

220 Ruge, *Von der Finsternis zum Licht,* S. 65–83.

221 Fischer, Templin, *Chronik der Freimaurerei,* S. 63, 278, Anm. 4a mit Literatur.

222 Michael Voges, *Aufklärung und Geheimnis. Untersuchungen zur Vermittlung von Literatur- und Sozialgeschichte am Beispiel der Aneignung des Geheimbundmaterials im Roman des späten 18. Jahrhunderts,* Hermaea, Germanistische Forschungen, NF 53, Hgg.: Hans Fromm, Hans-Joachim Mähl, Tübingen 1987, S. 52; Lennhoff, Posner, *Freimaurer-Lexikon,* Sp. 650f.

223 All dies lässt auch an das »A-dyton« bei Clemens von Alexandria denken, womit das absolut Unzugängliche, das allerinnerste Heiligtum der Wahrheit umschrieben wird; Assmann, *Religio duplex,* S. 134; ob sich Carl II. darauf bezog, muss an dieser Stelle noch offenbleiben.

224 Im Vorwort nennt Moritz den Verfasser, der im Buch nur mit dem Kürzel J.G.B. nach der Einleitung vorkommt als unbekannt; Johann Gottfried Bremer (Autor), Karl Philipp Moritz (Hg.), *Die symbolische Weisheit der Aegypter aus den verborgensten Denkmälern des Altertums. Ein Theil der Aegyptischen Maurerey, der zu Rom nicht verbrannt worden,* Berlin 1793, S. 1–4.

225 Jan Assmann, »Antike Äußerungen zur ägyptischen Schrift«, in: Assmann, *Hieroglyphen. Stationen einer anderen abendländischen Grammatologie,* S. 27–35.

226 Diodor, *Bibliothek der Geschichte* 1, 3. Buch, Kap. 3, S. 312f.; Assmann, *Weisheit und Mysterium,* S. 67f.

227 Diodor, *Bibliothek der Geschichte* 1, 3. Buch, Kap. 4, S. 313f.

228 Diodor, *Bibliothek der Geschichte* 1, 1. Buch, Kap. 69, S. 140.
229 Plutarch, »Ueber Isis und Osiris«, S. 385 f.
230 Assmann, »Antike Äußerungen«, S. 34 f.
231 Harpokrates-Helios, der neugeborene Sonnengott mit Strahlenkranz: Merkelbach, *Isis regina – Zeus Sarapis,* S. 599, Abb. 127.
232 Abb. 58, 59: Fotos FW 2017, © SBL-MV.
233 Abb. 60: Foto FW 2014; zum Apollontempel: Hartmut Troll, *Schlossgarten Schwetzingen,* München 2009, S. 42 f.
234 Abb. 61: © DHM, Inv. Nr. 01/0828/042/185/044.
235 Matilde Battistini, *Symbole und Allegorien,* Bildlexikon der Kunst 3, Stefano Zuffi (Hg.), Berlin 2003, S. 238–240, 376.
236 Alexander Roob, *Alchemie & Mystik. Das Hermetische Museum,* Köln 1996, S. 293.
237 Ruge, *Von der Finsternis zum Licht,* S. 73.
238 Albrecht Dieterich, *Abraxas – Studien zur Religionsgeschichte des spätern Altertums,* Leipzig 1891, Nachdruck Paderborn 2013.
239 Abb. 62: © UB HD; aus Bernard de Montfaucon, *L'Antiquité expliquée et représentée en figures* 2, 2: *La Réligion des Égyptiens, des Arabes, des Syriens, des Perses, des Scythes, des Germains, des Gaulois, des Espagnols & des Carthaginois,* Paris 1722, 3. Buch, S. 353–379, hier S. 358, Tf. 145; zur heutigen Kenntnis über Abraxas: Joachim Friedrich Quack, *Altägyptische Amulette und ihre Handhabung,* Orientalische Religionen in der Antike 31, Tübingen 2022, S. 361 f.; Erika Zwierlein-Diehl, »The Snake-legged God on the Magical Gems. Reflections on Nature, Greek, Egyptian and Jewish Influences, and the Afterlife«, *Kölner und Bonner Archaeologica* 6, 2016, S. 235–258; Árpád Miklós Nagy, »Figuring out the Anguipes Gems, *bis*: A Statistical Overview«, in: Kata Endreffy, Árpád Miklós Nagy, Jeffrey Spier (Hgg.), *Magical Gems in their Contexts,* Proceedings of the International Workshop held at the Museum of Fine Arts, Budapest 16–18 Februar 2012, Rom 2019, S. 179–215, Tf. 13; Simone Michel, *Die magischen Gemmen. Zu Bildern und Zauberformeln auf geschnittenen Steinen der Antike und Neuzeit,* Studien aus dem Warburg-Haus 7, Berlin 2004, S. 105–113, 239–248; Árpád Miklós Nagy, »Figuring out the Anguipede (›snake-legged god‹) and his Relation to Judaism«, *Journal of Roman Archaeology* 15, 2002, S. 159–172; Hinweise zur neueren Lit. von Prof. Dr. Joachim Friedrich Quack.
240 Loeben, »Welten voller Symbole«, S. 223.
241 Merkelbach, *Isis regina – Zeus Sarapis,* S. 85 f., § 150.
242 Montfaucon, *L'Antiquité,* S. 353–379, hier S. 355.
243 Lennhoff, Posner, *Freimaurer-Lexikon,* Sp. 7.
244 Abb. 63: © Staatliche Münzsammlung München, Silberdenar, 4,26g, Foto: Nicolai Kästner; Alle Angaben zu Juno Moneta nach: Andreas Bendlin, »Moneta«, in: Hubert Cancik, Helmuth Schneider (Hgg.), *Der Neue Pauly. Enzyklopädie der Antike* 8, Stuttgart, Weimar 2000, Sp. 365 f.; Wilhelm Stoll, »Moneta«, in: Roscher, *Lexikon der Mythologie,* 2, 2, 1897, Sp. 3200 f.; Moneta ist außerdem nach Hesiod, *Theogonie,* die lateinische Übersetzung von Mnemosyne, Mutter der Musen, was einen weiteren mythologischen Strang eröffnet.
245 Diodor, *Bibliothek der Geschichte* 1, 3. Buch, Kap. 4, S. 314.
246 Heinz Josef Thissen (Hg., Übers.), *Des Niloten Horapollon Hieroglyphenbuch* 1, Text und Übersetzung, Archiv für Papyrusforschung und verwandte Gebiete 6, München, Leipzig 2001, S. 25, Nr. 36; die Vorstellung, der Ibis sei herzförmig, rührt von der Ansicht des Tieres von vorne, so dass Brust und Flügelansätze sowie der dann schmal zulaufende Leib eine Herzform ergeben.
247 Abb. 64: © UB HD; aus Beger, *Thesaurus Brandenburgicus* 3, 1701, S. 225; siehe auch Abb. 88; Über Diana Ephesia und Kybele: Werner, *Ägyptomanie in Preußen,* S. 100–102, Abb. 69, 71; Karl Philipp Moritz, *Götterlehre oder mythologische Dichtungen der Alten,* Berlin 1791/1795, S. 165.

248 Ruge, *Von der Finsternis zum Licht,* S. 91–93.

249 Abb. 65: © UB HD; aus Jean-Jacques Boissard, *Pars Romanae [...] & Antiquitatum [...]* 6, Frankfurt am Main 1602, Tf. 6; Athanasius Kircher, *Oedipus Aegyptiacus, Hoc Est Universalis Hieroglyphicae Veterum Doctrinae temporum* 3, Theatrum Hieroglyphicum, Rom 1652–1654; Übersetzung bei Alfred Grimm, »Aegyptiaca aus dem Königlichen Antiquarium. Ein Beitrag zur Ägyptophilie des Barock«, in: *Theatrum Hieroglyphicum. Ägyptisierende Bildwerke des Barock,* München 1995, S. 7–64, hier S. 21.

250 Hederich, *Mythologisches Lexikon,* Sp. 759–761; zur Gottheit Kneph siehe im Kapitel Das Deckenbild.

251 Johann August Wagner (Übers., Erläut.), *Ammian Marcellin* 1, Frankfurt am Main 1792, 17. Buch, Kap. 4, S. 219f.

252 Abb. 66: Foto FW 2014.

253 Gustav Türk, »Phoinix 4«, in: Roscher, *Lexikon der Mythologie* 3, 2, 1909, Sp. 3450–3472.

254 Ägyptische Hieroglyphen waren vorwiegend in einer Abfolge gedachter quadratischer Felder angeordnet. Es gab Zeichen, die aufgrund ihrer Form ein volles Quadrat oder je ein halbes vertikales oder horizontales oder nur ein Viertel davon einnahmen. So wurden Zeichen nicht einfach lose hinter- oder untereinander geschrieben, sondern weitest möglich auch nach ästhetischen Gesichtspunkten komponiert. Die Gruppe des Skarabäus mit Hammer und Schlegel scheint sich auf eine altägyptische Anordnung zu beziehen.

255 Thissen, *Horapollon,* S. 9, Nr. 10, S. 13, Nr. 12; Bremer, Moritz, *Die symbolische Weisheit,* S. 96f.; Alexandra von Lieven, »Wie töricht war Horapollo? Zur Ausdeutung von Schriftzeichen im Alten Ägypten«, in: Hermann Knuf, Christian Leitz, Daniel von Recklinghausen (Hgg.), *Honi soit qui mal y pense. Studien zum pharaonischen, griechisch-römischen und spätantiken Ägypten zu Ehren von Heinz-Josef Thissen,* Orientalia Lovaniensia analecta (OLA) 194, Leuven, Paris 2010, S. 567–574, hier S. 569f.

256 Abb. 67: Foto FW 2022.

257 Ruge, *Von der Finsternis zum Licht,* S. 68f. mit Abb. 42f., S. 72, deutet den Skarabäus als alchemistisches Zeichen für die Selbstschöpfung, was sich aber auch zu Hephaistos als Schöpfer fügt.

258 Abb. 68: Foto FW 2017, © SBL-MV.

259 Merkelbach, *Isis regina – Zeus Sarapis,* S. 97.

260 Weiter heißt es dazu bei Bremer, Moritz, *Die Symbolische Weisheit,* S. 72–74: »Der Delphin, sagt Athenäus, ist der einzige Fisch, der keine Galle hat. Ein weiser Regent, sagt Seneca, ist zu groß für die geringste Aufwallung der Galle, ihn kleidet Huld und Gnade am meisten. Und Sallust sagt: menschenfreundliche Regenten machen alles heiter und fröhlich; gegen sie ist jedermann aufrichtig; selbst die Feinde bezeigen sich milder und betragen sich besser.«

261 Thomas Reiser (Übers., Komm.), Uta Schedler (Hg.), *Francesco Colonna. Hypnerotomachia Poliphili,* Venedig 1499, Breitenbrunn 2014, S. 104 [69]; S. 62f. [41].

262 Abb. 69: aus Joscely Godwin (Übers.), Francesco Colonna, *Hypnerotomachia Poliphili. The Strife of Love in a Dream,* New York 1999, S. 41.

263 Reiser, Schedler, *Colonna. Hypnerotomachia,* S. 61f. [41].

264 Immanuel Kant, *Träume eines Geistersehers, erläutert durch Träume der Metaphysik,* Riga 1766, S. 42f.

265 Assmann, *Religio duplex,* S. 137; Edmund Burke, *Philosophische Untersuchungen über den Ursprung unserer Ideen vom Erhabenen und Schönen,* übers. von Friedrich Bassenge, neu hg. von Werner Strube, Philosophische Bibliothek 324, Hamburg 1989; zuerst wahrscheinlich 1757 in London erschienen als *A philosophical inquiry into the origin of our ideas of the sublime and beautiful; with an introductory discourse concerning taste*; Christine Pries (Hg.), *Das Erhabene. Zwischen Grenzerfahrung und Größenwahn,* Weinheim 1989.

266 Nicolaus Copernicus, *De revolutionibus orbium caelestium,* Nürnberg 1543, zitiert nach Roob, *Hermetisches Museum,* S. 59; möglicherweise intendiert diesen Gedanken noch Gottfried Wilhelm Leibniz, als er das neu erbaute Schloss Lützenburg/Charlottenburg der Königin in Preußen, Sophie Charlotte, mit Heliosophopolis bezeichnet: Rolf Thomas Senn, *Sophie Charlotte von Preußen. Biografie,* Weimar 2000, S. 186; vgl. im Kapitel Und Horus?

267 Bremer, Moritz, *Die Symbolische Weisheit,* S. 117.

268 Ruge, *Hohenzieritz,* S. 12f., Abb. 24f.; Friederike, Herzogin zu Mecklenburg-Strelitz, Königin von Hannover, (1778–1841), stiftete ein Paar Silberleuchter mit dem Auge Gottes als Symbol für die Schlosskirche in Hohenzieritz; falls sich auch in der Moschee eine bildliche Öffnung zum Himmel befand, wäre es in Hohenzieritz somit die vierte.

269 Abb. 70: Ausschnitt aus Taf. IV; Wolfgang Hübner, »Tierkreis«, in: *Der Neue Pauly* 12, 2002, Sp. 553–563.

270 Diodor, *Bibliothek der Geschichte* 1, 2. Buch, Kap. 30, S. 257.

271 Die Sonnenuhr ist dort mit »Säule« bezeichnet; Pawlak, »Schlosspark Hohenzieritz«, S. 38, Abb. 16.

272 Assmann, Ebeling, *Ägyptische Mysterien,* S. 20–22.

273 Jean Terrasson, *Sethos. Histoire ou vie tirée des monumens anecdotes de l'Ancienne Egypte. Traduite d'un manuscripte grec,* Paris, 1731, Übers. von Matthias Claudius, *Geschichte des egyptischen Königs Sethos,* Breslau 1777, 4. Buch, S. 276f.

274 Die Schlangen haben nicht die Gestalt des bekannten kreisförmigen Uroboros als Begriff der Zeit, der ewigen Erneuerung und dem Schutz vor Vergänglichkeit; ob es sich im Saal auch um die nordische Midgardschlange handeln kann, die als Kraft gilt, welche die Erde einhüllt, bedarf noch der Überprüfung; Jan Assmann, »Uroboros. Der altägyptische Mythos vom Sonnenlauf«, in: Ralf Beil (Hg.), *Never ending stories. Der Loop in Kunst, Film, Architektur, Musik, Literatur und Kulturgeschichte,* Berlin 2017, S. 58–63; Lászlo Kákosy, »Uroboros«, in: *Lexikon der Ägyptologie* 6, 1986, Sp. 886–893; Noura Haggag, »The *Ouroboros* in Helleno-Egyptian Amulets«, in: Alicia Maravelia, Nadine Guilhou (Hgg.), *Environment and Religion in Ancient and Coptic Egypt: Sensing the Cosmos through the Eyes of the Divine,* Archaeopress Egyptology 30, Oxford 2020, S. 179–192; Alicia Maravelia, »The Thrill of Time through the Ancient Egyptian Religion and Art: *Ouroboros* as an Archetype for the Meta-Physics of Eternity«, *Сходознавство – The Oriental Studies* 81, 2018, S. 3–43; Ägyptischer Text zum Uroboros: Renata Landgráfová, Filip Coppens, Jirí Janák, Dana Míčková, »Myth and Ritual in the Burial Chamber of the Shaft Tomb of Iufaa at Abusir: Snakes and Snake-like Beings«, in: Miroslav Bárta, Filip Coppens, Jaromír Krejci (Hgg.), *Abusir and Saqqara in the year 2015,* Prag 2017, S. 613–626, hier S. 617–620; Ludwig D. Morenz, *Anfänge der ägyptischen Kunst. Eine problemgeschichtliche Einführung in ägyptologische Bild-Anthropologie,* Orbis Biblicus et Orientalis (OBO) 264, Göttingen 2014, S. 210–215; E. Nissan, »The Cyclical Snake: Occurences in Jewish Sources are Sporadic and Disconnected«, MHNH 12, 2012, S. 101–150; Maria Grazia Lancellotti, »Il serpente *ouroboros* nelle gemme magiche«, in: Attilio Mastrocinque (Hg.), *Gemme gnostiche e cultura ellenistica,* Atti dell'incontro di studio, Bologna 2002, S. 71–85; Hinweise zur neueren Literatur von Prof. Dr. Joachim Friedrich Quack.

275 Abb. 71 a: Detail aus Abb. 5; Abb. 71 b: © Staatliche Antikensammlungen und Glyptothek München, Inv. Nr. Sch 295, Foto: Renate Kühling.

276 Hederich, *Mythologisches Lexikon*, Sp. 113–122, hier Sp. 115f.

277 Florian Ebeling, *Das Geheimnis des Hermes Trismegistos. Geschichte des Hermetismus von der Antike bis zur Neuzeit,* Vorwort von Jan Assmann, München 2009; Hornung, *Das esoterische Ägypten,* S. 17, 54–61.

278 Merkelbach, *Isis regina – Zeus Sarapis,* S. 80, § 139; Philippe Derchain, »Agathos Daimon«, in: *Lexikon der Ägyptologie* 1, 1975, Sp. 94; Die Schlange umwindet den tiergestaltigen Dreifachkopf, Kerberos, als Begleittier des Sarapis: Friedrich Junge, »Allegorese der Gotteskräfte: Aion und Kerberos, Bes und Sphinx«, in: Hermann Knuf, Christian Leitz, Daniel von Recklinghausen (Hgg.), *Honi soit qui mal y pense. Studien zum pharaonischen, griechisch-römischen und spätantiken Ägypten zu Ehren von Heinz-Josef Thissen,* Orientalia Lovaniensia analecta (OLA) 194, Leuven, Paris 2010, S. 539–556, Tf. 98–105; Wilhelm Hornbostel, *Sarapis. Studien zur Überlieferungsgeschichte, den Erscheinungsformen und Wandlungen der Gestalt eines Gottes,* Études préliminaires aux religions orientales dans l'empire romain (EPRO) 32, Leiden 1973.

279 Hederich, *Mythologisches Lexikon,* Sp. 759–761; vgl. im Kapitel Hieroglyphische Inschriften: Kreuz im Zirkel; Kneph galt als die Welt durchdringende Seele: Heinz Josef Thissen, »Κμηφ – Ein verkannter Gott«, *Zeitschrift für Papyrologie und Epigraphik* 112, 1996, S. 153–160; Jamblichus, *Über die Geheimlehren,* aus dem Griechischen übersetzt, eingeleitet und erklärt von Theodor Hopfner, Nachdruck der Ausg. Leipzig 1922, Graz 2008, S. 187 f.

280 Athanasius Kircher, *Ars Magna Lucis Umbrae,* Amsterdam 1671, 10. Buch, S. 410, zeigte den Lauf der Sonne durch den Zodiak als gewundene Schlange.

281 Das christliche Fest Epiphanias soll dann absichtlich auf das Datum des 6. Januar gelegt worden sein; zu Aion: Merkelbach, *Isis regina – Zeus Sarapis,* S. 184 f., § 353, S. 226–229, § 411 f.

282 Jamblichus, *Über die Geheimlehren,* VII 1, 2, S. 178 f.; dazu Dissertation in Arbeit von Anett Rósza, Heidelberg.

283 Plutarch, »Ueber Isis und Osiris«, S. 384 f.; mit Amun ist die Energie verborgener Ideen gemeint, die in der sichtbaren Schöpfung ans Licht gebracht werden; zu Amun siehe außerdem in den Kapiteln Das Ägyptenbild von Schloss Hohenzieritz sowie Und Horus?

284 Vergleichsbeispiele und Herkunft der Leuchter sind bislang nicht ermittelt; ob die Kronleuchter ebenso wie jene für die Residenz Neustrelitz von Werner & Mieth aus Berlin gefertigt wurden, ist somit noch ungeklärt; Foelsch, *Residenzschloß Neustrelitz,* S. 188 f.; für weitere Recherchen: Käthe Klappenbach, Eric Hartmann, Birgit Kropmanns, *Kronleuchter des 17. bis 20. Jahrhunderts aus Messing, ›bronze doré‹, Zinkguss, Porzellan, Holz, Geweih, Bernstein und Glas,* SPSG (Hg.), Regensburg 2019; Käthe Klappenbach, »Kronleuchter – Kunstwerk oder Gebrauchsgegenstand?«, *Jahrbuch Stiftung Preußische Schlösser und Gärten Berlin-Brandenburg* 8, 2006, S. 23–32; Käthe Klappenbach, »Kronleuchter aus der Zechliner Glashütte bei Rheinsberg«, *Weltkunst* 71, 2001, S. 1552–1554.

285 Abb. 72, 73: Ausschnitte aus Taf. IV.

286 Der Leuchter zur Hofseite lässt nicht erkennen, ob sich in ihm eine Figur befindet, jener zur Parkseite beherbergt ebenfalls ein Flügelwesen, das jedoch nicht so deutlich sichtbar wird wie im mittigen Leuchter.

287 Abb. 74: © Herzog August Bibliothek Wolfenbüttel, Sign. M: Hq 70; aus Masch, Woge, *Die gottesdienstlichen Alterthümer,* Abb. 64.

288 Masch, Woge, *Die gottesdienstlichen Alterthümer,* S. 145, § 283, Abb. 64; Bollenbeißer oder Bullenbeißer sind Doggen ähnliche Hunde, die als Jagdhunde für wehrhaftes Wild eingesetzt wurden und wohl auf eine englische Züchtung des 16.–18. Jahrhunderts zurückgehen.

289 Masch, Woge, *Die gottesdienstlichen Alterthümer,* S. 146, § 285; der Text gibt noch weitere aufwendige Interpretationen (S. 146–148, § 286), die hier aufgrund fehlenden eindeutigen Bildmaterials bzw. Schriftzeugnissen noch nicht überprüft werden konnten.

290 o. A., »Hekate«, in: *Brockhaus Conversations-Lexikon* 2, Amsterdam 1809, S. 188.

291 Apuleius, *Der goldene Esel,* S. 236 f.

292 Während die Wände verputzt und bemalt waren, hatte man die Säulen mit Tapeten beklebt. Fragmente davon lagern laut Landesamt für Kultur und Denkmalpflege Mecklenburg-Vorpommern auf Schloss Mirow.

293 Öfen aus Hohenzieritz sollen in das Johanneskloster nach Stralsund gelangt sein, was bislang nicht geklärt werden konnte: Bock, *Herrschaftliche Wohnhäuser* 1, S. 398 mit Anm. 51; Ruge, *Hohenzieritz,* S. 22, Anm. 18; indes gibt es einen Hinweis, dass jene Öfen aus dem Ägyptischen Saal doch noch bis in jüngere Zeit *in situ* gewesen sein sollen: »Nur die zwei Kamine erinnern noch an die einstige ägyptische Raumgestaltung um das Jahr 1800«, aus Annalise Wagner, »Erinnerungen an Hohenzieritz«, *Carolinum,* Jg. 44, Nr. 84, Göttingen 1980/81, S. 20–39, hier S. 26.

294 *Inventarium der Großherzoglichen Meubel u. der im Schlosse zu Hohenzieritz aufgenommen und nachgesehen im October 1857,* fol. 20: »2te Etage. N° 18. Der Saal [...]«, LAKD M-V LHAS, I, 284, 2; der Billardsaal befand sich ursprünglich im 1795 errichteten und 1803 abgerissenen Borkenhaus im Park: Ruge, *Hohenzieritz,* S. 16; zu welchem Zeitpunkt der Billardtisch in den Ägyptischen Saal kam, ist unbekannt. Billard war als höfisches Spiel üblich. Die Villa Albani etwa hatte seit 1775 einen prunkvollen, Statuen geschmückten Billardsaal »Bigliardo«, auch »Billomachia« bezeichnet. Vorrangig war in diesem Saal die Malerei, die wertvolles Gestein imitiert: Agnes Allroggen-Bedel, »Das Bigliardo«, in: Bol, *Forschungen zur Villa Albani,* Katalog der antiken Bildwerke 3, S. 324–329; in William Shakespeares *Antonius und Cleopatra* (1606) spricht Cleopatra zu ihrer Vertrauten Charmian: »Let it alone; let's to billiards: come, Charmian«, 2. Akt, Szene 5, in Kleopatras Palast; damit war das höfische Spiel in diesem Stück gedanklich sogar bis nach Ägypten zurückversetzt.

295 *Inventarium der Großherzoglichen Meubel [...] 1857,* fol. 52; hier sind für den Saal überdies einige Tische und Alltagsgerät genannt.

296 Tafelaufsatz: *Inventarium der Großherzoglichen Meubel [...] 1857,* fol. 34: »II.te Étage. N° 29. Der Flur. In zwei Verschlägen«; Ägyptischer Schrank: *Inventarium Hohenzieritz, Aufgenommen 1887, Durchgesehen und richtig gestellt 18.8.93,* fol. 40: »II.te Étage. N° 29. Der Flur [...]«, LAKD M-V LHAS, I, 284, 2; ob Tafelaufsatz und Schrank eigentlich zum Ägyptischen Saal gehörten, bleibt unklar.

297 Abb. 75: Foto FW 2017, © SBL-MV; Abb 76: Ausschnitt aus Taf. IV.

298 Ruge, *Hohenzieritz,* S. 7; Foelsch, *Residenzschloß Neustrelitz,* S. 187 f.; Jan Mende, *Die Tonwarenfabrik Tobias Chr. Feilner in Berlin. Kunst und Industrie im Zeitalter Schinkels,* Kunstwissenschaftliche Studien 178, Berlin 2013, S. 43 f., 143, Abb. 19, 20, 88, Podestofen mit Aufsatzfigur »Venus mit dem Apfel des Paris«, um 1800; Matthias Hahn, »Akademie der bildenden Künste und mechanischen Wissenschaften. Ofenfabrik Höhler und Feilner«, *Berlin um 1800. Berliner Klassik. Eine Großstadtkultur um 1800,* Berlin, Brandenburgische Akademie der Wissenschaften 2006.

299 Zur Firmengeschichte nach: Mende, *Tonwarenfabrik,* S. 478.

300 Zur Gestaltung nach: Mende, *Tonwarenfabrik,* S. 140 f.; ob es eine weitere Beteiligung von Friedrich Gilly an der Ausstattung von Hohenzieritz gibt, ist derzeit noch völlig unerforscht.

301 Ruscheweyh, *Erinnerungen,* S. 32, vgl. im Kapitel Die malerische Ausgestaltung.

302 Ob sich auf den Öfen weitere Aufbauten oder Statuen befunden haben ist möglich, bislang jedoch ohne Spur.

303 SPSG: Berlin, Schloss Charlottenburg, Raum 355, Fotoinv.-Nr. F0009518; Mende, *Tonwarenfabrik,* S. 26, Abb. 26, 27, Kat. Nr. A1, S. 299 f.

304 Mende, *Tonwarenfabrik,* Kat. Nr. D17–D20: rundplastische Sphingen; Kat Nr. A2.2a, S. 38, Abb. 16: Reliefkachel mit Sphinx und Harpokratesknaben, um 1800, für das Herzogliche Palais Rostock.

305 Abb. 77: © Klassik Stiftung Weimar und Thüringer Universitäts- und Landesbibliothek Jena; aus *Journal des Luxus und der Moden* 14, Juli 1799, S. 361–363, Tf. 21.

306 Abb. 78: Ausschnitt aus Taf. IV; Abb. 79: Ausschnitt aus Abb. 32; Konsolen ca. H 85 cm, B 77 cm; Fensterhöhe 185 cm; Raum-Maße FW im September 2017.

307 Abb. 80: © www.gallica.bnf.fr, Bibliothèque nationale de France; aus Philippe-François Julliot, Alexandre-Joseph Paillet, *Catalogue Des Vases, Colonnes, Tables de Marbres rares, Figures de bronze [...] Meubles précieux [...] de Feu M Le Duc d'Aumont,* Paris 1782, S. 111 ff., Nr. 319.

308 Syndram, *Ägypten-Faszinationen,* S. 232–237, Abb. 98 f.; über den Verbleib der Tische ist heute nichts bekannt; Dirk Syndram, »Die ›Urzeit‹ als Avantgarde. Italienische und französische Intérieurs im Frühklassizismus«, *Kunst & Antiquitäten* 3, 1989, S. 48–57, hier S. 52.

309 Friedrich Rumpf, *Beschreibung der aeussern und innern Merkwürdigkeiten der Königlichen Schlösser in Berlin, Charlottenburg, Schönhausen, in und bey Potsdam. Ein Handbuch für Fremde und Einheimische,* Berlin 1794, S. 20, 22; Ankäufe Erdmannsdorffs in Rom sorgten auch im Marmorpalais für kostbare Akzente: Claudia Sommer, »Edle Steine auf Tischen und Kommoden. Eine spezielle Betrachtung zur Ausstattung des Marmorpalais«, *Jahrbuch Stiftung Preußische Schlösser und Gärten Berlin-Brandenburg* 2, 1997/1998, S. 103–110.

310 Foelsch, *Residenzschloß Neustrelitz,* S. 115, 118; Ruge, *Hohenzieritz,* S. 3.

311 Abb. 81: © UB HD, aus Paolo Alessandro Maffei, Domenico Egidio de Rossi (Hgg.), *Raccolta di statue antiche e moderne [...],* Rom 1704, Tf. 7; Bildunterschrift: »Statua del Nilo col cornucopia nella destra, e con la sfinge a lato che ha la faccia di fanciulla sino alle mammelle et il resto del corpo di leone per figurar l'Egitto, ove si finge ch'ella nascesse. Hesiod in Theogin. Negl'orti Vaticani. C. Randon Sculpsit.«

312 Piranesi, *Diverse Maniere,* Tf. 46.

313 Abb. 82: Sphingenpaar in Kew Gardens, aus Georges Louis Le Rouge, *Jardins anglo-chinois à la mode* 4, Paris 1776, Tf. 25, Detail aus »Coupe sur la largeur d' une partie de la Galerie des Antiques dans les jardins de Kew«, Exemplar im Zentralinstitut für Kunstgeschichte München; Watkin, »Influence of English Royal Gardens«, S. 33–48, hier S. 33–35.

314 Louis de Jaucourt, »Symbole«, in Denis Diderot, *Encyclopédie ou dictionnaire raisonné des sciences, des arts et des métiers* 15, Paris 1765, S. 734: »Le sphinx, représente la prudence, & se donne à Apollon & au Soleil, à qui rien n' est caché. On le mettoit à l'entrée des temples, pour marquer la sainteté des mystères. Sur les médailles d'Auguste, il nous représente le cachet de ce prince, qui pretendoit montrer par-là que les secrets des princes doivent être impénétrables.«

315 Christian Ernst Wünsch (1744–1828), *Horus [...],* 1783, dargestellt und zusammengefasst von Ebeling, »Ägyptische Freimaurerei«, S. 108 f.

316 Vgl. im Kapitel Das Deckenbild; Terrasson, *Sethos.*

317 Plutarch, »Ueber Isis und Osiris«, S. 384 f.

318 Anonym, *Louisens und Friederikens [...],* S. 9–11.

319 Mit der Uraufführung der Oper *Osiride* am 27.10.1781 in Dresden zur Vermählung des Prinzen Anton Clemens Theodor, späteren Königs von Sachsen mit Prinzessin Maria Caroline Antonia von Savoyen war der kommende Herrscher ebenfalls mit Osiris identifiziert; Musik: Johann Gottlieb Naumann, Libretto: Catarino Mazzolà; Florian Ebeling, »Die Oper ›Osiride‹ von Johann Gottlieb Naumann und Caterino Mazzolà (Dresden 1781)«, in: Ebeling, Loeben, *O Isis und Osiris,* S. 353–368.

320 Vincenzo Righini, Antonio de Filistri da Caramondani, *Der Triumph der Ariadne, ein Schauspiel mit Chören und darauf Bezug habenden Tänzen auf Allerhöchsten Befehl von Anton de Filistri königl. Hofpoeten und in Musik gesetzt von Vincenz Righini königl. Capellmeister zur Vorstellung auf dem großen Opern-Theater zu Berlin bey Gelegenheit der Höchstglücklichen Vermählungen Ihro Königl. Hoheiten des Kronprinzen Friederich Wilhelm von Preussen und des Prinzen Friedrich Ludewig Carl von Preussen mit den Durchlauchtigsten Prinzessinnen Louise Augusta Wilhelmine Amalia, und Friederica Caroline Sophie von Mecklenburg-Strelitz,* Mit allergnädigster Freyheit. Libretto, Berlin 1793, BSB.

321 Schon im Vorhinein wurde dies weithin bekanntgemacht wie z.B. nach München: *Kurfürstlich gnädigst privilegirte Münchner-Zeitung,* Montag, 16.12.1793, S. 1082, BSB, Sign.: 4° Eph.pol.107[1] (1793).

322 Bei den am Hof üblichen Festen mit Aufführungen und »lebenden Bildern« übernahmen Mitglieder des Hofes oftmals die Rollen mythologischer Figuren wie etwa zu Karneval 1802: Die Hauptdarsteller waren Königin Luise als Minerva und Prinz Ferdinand als Dädalus; Aloys Hirt (Hg.), *Dädalus und seine Statuen: Ein pantomimischer Tanz. Bei Gelegenheit einer Carnevals-Feierlichkeit, welche am 23ten März 1802 im Palais Seiner Königlichen Hoheit des Prinzen Ferdinand von Preußen Statt hatte,* Berlin 1802.

323 Merkelbach, *Isis regina – Zeus Sarapis,* S. 235f., § 423f., spricht bei dieser Art Rückführung griechischer Mythen auf ägyptische Vorstellungen von Pan-Ägyptizismus, dazu Beispiele in Pompeji: S. 236–241, § 424–430.

324 Bartolomeo Verona (1744–1813), Bühnenbildentwurf aus der Serie »Triumph der Ariadne«, 1793; Stiftung Stadtmuseum Berlin, Verona-Nachlass; Ruth Freydank, *Der Fall Berliner Theatermuseum,* 1: *Geschichte, Bilder, Dokumente,* Berlin 2011, S. 197–216, hier S. 208, Abb. 145.

325 Righini, Filistri, *Triumph der Ariadne,* S. A5.

326 Folgendes nach: Silke Köhn, *Ariadne auf Naxos. Rezeption und Motivgeschichte von der Antike bis 1600,* München 2015; Vinciane Pirenne-Delforge, »Ariadne«, in: *Der Neue Pauly* 1, 1996, Sp. 1075–1077; Heinrich Wilhelm Stoll, »Ariadne«, in: Roscher, *Lexikon der Mythologie* 1, 1, 1886, Sp. 540–546; Hederich, *Mythologisches Lexikon,* Sp. 405–413.

327 Anna Seidel, *Johann Gottfried Schadow: Bacchus tröstet Ariadne,* 1791–1793–1794–1804, Weimar 2021.

328 Eine Neuinszenierung 1802 und weitere Aufführungen der *Zauberflöte* folgten; Werner, *Ägyptomanie in Preußen,* S. 178f.

329 Siehe im folgenden Abschnitt sowie im Kapitel Ortsheiligtum.

330 Apuleius, *Der goldene Esel,* S. 248.

331 Siehe im Kapitel Hieroglyphische Inschriften.

332 Der Begriff »Ägyptomanie« steht jüngst in der Wissenschaft in der Kritik als eine Bezeichnung, die aufgrund des griechischen Wortes »Mania« psychologisch negativ gesehen und daher der Qualität der auf Ägypten reflektierenden Kunstwerke nicht gerecht werde, z. B. Miguel John Versluys (Hg.), *Beyond Egyptomania,* Berlin 2020. Meines Erachtens sollte der Begriff »Ägyptomanie« aber in erweitertem Sinne verstanden werden, denn im Grunde sind Herrschaft und ihre Legitimation nur das Äußere einer »Manie«, die ausschließlich Herrschern und Priestern zufiel und die sie allein durch Verhüllen handhaben konnten.

333 Werner, *Ägyptomanie in Preußen,* S. 37, 138–140.

334 Frank, *Alt- und Neues Mecklenburg,* I, Kap. 13, S. 72; siehe im Kapitel Ortsheiligtum.

335 Rolf Thomas Senn, *In Arkadien. Friedrich Wilhelm IV. von Preußen. Eine biographische Landvermessung,* Berlin 2013, S. 15f.; Bertha Krüger-Ottzenn, *Friedrich Schiller und Koenigin Luise von Preussen,* 1905.

336 Hinweis von Hans Joachim Engel, Berlin; August Wolfstieg, Bernhard Beyer (Hgg.), *Bibliographie der freimaurerischen Literatur* Erg.-Bd. 1, Leipzig 1926, S. 135, Nr. 3001f.

337 *Inventarium der Großherzoglichen Meubel [...] 1857,* fol. 34.

338 Léon de Kerval, *Die heilige Rosa von Viterbo,* Regensburg 1904.

339 Merkelbach, *Isis regina – Zeus Sarapis,* S. 418, § 700; Apuleius, *Der goldene Esel,* S. 234–255; zur Rose im Alten Ägypten vgl. J. Gwyn Griffiths, *Apuleius of Madauros. The Isis-Book. Metamorphoses, book XI,* Études préliminaires aux religions orientales dans l'empire romain (EPRO) 39, M. J. Vermaseren (Hg.), Leiden 1975.

340 Dante Alighieri, *Von dem Paradiese,* aus dem Italiänischen übersetzt und mit Anmerkungen begleitet von Leberecht Bachenschwanz, Leipzig 1769, S. 224f.

341 Abb. 83: © Doorn, Stichting Huis Doorn, Inv. Nr. HuD 00401, Öl/Lwd., 222 cm × 145 cm; bislang hat niemand den königlichen Sphinx bedacht; Simon, »Die Bildpolitik des preußischen Königshauses im 19. Jahrhundert«, S. 241; R. G. S., »Johann Friedrich August Tischbein, ›Kronprinzessin Luise von Preußen‹«, in: Hedinger et al., *Luise. Kleider für die Königin,* S. 138f., Kat. Nr. 15; Gerrit Walczak, »Luise von Preußen und ihre Porträtisten: Kunstmarkt, Hof und Publikum in Berlin um 1800«, *Wallraf-Richartz-Jahrbuch* 65, 2004, S. 207–247, hier S. 216, 231, Abb. 7.

342 Wieland Giebel (Vorwort), *Neunundsechzig Jahre am Preußischen Hofe. Aus den Erinnerungen der Oberhofmeisterin Sophie Marie Gräfin von Voss,* Berlin 2009, S. 122–124.

343 Die Rose galt mitunter als Symbol der Verschwiegenheit. Was die Eingeweihten, mit der Rose geschmückt, »sub rosa« als Geheimnis erfahren hatten, sollten sie unverbrüchlich verschweigen: Lennhoff, Posner, *Freimaurer-Lexikon,* Sp. 782, 1329f.

344 Senn, *Friedrich Wilhelm IV.,* S. 58; Meiner, Joost, *Luisen-Gedenkstätte,* S. 24, mit Abb.; zur ersten Geburtstagsfeier Luises als Königin war eine Medaille mit Rosenkranz geprägt worden: Gunter Mues, Manfred Olding, *Die Medaillen der preußischen Könige von 1786 bis 1870,* 2, Friedrich Wilhelm III. 1797–1840, Regenstauf 2020, S. 196, Nr. 458.

345 Möglicherweise spielen beim Thema der Rose noch freimaurerische Aspekte Carls II. hinein: An Johannis, dem 24. Juni und Gründungstage der Freimaurerei, zugleich dem Weihnachtsfest als Wiederkehr des Lichtes gegenübergestellt, schmückt der Freimaurer sich selbst und die Loge mit Rosen in den drei Tönungen der roten Farbe: rot, rosa, weiß; Lennhoff, Posner, *Freimaurer-Lexikon,* Sp. 782, 1329–1331.

346 Abb. 84: © SSGK M-V, Münzkabinett, Inv. Nr. Mü 4756; von den Münzen gibt es einige Exemplare mit Variationen, die Pyramidenform und die Anzahl der Lichtstrahlen des Sterns betreffend; Mues, Olding, *Die Medaillen der preußischen Könige,* S. 196f., Nr. 459–461; Heinrich Bolzenthal, *Denkmünzen zur Geschichte des Königs Friedrich Wilhelm III.,* Berlin 1841, S. 20, Nr. 55, Tf. 9.

347 Abb. 85: © SSGK M-V, Münzkabinett, Inv. Nr. Mü 855; Mues, Olding, *Die Medaillen der preußischen Könige,* S. 198, Nr. 463; Bolzenthal, *Denkmünzen,* S. 15, Nr. 48, Tf. 13: »Die mit trüben Wolken bedeckte Erde wird, als das in tiefe Trauer versetzte Königreich, an dem mit dem preussischen Adler bezeichneten Steine erkannt. Durch die Nebel hebt sich eine Lichtflamme, hier als Bild des Unsterblichen, und steigt zum Urquell des Lichts empor, welchen der oben in Sonnenstrahlen prangende Name des Ewigen bezeichnet.«

348 Die ersten Entwürfe stammen vom König selbst, und die Grabskulptur ist inspiriert von der Juno Ludovosi. Luise sollte an einem nur ihr geweihten Ort bestattet sein; 1824 wurden für die königliche Antikensammlung eine »Isis« mit Diadem und 1830 eine Demeter/Juno erworben, was in diesen Zusammenhang gehören könnte: Fendt, *Archäologie und Restaurierung* 2, S. 251–254, S. 308–312, Kat. Nr. 57, 73, 3, Tf. 88, 104f.; Eva Börsch-Supan, *Karl Friedrich Schinkel. Arbeiten für König Friedrich Wilhelm III. von Preußen und Kronprinz Friedrich Wilhelm (IV.),* Berlin 2011, S. 133, 162–193; der Heratempel aus dem 5. Jh. v. Chr. steht im städtischen Heraheiligtum von Poseidonia. Die Tempel von Paestum wurden um 1750 wiederentdeckt; Karl Schefold, *Die Griechen und ihre Nachbarn,* Propyläen Kunstgeschichte 2, Berlin 1990, Abb. 102, 233, 249f., Abb. 270f.; [https://arachne.dainst.org/entity/5617], 31.8.2020.

349 Abb. 86: © SSGK M-V, Schloss Hohenzieritz.

350 Plutarch, »Ueber Isis und Osiris«, 1786, Kap. 56, S. 447f.: »[...] Also war ihnen Osiris die Urkraft, Isis die Empfängnis und Horus die Ausgeburt [...]«; in der Übersetzung von Gustav Parthey, *Plutarch: Über Jsis und Osiris,* Berlin 1850, S. 100, heißt es: »Man kann nun die Senkrechte dem Männlichen vergleichen, die Grundlinie dem Weiblichen, und die Schräge dem von ihnen Erzeugten: eben so den Osiris als Anfang, die Isis als Aufnahme, und den Horus als das Vollendete setzen«. Das dort erläuterte Dreieck hat die idealen Seitenverhältnisse 3:4:5, so auch in Hohenzieritz; Plutarch bezieht sich wiederum auf Platon; Werner, *Ägyptomanie in Preußen,* S. 177.

351 Zur Schlosskirche und zum Luisentempel allgemein: Ruge, *Hohenzieritz,* S. 11 f.,15; demnach sei der Okulus der Schlosskirche im Todesjahr der Königin 1810 verschlossen worden.

352 Georg Dehio, *Handbuch der deutschen Kunstdenkmäler. Mecklenburg-Vorpommern,* München 2016, S. 372–375; um 1227 Niederlassung der Johanniter in Mirow; seit 1552 Besetzung des Komtur-Amtes mit Angehörigen des mecklenburgischen Herrscherhauses; seit 1704 Grablege der Herzöge zu Mecklenburg-Strelitz in der Kirche; 1707–1712 Bau des Schlosses anstelle des ehemaligen Ordenshauses.

353 Ludwig Fromm, »Georg Friedrich Karl Joseph, Großherzog von Mecklenburg-Strelitz«, in: *Allgemeine Deutsche Biographie* 8, Leipzig 1878, S. 680 f.; Fischer, Templin, *Chronik der Freimaurerei,* S. 126.

354 Abb. 87: Foto FW 2017; Konrad Hustaedt, »Ein vergessenes Denkmal des Klassizismus«, *Mecklenburg. Zeitschrift des Heimatbundes Mecklenburg* 7, 1, 1912, S. 19–22; Ruge, *Hohenzieritz,* S. 2, Abb. 3; Sabine Bock, »Friedrich Wilhelm Buttel (1796–1869). Strelitzer Hofbaumeister und gefragter Privatarchitekt ritterschaftlicher Herrenhäuser«, in: Melanie Ehler, Matthias Müller (Hgg.), *Schinkel und seine Schüler. Auf den Spuren großer Architekten in Mecklenburg und Pommern,* Schwerin 2004, S. 129; Bock, *Herrschaftliche Wohnhäuser* 1, S. 406.

355 Hustaedt, *Hohenzieritz,* S. 59.

356 Brandt, *Alt-Mecklenburgische Schlösser,* S. 157.

357 Foelsch, *Residenzschloß Neustrelitz.*

358 Sitzmöbel, Museum Kulturquartier Neustrelitz, vgl. Kapitel Vorspann; Foelsch, *Residenzschloß Neustrelitz,* S. 437, Abb. 457: Dreifuß mit Schlangen; Thronsaal: S. 30, Abb. 15, S. 185, Abb. 158.

359 Laut Autographentafel in Hohenzieritz am 2. Juni 1817: Meiner, Joost, *Luisen-Gedenkstätte,* S. 45, 48 f.

360 Friederike Werner, »Die Vollendung der preußisch-ägyptischen Herrschaftslinie durch Friedrich Wilhelm IV. – Ein Leporello«, in: Silke Grallert, Jana Helmbold-Doyé (Hgg.), *Abenteuer am Nil. Preußen und die Ägyptologie,* Berlin 2022, S. 33–42; dort auf S. 42, Anm. 4 und S. 466 ist das vorliegende Buch über Hohenzieritz noch mit dem Arbeitstitel angegeben.

361 G. W. Leibniz, zitiert nach Senn, *Sophie Charlotte,* S. 186; Leibniz-Archiv (Hg.), *Gottfried Wilhelm Leibniz. Briefwechsel* 20, 1701–1702, Hannover 2006, 1, S. XLVII: Kommentar, 2, Brief N. 377, S. 655–657, hier S. 657: »Mais V. M. n'en a-t-elle pas plus que tous les chymistes ne nous feront [?] Ainsi Luzembourg peut devenir *Heliosophopolis,* sans la pierre. L'idée au moins est bien agreable et ce que je viens d'en dire divertiroit au moins V. M. et contenteroit extremement [...] L.«; hinzu kommt der Anklang an Heliopolis im Tafelaufsatz 1804.

362 Herodot, *Historien,* Kap. 3, 4; Dietrich Raue, *Reise zum Ursprung der Welt. Die Ausgrabungen im Tempel von Heliopolis,* Mainz 2020.

363 Schon 1667 soll der sprachkundige Schwede Benght Skytte »den Großen Kurfürsten für den Gedanken einer allumfassenden wissenschaftlichen Anstalt in Berlin ›Heliosophopolis‹ gewonnen haben«, in: Paul Friedländer, »Athanasius Kircher und Leibniz. Ein Beitrag zur Geschichte der Polyhistorie im XVII. Jahrhundert«, in: Paul Friedländer, *Studien zur antiken Literatur und Kunst,* Berlin 2018, S. 655–672, hier S. 664; Voltaires *Der Weiße Stier* erschien 1774 in Memphis, 1793 veröffentlichte Fichte die *Zurückforderung der Denkfreiheit von den Fürsten Europens* in Heliopolis: Werner, *Ägyptomanie in Preußen,* S. 173.

364 Mit den Denkschriften *Consilium Aegyptiacum* sollte die Politik des Sonnenkönigs beeinflusst werden: Benjamin Steiner, »Leibniz, Colbert und Afrika. Wissen und Nicht-Wissen über die geopolitische Bedeutung des Kontinents um 1670«, in: Friedrich Beiderbeck, Claire Gantet, *Wissenskulturen in der Leibniz-Zeit,* Berlin 2021, S. 75–114, hier S. 75.

365 Aegyptiaca erworben mit der Sammlung Bellori: Alfred Grimm, »Berlin und die Sammlung Bellori«, in: Grimm, *Winckelmann und Ägypten,* S. 60–65; »Antiquitates variae«, in: Beger, *Thesaurus Brandenburgicus* 3, 1701, z.B. S. 220, 224, 300, 306; Heinecke, *Friedrich Wilhelm IV.,* S. 193 f.; Settgast, »Aegyptiaca im Kurfürstlich-Brandenburgischen Besitz«, S. 23; zur Kunstkammer siehe auch Anm. 203.

366 Beger, *Thesaurus Brandenburgicus* 1, 1696, S. 226: »An etiam quatuor illas Pyramides vedisti? [...] quae intimum Electoris Conclave exornant«.

367 Abb. 88: © UB HD.

368 Abb. 89: © Hessische Hausstiftung – Schlossmuseum Darmstadt; Werner, *Ägyptomanie in Preußen.*

369 Der Prinzenerzieher Friedrich Delbrück hielt 1804 mit einer Tagebuchnotiz fest, dass selbst ein zarter Anlass sogleich nach Ägypten und zu großen Autoren führen konnte, denn »Tod und Begräbnis eines Hühnchens veranlasst den Großvater von den Katakomben der Aegyptier zu erzählen (Herodot, Thucydides)», in: *Die Jugend des Königs Friedrich Wilhelm IV. und des Kaisers und Königs Wilhelm I., Tagebuchblätter ihres Erziehers Friedrich Delbrück,* mitget. von Georg Schuster, 1800–1809, I. Monumenta Germaniae Paedagogica 36, Berlin 1907, zum 17./20. Nov. 1804, S. 183 f.; häufige Lektüre war Ossian, »An die Morgensonne«, ebenda, 3. Okt. 1803–31. Mai 1804, S. 141.

370 SPSG, Inv. Nr. GK II (12) VI-Cb-4; Senn, *Friedrich Wilhelm IV.,* S. 107, Anm. 185; Zur *Zauberflöte* in Berlin vgl. Werner, *Ägyptomanie in Preußen,* S. 190.

371 Abb. 90: © SPSG, Inv. Nr. GK II (12) VI-Cb-3, Foto P-0005654, Stefan Firck, Matthias Schulz; 1816 zeichnete der Kronprinz eine Sphinx in einer Windrose unter den Text des Aufnahmerituals in die von ihm erdachte Bruderschaft »St. Georgen im See«, dazu Gerd-H. Zuchold, »Der Kronprinz als Kloster- und Ordensgründer. Die Entwurfszeichnungen Friedrich Wilhelms (IV.) zum Kloster ›St. Georgen im See‹«, *Jahrbuch Preußischer Kulturbesitz* 29, 1993, S. 483–507, Abb. 9: Hinweis von Dr. Rolf Thomas Senn.

372 Heinrich Menu von Minutoli, Ernst Heinrich Toelken, *Reise zum Tempel des Jupiter Ammon in der libyschen Wüste und nach Ober-Aegypten,* Berlin 1824; Ernst Heinrich Toelken, *Erklärung der Bildwerke am Tempel des Jupiter Ammon zu Siwah,* Berlin 1823; Edmé François Jomard, Pierre Jacotin, *Déscription de l'Égypte, ou Recueil des observations faites en Égypte pendant l'expedition de l'armée Française,* 1. Aufl. Paris 1809–1828.

373 Francisco Bosch-Puche, »The Egyptian royal titulary of Alexander the Great, II: Personal name, empty cartouches, final remarks and appendix«, *Journal of Egyptian Archaeology* 100, 2014, S. 89–109.

374 Klaus P. Kuhlmann, *Das Ammoneion. Archäologie, Geschichte und Kultpraxis des Orakels von Siwa,* Mainz 1988.

375 Abb. 91: © SMB-SPK, Antikensammlung, Inv. Nr. Sk 9, Foto: Universität Köln, Archäologisches Institut, CoDArchLab, 80834_FA-SPerg000105-01_Gisela Geng; 1846 durch Eduard Gerhard in Rom aus der Sammlung Vescovali erworben; Königliche Museen zu Berlin (Hg.), *Beschreibung der antiken Skulpturen mit Ausschluss der pergamenischen Fundstücke,* Berlin 1891, S. 10, Nr. 9; Hederich, *Mythologisches Lexikon,* Sp. 213–218; Eduard Meyer, »Ammon«, in: Roscher, *Lexikon der Mythologie* 1, 1, 1886, Sp. 283–291; Stefan Schmidt, »Ammon«, in: Beck et al., *Ägypten Griechenland Rom,* S. 187–194.

376 Herodot, *Historien,* Kap. 42 f.

377 Minutoli, *Reise zum Tempel des Jupiter Ammon,* S. 111; nach Maurus Servius Honoratus um 400 n. Chr., röm. Grammatiker und Kommentator von Vergils Aeneis, handelt es sich um den »Sonnenquell des Ammonischen Heiligthums«, hier Aen. IV 196, siehe »Ammon«, in: August Pauly (Hg.), *Real-Encyclopädie der classischen Alterthumswissenschaft* 1, Stuttgart 1837, S. 408–414, hier S. 409; »Ammonium«, ebenda, S. 414.

378 Zu Bacchus, Osiris, Herkules: Toelken, *Erklärung der Bildwerke,* S. 106 f.; die bei Herodot dargelegte Parallelität der ägyptischen und griechischen Götterwelt blieb gültig; Pfeiffer, »Die Entsprechung ägyptischer Götter«; zur Bibliothek des Kronprinzen gehörten etliche Schriften zur Antike, so auch jene des Archäologen und Kunstberaters Aloys Hirt. *Ueber die Bildung der Aegyptischen Gottheiten* erinnert 1821 daran, Herodot habe von der Götterlehre der Ägypter immer in Beziehung auf die Griechen gesprochen und verdeutlicht, dass die Griechen ihre Götter und das Wesen ihres Dienstes wie Orakel, geheime Weihen, Augurien und die Opfer aus Ägypten hätten. Laut Hirt solle man Herodot vorzugsweise vertrauen; Aloys Hirt, *Ueber die Bildung der Aegyptischen Gottheiten,* Berlin 1821, S. 8 f.; zur Bibliothek des Kronprinzen: Antje Adler, *Gelebte Antike. Friedrich Wilhelm IV. und Charlottenhof,* Berlin 2012, S. 46.

379 Plutarch, »Ueber Isis und Osiris«, S. 384 f.; mit Amun ist die Energie verborgener Ideen gemeint, die in der sichtbaren Schöpfung ans Licht gebracht werden; zu Amun siehe auch in den Kapiteln Das Ägyptenbild von Schloss Hohenzieritz und Das Deckenbild.

380 Papyrus Leiden I 350, Hymnen an Amun-Re, 13. Jh. v. Chr., zitiert nach Jan Assmann, Andrea Kucharek (Hgg. und Überss.), *Ägyptische Götterliteratur,* Berlin 2018, S. 347; der Papyrus war 1829 angekauft worden, und 1842 erschien ein Hinweis auf den Text; Hauptedition: Jan Zandee, *De hymnen aan Amon van Papyrus Leiden I 350,* Leiden 1947; dieser Hymnus war zur Zeit Friedrich Wilhelms IV. höchstwahrscheinlich nicht bekannt, verdeutlicht aber das Wesen des Amun; Hinweis auf Hymnus und Literatur von Prof. Dr. Martina Ullmann; der komplexe Begriff »Ba« meint seelische Aspekte, sowohl Menschen als auch Götter betreffend: Hans Bonnet, *Lexikon der ägyptischen Religionsgeschichte,* Hamburg 2000, S. 74–77.

381 Friedrich Wilhelm IV. skizzierte das Brunnenbecken, nicht aber den Kopf des Jupiter Ammon, SPSG, Graphische Sammlung, Inv. Nr. GK II (12) II-1-Cd-7a, 7b, 7b Rs, 7c, VI-Ae-5.

382 Rolf Thomas Senn, *Orientalisierende Baukunst in Berlin im 19. Jahrhundert,* Diss. FU Berlin, 1990, S. 46–54.

383 Abb. 92: Foto FW 2022; Viehtränke, Entwurf 1852 von Ludwig Ferdinand Hesse und August Stüler; Antje Adler, »Viehtränke unterhalb des Schlosses Sanssouci«, in: Andreas Kitschke (Hg.), *Ludwig Ferdinand Hesse (1795–1876). Hofarchitekt unter drei preußischen Königen,* München, Berlin 2007, S. 318 f., Kat. Nr. II.104: Dort ist nur die Rede von einer bärtigen Maske ohne Präzisierung als Jupiter Ammon.

384 Toelken, *Erklärung der Bildwerke,* S. 106 f.

385 Abb. 93: Foto FW 2022; im zugehörigen Atrium wurde eine Minerva aus der Bildergalerie Sanssouci aufgestellt, was das Thema des Gitters erweitert; Saskia Hüneke, »Grünes Gitter und Säulentor«, in: Kitschke, *Ludwig Ferdinand Hesse,* S. 266 f., Kat. Nr. II.67, ohne Nennung des Zeus Ammon.

386 Abb. 94: ©SMB-SPK, Antikensammlung, Inv. Nr. Sk 11, Foto Universität Köln, Archäologisches Institut, CoDArchLab 104202,05_FA-SPerg000117-08_Gisela Geng; vor 1848 durch Eduard Gerhard in Rom erworben; Königliche Museen, *Beschreibung der antiken Skulpturen,* S. 10, Nr. 11; dort weitere Hermen des Ammon/Dionysos, S. 11 f., Nr. 12–17; Saskia Hüneke, Astrid Dostert, Sepp-Gustav Gröschel, *Antiken I. Kurfürstliche und königliche Erwerbungen für die Schlösser und Gärten Brandenburg-Preußens vom 17. bis zum 19. Jahrhundert,* Berlin 2009,

S. 595, Nr. 366; Fendt, *Archäologie und Restaurierung* 1, zu Erwerbungen in Italien S. 183–194.

387 Ruge, *Von der Finsternis zum Licht,* S. 91, Abb. 69–71.

388 Settgast, »Aegyptiaca im Kurfürstlich-Brandenburgischen Besitz«; Literatur zur königlichen Sammlung und zum Neuen Museum s. u. Anm. zu Abb. 96.

389 Grallert, Helmbold-Doyé, *Abenteuer am Nil;* Ingelore Hafemann, Verena M. Lepper (Hgg.), *Karl Richard Lepsius. Der Begründer der deutschen Ägyptologie,* Kaleidogramme 90, Berlin 2012; Hartmut Mehlitz, *Richard Lepsius. Ägypten und die Ordnung der Wissenschaft,* Berlin 2011; Ingelore Hafemann (Hg.), *Preußen in Ägypten. Ägypten in Preußen,* Kaleidogramme 59, Berlin 2010; Karl Richard Lepsius (Hg.), *Denkmaeler aus Aegypten und Aethiopien nach den Zeichnungen der von Seiner Majestät dem Könige von Preußen Friedrich Wilhelm IV. nach diesen Ländern gesendeten und in den Jahren 1842–1845 ausgeführten wissenschaftlichen Expedition auf Befehl Seiner Majestät,* 12 Foliobde., 5 Textbde., Berlin 1849–1859, Leipzig 1897–1913.

390 Joachim Friedrich Quack, »Karl Richard Lepsius als Historiker«, in: Hafemann, Lepper, *Karl Richard Lepsius,* S. 101–119, bes. S. 103–107.

391 Karl Richard Lepsius, *Briefe aus Aegypten, Aethiopien und der Halbinsel Sinai, geschrieben in den Jahren 1842–1845 während der auf Befehl Seiner Majestät des Königs Friedrich Wilhelm IV. von Preußen ausgeführten wissenschaftlichen Expedition,* Berlin 1852, S. 30 f. mit Abb; Werner, »Die Vollendung der preußisch-ägyptischen Herrschaftslinie«, S. 36–38, Abb. 8–10; Horst Beinlich, *Mit Richard Lepsius auf die Cheops-Pyramide,* Studien zu den Ritualszenen altägyptischer Tempel 10, Dettelbach 2011; nach der Expedition wurden die Teilnehmer mit einem königlichen Siegelring beschenkt, der ihre Namen in Hieroglyphen und die Initialen FW IV in einem Wappenschild mit Pyramiden, Palmen, Motiven der Einigung von Ober- und Unterägypten sowie eine Sonnenscheibe und Uräusschlangen zeigt: Silke Grallert, »›Unausgesetzt thätig‹ – Der Expeditionsleiter Richard Lepsius«, in: Grallert, Helmbold-Doyé, *Abenteuer am Nil,* S. 83–89, hier S. 87–89; dort wird überdies ein Gästebuch Lepsius' aus Theben von 1844/45 mit hieroglyphischer Verzierung genannt, darin die Nennung des Königs und Muhammad Ali Paschas.

392 Der genannte Christian Carl Josias von Bunsen beschrieb Ammon unter den acht Göttern der ersten Ordnung als »Verborgenheit«: »Wir haben die Wurzel Amn für ›verhüllen, verbergen‹ jetzt auch würklich in den Hieroglyphen vor uns [...] Er steht unbestreitbar an der Spitze einer großen weltzeugenden (kosmogonischen) Entwicklung [...]«, C. C. J. Bunsen, *Aegyptens Stelle in der Weltgeschichte, Geschichtliche Untersuchung in fünf Büchern* 1, Hamburg 1845, S. 438.

393 Abb. 95: © SMB-SPK ÄMP 7262 / Foto: Archiv; Die Widderstatue stammt aus dem Amuntempel in Soleb, Sudan; Karl Richard Lepsius, Kurt Sethe, Édouard Naville, *Denkmaeler aus Ägypten und Äthiopien* [...], vorläufige Nachricht über die Expedition, Berlin 1849, S. 25: »Vom *Barkal* haben wir einen colossalen Widder aus Granit mit einer interessanten Inschrift von Amenophis III. [...] mitgenommen«; Wolfgang Helck, Kurt Sethe, *Urkunden des ägyptischen Altertums* 4, Urkunden der 18. Dynastie, Berlin 1984, zuerst 1906, S. 239, Nr. 588; Lepsius, *Denkmaeler,* Textbd. 5, S. 272, 89a, 90a–c; Julia Budka, »Präsenz in Nubien – der Tempel von Soleb«, *Kemet* 12, Nr. 4, 2003, S. 37–42; Lepsius, *Briefe aus Aegypten,* S. 404, Anm. 2: »Bei meiner Abreise aus Aegypten wurde die Erlaubniß zur Ausführung der Sammlung noch besonders schriftlich ertheilt und die Gegenstände selbst vom Vicekönig Sr. M. dem König von Preußen zum Geschenk gemacht«; Dietrich Wildung, »Freie Wahl und reiche Ernte. Karl Richard Lepsius sammelt für Preußen«, in: Hafemann, Lepper, *Karl Richard Lepsius,* S. 171–190, zum Widder S. 182 f., zur rechtlichen Grundlage des Exports von Altertümern und den preußischen Gastgeschenken an

Ägypten wie z.B. Porzellan der KPM, S. 175; hierzu auch Senn, *Friedrich Wilhelm IV.*, S. 299; Samuel Wittwer, »Ein Ehebruch, ein Kamelritt und ein Kronleuchter, oder: Das diplomatische Nachspiel der orientalischen Reise des Prinzen Albrecht von Preußen 1843«, in: H.-C. Kraus, F.-L. Kroll (Hg.), *Historiker und Archivar im Dienste Preußens. Festschrift für Jürgen Kloosterhuis*, Berlin 2015, S. 141–170.

394 Abb. 96: © SPSG, Inv. Nr. Skulpt.slg.21,22, Foto FW 2017; Wilhelm Wolff (1816–1887), Bildhauer und Bronzegießer; Alfred Gotthold Meyer, »Wolff, Wilhelm«, in: *Allgemeine Deutsche Biographie* 44, Leipzig 1898, S. 56–58; August Kopisch, *Die königlichen Schlösser und Gärten zu Potsdam. Von der Zeit ihrer Gründung bis zum Jahre MDCCCLII*, Berlin 1854, S. 185; Linnaeus, *Systema naturae* 1, Stockholm 1758, 3.1; *Brehms Tierleben*, Säugetiere 3, Leipzig, Wien 1891, S. 342; zum Bauwerk: Antje Adler, *Gelebte Antike. Friedrich Wilhelm IV. und Charlottenhof*, Berlin 2012.

395 Friedrich Korn, *Etymologisch-symbolisch-mythologisches Real-Wörterbuch zum Handgebrauche für Bibelforscher, Archäologen und bildende Künstler [...]* 2, Stuttgart 1844, S. 81; Bonnet, *Reallexikon der ägyptischen Religionsgeschichte*, S. 45 f., 670 f.; Julia Budka, »Satet und Anuket. Göttinnen des Ersten Kataraktes und Herrinnen Nubiens«, *Kemet* 11, Nr. 4, 2002, S. 17–22; zur Hieroglyphe der Gazelle: Petra Vomberg, Orell Witthuhn, *Hieroglyphenschlüssel*, Wiesbaden 2008, S. 101, E 29.

396 Mythologischer Saal, in Lepsius, *Koenigliche Museen*, Tf. 21; das Thema der Gazellen am Charlottenhof bedarf einer genaueren Prüfung.

397 Abb. 97: © SPSG, Inv. Nr. GK II (5) 754, Foto F0015758; Karl Richard Lepsius, *Koenigliche Museen: Abtheilung der Aegyptischen Alterthümer. Die Wandgemaelde der verschiedenen Räume, 37 Tafeln nebst Erklärung*, Berlin 1855; August Stüler, *Das Neue Museum in Berlin*, Berlin 1862; Guido Messling, »Die ägyptische Abteilung im Neuen Museum zu Berlin. Vorgeschichte, Konzeption und Umsetzung«, *Jahrbuch der Berliner Museen* NF 39, 1997, S. 71–98; Friederike Seyfried, Mariana Jung, »Karl Richard Lepsius als Museumsgestalter«, in: Hafemann, Lepper, *Karl Richard Lepsius*, S. 191–210; Hafemann, *Preußen in Ägypten. Ägypten in Preußen;* Manuela Gander, Claudia Saczecki, »›... In streng ägyptisch-klassischem Style ...‹. Das Neue Museum und die Berliner Ägyptische Sammlung«, in: Marc Loth (Hg.), *Pharaonen an der Spree. Ägyptisierende Architektur und Skulptur an der Spree*, Norderstedt 2012, S. 23–96; Eva Heinecke, *König Friedrich Wilhelm IV. von Preußen und die Errichtung des Neuen Museums 1841–1860 in Berlin*, Halle-Wittenberg 2011.

398 Lepsius, *Briefe aus Aegypten*, S. 285, brachte die von ihm noch als »Horus«, letztem König der 18. Dynastie, bezeichnete Statue aus Medînet Habu; Heinecke, *Friedrich Wilhelm IV.*, S. 143 f.; diese Bildnisbüste wurde dann zu einer Sitzstatue ergänzt; SMB-SPK ÄMP 1479; zu den Skulpturen allgemein: Max Schasler, *Die Königlichen Museen von Berlin. Ein praktisches Handbuch zum Besuch der Galerien, Sammlungen und Kunstschätze derselben*, Berlin 1861, S. 115; dem Widder aus Granit stand ein Pendant aus Gips gegenüber: Jana Helmbold-Doyé, »›Von Lepsius besorgt‹ – geschätzt und verdammt. Gipsabgüsse in der Sammlung des Ägyptischen Museums Berlin«, *Internetbeiträge zur Ägyptologie und Sudanarchäologie* (IBAES) 15, 2014, S. 73–98, Abb. 5.

399 Heinrich Abeken, *Das Aegyptische Museum in Berlin. Ein Vortrag auf Veranstaltung des Evangelischen Vereins für kirchliche Zwecke gehalten am 24. Januar 1856*, Berlin 1856, S. 25 f.; Heinecke, *Friedrich Wilhelm IV.*, S. 143.

400 Abb. 98: © BSB, 4 Arch. 97 nh, BSB-ID 8448278, aus Lepsius, *Koenigliche Museen*, Tf. 2; erste und vollständige Übersetzung der Inschrift 1994 in meiner Dissertation. Jetzt erst konnte der weiterführende genealogische Hintergrund erkannt werden: Friederike Werner, *Ägyptenrezeption in der europäischen Architektur des 19. Jahr-*

hunderts, Weimar 1994, S. 62–64 und ausführlich in Werner, »Die Vollendung der preußisch-ägyptischen Herrschaftslinie«; die Hieroglypheninschrift Wilhelms II. im Straußenhaus des Berliner Zoos 1899 gehört nicht mehr zu diesem herrscherlichen Thema: Werner, *Ägyptenrezeption,* S. 84.

401 Hierzu auch Werner, »Die Vollendung der preußisch-ägyptischen Herrschaftslinie«.

Abgekürzt zitierte Literatur

Jede Erstzitation in den Anmerkungen ist ausführlich. Deshalb sind hier nur mehrfach genannte Werke verzeichnet.

Abbé de Saint Non, *Voyage pittoresque*
Jean-Claude Richard Abbé de Saint Non, *Voyage pittoresque, ou déscription des royaumes de Naples et de Sicile* 1, 2, Paris 1782.

Anonym, *Louisens und Friederikens [...]*
Anonym, *Louisens und Friederikens, Kronprinzessin, und Gemahlin des Prinzen Ludwig von Preußen, geborner Prinzessinnen von Mecklenburg-Strelitz, Ankunft und Vermählung in Berlin. Im December 1793,* Berlin 1794.

Apuleius, *Der goldene Esel*
Lucius Apuleius, *Der goldene Esel,* übers. von August von Rode, Dessau 1783, Wiesbaden 2009, 11. Buch.

Arenhövel et al., *Berlin und die Antike* 2
Willmuth Arenhövel, Christa Schreiber (Hgg.), *Berlin und die Antike* 2, Berlin 1979.

Assmann, *Religio duplex*
Jan Assmann, *Religio duplex. Ägyptische Mysterien und europäische Aufklärung,* Berlin 2017.

Assmann, *Hieroglyphen. Stationen einer anderen abendländischen Grammatologie*
Aleida und Jan Assmann (Hgg.), *Hieroglyphen. Stationen einer anderen abendländischen Grammatologie, Archäologie der literarischen Kommunikation* VIII, München 2003.

Assmann, »Antike Äußerungen«
Jan Assmann, »Antike Äußerungen zur ägyptischen Schrift«, in: Assmann, *Hieroglyphen. Stationen einer anderen abendländischen Grammatologie,* S. 27–35.

Assmann, Ebeling, ***Ägyptische Mysterien***
Jan Assmann, Florian Ebeling, *Ägyptische Mysterien. Reisen in die Unterwelt in Aufklärung und Romantik,* München 2011.

Beck et al., ***Ägypten Griechenland Rom***
Herbert Beck, Peter Cornelis Bol, Maraike Bückling (Hgg.), *Ägypten Griechenland Rom. Abwehr und Berührung,* Tübingen, Berlin 2005.

Beck, Bol, ***Antikensammlungen im 18. Jahrhundert***
Herbert Beck, Peter Cornelis Bol, *Antikensammlungen im 18. Jahrhundert,* Berlin 1981.

Beck, Bol, ***Forschungen zur Villa Albani***
Herbert Beck, Peter Cornelis Bol (Hgg.), *Forschungen zur Villa Albani. Antike Kunst und die Epoche der Aufklärung,* Frankfurter Forschungen zur Kunst 10, Berlin 1982.

Beger, ***Thesaurus Brandenburgicus***
Lorenz Beger, *Thesaurus Electoralis Brandenburgicus Selectus [...],* Cölln/ Spree 1696–1701

Bock, ***Herrschaftliche Wohnhäuser***
Sabine Bock, *Herrschaftliche Wohnhäuser auf den Gütern und Domänen in Mecklenburg-Strelitz. Architektur und Geschichte,* Beiträge zur Architekturgeschichte und Denkmalpflege in Mecklenburg und Vorpommern, 1: Katalog Alt Horst–Küssow, 2: Katalog Laeven–Zirzow, 3: Anhang, Schwerin 2008.

Bol, ***Forschungen zur Villa Albani***
Peter Cornelis Bol, *Forschungen zur Villa Albani,* Katalog der antiken Bildwerke 3, Bildwerke in der Galleria della Leda, im ehemaligen Tempel der ephesischen Artemis und im Bigliardo, Berlin 1992; Katalog der antiken Bildwerke 4, Berlin 1994.

Boll, »Kritische Geschichte der Prillwitzer Idole«
Franz Boll, »Kritische Geschichte der sogenannten Prillwitzer Idole«, *Jahrbücher des Vereins für Mecklenburgische Geschichte und Altertumskunde* 19, 1854, S. 168–286.

Bolzenthal, ***Denkmünzen***
Heinrich Bolzenthal, *Denkmünzen zur Geschichte des Königs Friedrich Wilhelm III.,* Berlin 1841.

Bonnet, *Lexikon der ägyptischen Religionsgeschichte*
Hans Bonnet, *Lexikon der ägyptischen Religionsgeschichte,* Hamburg 2000.

Brandt, *Alt-Mecklenburgische Schlösser*
Jürgen Brandt, *Alt-Mecklenburgische Schlösser und Herrensitze,* Berlin 1924.

Bremer, Moritz, *Die Symbolische Weisheit*
Johann Gottfried Bremer (Autor), Karl Philipp Moritz (Hg.), *Die symbolische Weisheit der Aegypter aus den verborgensten Denkmälern des Altertums. Ein Theil der Aegyptischen Maurerey, der zu Rom nicht verbrannt worden,* Berlin 1793.

Burmeister, »Hohenzieritz«
Werner Burmeister, »Hohenzieritz«, *Mecklenburgische Monatshefte* 3, 1927, S. 414–418.

von Buttlar, »›Legt Ihr's nicht aus, so legt was unter‹«
Adrian von Buttlar, »›Legt Ihr's nicht aus, so legt was unter‹ (Goethe) – Über die Notwendigkeit und Aporie der ikonologischen Gartenforschung«, in: *Preußische Gärten in Europa. 300 Jahre Gartengeschichte,* SPSG (Hg.), Leipzig 2007, S. 138–141.

Diodor, *Bibliothek der Geschichte*
Friedrich Andreas Stroth (Übers.), *Diodors von Sicilien Bibliothek der Geschichte* 1, Frankfurt am Main 1782.

Drinkuth, *Schlosspark Hohenzieritz*
Friederike Drinkuth, *Schlosspark Hohenzieritz,* Schwerin 2009.

Ebeling, Loeben, *O Isis und Osiris*
Florian Ebeling, Christian E. Loeben (Hgg.), *O Isis und Osiris – Ägyptens Mysterien und die Freimaurerei,* Museum Kestnerianum 21, Rahden 2017.

Ebeling, »Ägyptische Freimaurerei«
Florian Ebeling, »Ägyptische Freimaurerei zwischen Aufklärung und Romantik«, in: Ebeling, Loeben, *O Isis und Osiris,* S. 29–124.

Fendt, *Archäologie und Restaurierung*
Astrid Fendt, *Archäologie und Restaurierung. Die Skulpturenergänzungen der Berliner Antikensammlung des 19. Jahrhunderts,* Transformationen der Antike 22, 1–3, Berlin 2012.

Fischer, Templin, *Chronik der Freimaurerei*
Eberhard Fischer, Rüdiger Templin, *Chronik der Freimaurerei in Mecklenburg und Vorpommern,* Festschrift zum 250. Jubiläum der Johannis-Loge Zu den Drei Sternen Nr. 38 i. Or. Rostock (Hg.), Rostock 2010.

Foelsch, *Residenzschloß Neustrelitz*
Torsten Foelsch, *Das Residenzschloß zu Neustrelitz. Ein verschwundenes Schloß in Mecklenburg,* Groß Gottschow 2016.

Frank, *Alt- und Neues Mecklenburg*
David Frank, *Alt- und Neues Mecklenburg, darinn die Geschichte, Gottes-Dienste, Gesetze und Verfassung der Wariner, Winuler, Wenden, und Sachsen, auch dieses Landes Fürsten, Bischöfe, Adel, Städte, Klöster, Gelehrte [...] beschrieben worden,* Güstrow, Leipzig 1753.

Fried, *Geprägte Macht*
Torsten Fried, *Geprägte Macht. Münzen und Medaillen der mecklenburgischen Herzöge als Zeichen fürstlicher Herrschaft,* Köln 2015.

Fuchs, Seidel, *Rheinsberg*
Detlef Fuchs, Leo Seidel, *Rheinsberg. Musenhof in neuem Glanz,* München 2016.

Grallert, Helmbold-Doyé, *Abenteuer am Nil*
Silke Grallert, Jana Helmbold-Doyé (Hgg.), *Abenteuer am Nil. Preußen und die Ägyptologie,* Berlin 2022.

Grimm, *Winckelmann und Ägypten*
Alfred Grimm, Sylvia Schoske (Hgg.), *Winckelmann und Ägypten. Die Wiederentdeckung der ägyptischen Kunst im 18. Jahrhundert,* München 2005

Grimm-Stadelmann, *Fürsten und Pharaonen*
Isabel Grimm-Stadelmann, Alfred Grimm, *Fürsten und Pharaonen – Ägypten in Bayern,* München 2011.

Hafemann, Lepper, *Karl Richard Lepsius*
Ingelore Hafemann, Verena M. Lepper (Hgg.), *Karl Richard Lepsius. Der Begründer der deutschen Ägyptologie,* Kaleidogramme 90, Berlin 2012.

Hafemann, *Preußen in Ägypten. Ägypten in Preußen*
Ingelore Hafemann (Hg.), *Preußen in Ägypten. Ägypten in Preußen,* Kaleidogramme 59, Berlin 2010.

Hakelberg, Wiwjorra, *Vorwelten und Vorzeiten*
Dietrich Hakelberg, Ingo Wiwjorra (Hgg.), *Vorwelten und Vorzeiten. Archäologie als Spiegel historischen Bewußtseins in der Frühen Neuzeit,* Wolfenbütteler Forschungen 124, Wiesbaden 2010.

Hederich, *Mythologisches Lexikon*
Benjamin Hederich, *Gründliches mythologisches Lexikon, worinnen so wohl die fabelhafte, als wahrscheinliche und eigentliche Geschichte der alten römischen, griechischen und ägyptischen Götter und Göttinnen [...] zusammen getragen [...],* Leipzig 1724, bearb. von Johann Joachim Schwabe, Neusatz und Faksimile Leipzig 1770.

Hedinger et al., *Luise. Kleider für die Königin*
Bärbel Hedinger, Adelheid Schendel, Stefan Schimmel, *Luise. Kleider für die Königin. Mode, Schmuck und Accessoires am preußischen Hof um 1800,* SPSG (Hg.), Kat. Ausst. Schloss Paretz 2010, München 2010.

Heinecke, *Friedrich Wilhelm IV.*
Eva Heinecke, *König Friedrich Wilhelm IV. von Preußen und die Errichtung des Neuen Museums 1841–1860 in Berlin. Baugeschichte, Verantwortliche, Nordische und Ägyptische Abteilung, Geschichtskonzept,* Halle-Wittenberg 2011.

Heres, »Achill unter den Töchtern«
Huberta Heres, Gerald Heres, »Achill unter den Töchtern des Lykomedes. Zur Geschichte einer Statuengruppe«, *Staatliche Museen zu Berlin. Forschungen und Berichte,* 20/21, 1980, S. 105–146.

Herodot, *Historien*
Kai Brodersen (Übers./Hg.), *Herodot. Historien,* Zweites Buch, Stuttgart 2005.

Hinz, *Parklandschaft Hohenzieritz*
Christine Hinz, *Parklandschaft Hohenzieritz,* Museum der Stadt Neustrelitz (Hg.), Neustrelitz 1988.

Hofmann, *Mecklenburg-Strelitz*
Peter Hofmann, *Mecklenburg-Strelitz. Eine Region im Auf und Nieder der Geschichte,* Nienburg 2001.

Hoffmann, *Isis-Tempel*
Peter Hoffmann, *Der Isis-Tempel in Pompeji,* Charybdis 7, Münster 1993.

Hornung, *Das esoterische Ägypten*
Erik Hornung, *Das esoterische Ägypten. Das geheime Wissen der Ägypter und sein Einfluss auf das Abendland,* München 1999.

Hustaedt, *Hohenzieritz*
Konrad Hustaedt, *Hohenzieritz. Seine Kunstdenkmäler und Erinnerungsstätten,* Neustrelitz 1924.

Krüger, *Kunst- und Geschichtsdenkmäler des Freistaates Mecklenburg-Strelitz*
Georg Krüger, *Kunst- und Geschichtsdenkmäler des Freistaates Mecklenburg-Strelitz* I,1, Das Land Stargard, 1. Abteilung: Geologische, vorgeschichtliche und geschichtliche Einleitung, die Amtsgerichtsbezirke Neustrelitz, Strelitz und Mirow, Neubrandenburg 1921, S. 103–112.

Inventarium der Großherzoglichen Meubel […] 1857
Inventarium der Großherzoglichen Meubel u. der im Schlosse zu Hohenzieritz aufgenommen und nachgesehen im October 1857, LAKD M-V LHAS, I, 284, 2.

Jamblichus, *Über die Geheimlehren*
Jamblichus, *Über die Geheimlehren,* aus dem Griechischen übersetzt, eingeleitet und erklärt von Theodor Hopfner, Nachdruck der Ausg. Leipzig 1922, Graz 2008.

Kitschke, *Ludwig Ferdinand Hesse*
Andreas Kitschke (Hg.), *Ludwig Ferdinand Hesse (1795–1876). Hofarchitekt unter drei preußischen Königen,* München, Berlin 2007.

Königliche Museen, *Beschreibung der antiken Skulpturen*
Königliche Museen zu Berlin (Hg.), *Beschreibung der antiken Skulpturen mit Ausschluss der pergamenischen Fundstücke,* Berlin 1891.

Lennhoff, Posner, *Freimaurer-Lexikon*
Eugen Lennhoff, Oskar Posner, *Internationales Freimaurer-Lexikon,* Wien 1932, Nachdruck Wien, München 1992.

Lepsius, *Briefe aus Aegypten*
Karl Richard Lepsius, *Briefe aus Aegypten, Aethiopien und der Halbinsel Sinai, geschrieben in den Jahren 1842–1845 während der auf Befehl Seiner Majestät des Königs Friedrich Wilhelm IV. von Preußen ausgeführten wissenschaftlichen Expedition,* Berlin 1852.

Lepsius, *Denkmaeler*
Karl Richard Lepsius (Hg.), *Denkmaeler aus Aegypten und Aethiopien nach den Zeichnungen der von Seiner Majestät dem Könige von Preußen Friedrich Wilhelm IV. nach diesen Ländern gesendeten und in den Jahren 1842–1845 ausgeführten wissenschaftlichen Expedition auf Befehl Seiner Majestät,* 12 Foliobde., 5 Textbde., Berlin 1849–1859, Leipzig 1897–1913.

Lepsius, *Koenigliche Museen*
Karl Richard Lepsius, *Koenigliche Museen: Abtheilung der Aegyptischen Alterthümer. Die Wandgemaelde der verschiedenen Räume, 37 Tafeln nebst Erklärung,* Berlin 1855.

Levezow, *Über die Familie des Lycomedes*
Konrad Levezow, *Über die Familie des Lycomedes in der Königlichen Preussischen Antikensammlung. Eine archäologische Untersuchung,* Berlin, 1804.

Lexikon der Ägyptologie
Eberhard Otto, Wolfgang Helck, Wolfhart Westendorf (Hgg.), *Lexikon der Ägyptologie* 1–7, Wiesbaden 1975–1992.

Lippert, *Das Großherzogliche Haus*
Rajko Lippert, *Das Großherzogliche Haus Mecklenburg-Strelitz,* Die Reihe beider Mecklenburg 1, Reutlingen 1994.

Loeben, »Welten voller Symbole«
Christian E. Loeben, »Welten voller Symbole: Altes Ägypten und Freimaurerei«, in: Ebeling, Loeben, *O Isis und Osiris,* S. 192–230.

Masch, Woge, *Die gottesdienstlichen Altertümer*
Andreas Gottlieb Masch, Daniel Woge, *Die gottesdienstlichen Alterthümer der Obotriten, aus dem Tempel zu Rethra am Tollenzer-See. Nach den Originalen auf das genaueste gemahlet, und in Kupferstichen [...] herausgegeben von Daniel Wogen, herzogl. Mecklenb. Strel. Hofmahler,* Berlin 1771.

Meiner, Joost, *Luisen-Gedenkstätte*
Jörg Meiner, Sebastian Joost, *Luisen-Gedenkstätte Schloss Hohenzieritz,* Amtlicher Führer, Staatliche Schlösser, Gärten und Kunstsammlungen Mecklenburg-Vorpommern (Hg.), Schwerin 2018.

Mende, *Tonwarenfabrik*
Jan Mende, *Die Tonwarenfabrik Tobias Chr. Feilner in Berlin. Kunst und Industrie im Zeitalter Schinkels,* Kunstwissenschaftliche Studien 178, Berlin 2013.

Merkelbach, *Isis regina – Zeus Sarapis*
Reinhold Merkelbach, *Isis regina – Zeus Sarapis. Die griechisch-ägyptische Religion nach den Quellen dargestellt,* Stuttgart 1995.

Minutoli, Toelken, *Reise zum Tempel des Jupiter Ammon*
Heinrich Menu von Minutoli, Ernst Heinrich Toelken, *Reise zum Tempel des Jupiter Ammon in der libyschen Wüste und nach Ober-Aegypten,* Berlin 1824.

Montfaucon, *L'Antiquité*
Bernard de Montfaucon, *L'Antiquité expliquée et représentée en figures* 2, 2: *La Réligion des Égyptiens, des Arabes, des Syriens, des Perses, des Scythes, des Germains, des Gaulois, des Espagnols & des Carthaginois,* Paris 1722.

Mues, Olding, *Die Medaillen der preußischen Könige*
Gunter Mues, Manfred Olding, *Die Medaillen der preußischen Könige von 1786 bis 1870,* 2, Friedrich Wilhelm III. 1797–1840, Regenstauf 2020.

Nagel, *Isis im Römischen Reich*
Svenja Nagel, *Isis im Römischen Reich,* Philippika – Altertumswissenschaftliche Abhandlungen 109, Wiesbaden 2019.

Niedermeier, *Angestammte Landschaften*
Michael Niedermeier, *Angestammte Landschaften, mystische Einweihungsräume und arkadische Liebesgärten. Gartenkunst der Goethezeit,* Mitteilungen der Pückler-Gesellschaft e. V. 31, NF, Weimar 2017.

Niedermeier, »›So vermählte sich die germanische und slawische Welt‹«
Michael Niedermeier, »›So vermählte sich die germanische und slawische Welt‹. Archäologie, Genealogie und Landschaftsgestaltung in Brandenburg und Mecklenburg«, in: Niedermeier, *Angestammte Landschaften,* S. 269–287.

Niedermeier, »Altertümer und Artefakte«
Michael Niedermeier, »Altertümer und Artefakte. Vor- und frühgeschichtliche Archäologie und patriotische Baukunst«, in: Annette Dorgerloh, Michael Niedermeier, Horst Bredekamp (Hgg.), *Klassizismus – Gotik. Karl Friedrich Schinkel und die patriotische Baukunst,* München 2007, S. 17–42.

Der Neue Pauly. Enzyklopädie der Antike
Hubert Cancik, Helmuth Schneider (Hgg.), *Der Neue Pauly. Enzyklopädie der Antike* 1–16, Stuttgart, Weimar 1996–2008.

Pawlak, »Schlosspark Hohenzieritz«
Katja Pawlak, »Der Schlosspark Hohenzieritz im Spiegel neuer Erkenntnisse zur historischen Pflanzenverwendung, zur Geschichte und eines wiederentdeckten Parkplans«, *KulturERBE in Mecklenburg und Vorpommern* 9, Jg. 2013, Schwerin 2016, S. 27–48.

Pfeiffer, »Die Entsprechung ägyptischer Götter«
Stefan Pfeiffer, »Die Entsprechung ägyptischer Götter im griechischen Pantheon«, in: Beck et al., *Ägypten Griechenland Rom,* S. 285–290.

Piranesi, *Diverse Maniere*
Giovanni Battista Piranesi, *Diverse Maniere d'adornare i Cammini ed ogni altra Parte degli Edifizj [...],* Rom 1769.

Plutarch, »Ueber Isis und Osiris«
Johann Friedrich Salomon Kaltwasser (Übers.), »Ueber Isis und Osiris«, in: *Plutarchs moralische Abhandlungen* 3, Frankfurt am Main 1786, S. 374–482.

Prync-Pommerencke, »Zur Sanierung des Schlosses Hohenzieritz«
Ewa Prync-Pommerencke, »Zur Sanierung des Schlosses Hohenzieritz«, *Denkmalschutz und Denkmalpflege in Mecklenburg-Vorpommern* 8, 2001, S. 48–54.

Quack, »Heiligtümer ägyptischer Gottheiten«
Joachim Friedrich Quack, »Heiligtümer ägyptischer Gottheiten und ihre Ausstattung in Italien«, in: Beck et al., *Ägypten Griechenland Rom,* S. 398–404.

Reiser, Schedler, *Colonna. Hypnerotomachia*
Thomas Reiser (Übers., Komm.), Uta Schedler (Hg.), *Francesco Colonna. Hypnerotomachia Poliphili,* Venedig 1499, Breitenbrunn 2014.

Righini, Filistri, *Triumph der Ariadne*
Vincenzo Righini, Antonio de Filistri da Caramondani, *Der Triumph der Ariadne, ein Schauspiel [...] auf dem großen Opern-Theater zu Berlin bey Gelegenheit der Höchstglücklichen Vermählungen Ihro Königl. Hoheiten des Kronprinzen Friederich Wilhelm von Preussen und des Prinzen Friedrich Ludewig Carl von Preussen mit den Durchlauchtigsten Prinzessinnen Louise Augusta Wilhelmine Amalia, und Friederica Caroline Sophie von Mecklenburg-Strelitz,* Libretto, Berlin 1793.

Roob, *Hermetisches Museum*
Alexander Roob, *Alchemie & Mystik. Das Hermetische Museum,* Köln 1996.

Roullet, *Egyptian and Egyptianizing Monuments of Imperial Rome*
Anne Roullet, *The Egyptian and Egyptianizing Monuments of Imperial Rome,* Études préliminaires aux religions orientales dans l'empire romain (EPRO) 20, Leiden 1972.

Roscher, *Lexikon der Mythologie*
Wilhelm Heinrich Roscher (Hg.), Konrat Ziegler (Hg. ab 1923), *Ausführliches Lexikon der griechischen und römischen Mythologie,* 1–6, Leipzig 1886–1937.

Rühs, »Ueber Mecklenburg Strelitz«
Friedrich Rühs, »Ueber Mecklenburg Strelitz«, in: Christoph Martin Wieland, Friedrich Justin Bertuch, Karl Leonhard Reinhold, Karl August Böttiger (Hgg.), *Der Neue Teutsche Merkur,* 1, 5. Stk., Mai 1805, Weimar 1805, Kap. 6, S. 156–158.

Ruge, *Hohenzieritz*
Berit Ruge, *Hohenzieritz,* Schlösser und Gärten in Mecklenburg-Vorpommern 13, Freundeskreis Schlösser und Gärten der Mark (Hg.), Berlin 2010.

Ruge, *Von der Finsternis zum Licht*
Berit Ruge, *Von der Finsternis zum Licht. Inszenierte Erkenntnisreisen in Gärten des Gold- und Rosenkreuzers Friedrich Wilhelm II.,* Worms 2013.

Ruscheweyh, *Erinnerungen*
Ferdinand Ruscheweyh, *Erinnerungen aus meinem Leben,* Neustrelitz 1842, Manuskript und Transkription SSGK M-V, Kupferstichkabinett, Inv.-Nr. 308 Hz B, Zg.-Nr. 2016-430.

Schasler, *Die Königlichen Museen*
Max Schasler, *Die Königlichen Museen von Berlin. Ein praktisches Handbuch zum Besuch der Galerien, Sammlungen und Kunstschätze derselben,* Berlin 1861.

Schmitz, *Berliner Baumeister*
Hermann Schmitz, *Berliner Baumeister vom Ausgang des achtzehnten Jahrhunderts,* Berlin 1925, S. 184, 186.

Schütt, »Carl II.«
Christel Schütt, »Carl II. Ludwig Friedrich von Mecklenburg-Strelitz«, in: Andreas Röpcke (Hg.), *Biographisches Lexikon für Mecklenburg* 7, Veröffentlichungen der Historischen Kommission für Mecklenburg, Rostock 2013, S. 71–78.

Seipel, *Ägyptomanie*
Wilfried Seipel (Hg.), *Ägyptomanie. Europäische Ägyptenimaginationen von der Antike bis heute,* Schriften des Kunsthistorischen Museums 3, Mailand 2000.

Senn, *Sophie Charlotte*
Rolf Thomas Senn, *Sophie Charlotte von Preußen. Biografie,* Weimar 2000.

Senn, *Friedrich Wilhelm IV.*
Rolf Thomas Senn, *In Arkadien. Friedrich Wilhelm IV. von Preußen. Eine biographische Landvermessung,* Berlin 2013.

Settgast, »Aegyptiaca im Kurfürstlich-Brandenburgischen Besitz«
Jürgen Settgast, »Aegyptiaca im Kurfürstlich-Brandenburgischen Besitz. Ein Beitrag zur Vorgeschichte des Ägyptischen Museums Berlin«, *Jahrbuch Preußischer Kulturbesitz,* Sonderband 1, Berlin 1983, S. 21–44.

Simon, »Die Bildpolitik des preußischen Königshauses im 19. Jahrhundert«
Holger Simon, »Die Bildpolitik des preußischen Königshauses im 19. Jahrhundert. Zur Ikonographie der preußischen Königin Luise (1776–1810)«, *Wallraf-Richartz-Jahrbuch* 60, 1999, S. 231–262.

Strelitzer Fest-Spiele
o. A., *Strelitzer Festspiele,* o. J., Quelle in der Karbe-Wagner Bibliothek, Kulturquartier Neustrelitz

Syndram, *Ägypten-Faszinationen*
Dirk Syndram, *Ägypten-Faszinationen. Untersuchungen zum Ägyptenbild im europäischen Klassizismus bis 1800,* Frankfurt am Main 1990.

Szczesiak, *Prillwitzer Idole*
Rainer Szczesiak, *Die »Prillwitzer Idole«. Auf der Suche nach Rethra,* mit einem Reisebericht von Daniel Spoerri, Schriftenreihe des Regionalmuseums Neubrandenburg 39, Neubrandenburg 2005.

Terrasson, *Sethos*
Jean Terrasson, *Sethos. Histoire ou vie tirée des monumens anecdotes de l'Ancienne Egypte. Traduite d'un manuscripte grec,* Paris, 1731, Übers. von Matthias Claudius, *Geschichte des egyptischen Königs Sethos,* Breslau 1777.

Thissen, *Horapollon*
Heinz Josef Thissen (Hg., Übers.), *Des Niloten Horapollon Hieroglyphenbuch* 1, Text und Übersetzung, Archiv für Papyrusforschung und verwandte Gebiete 6, München 2001.

Toelken, *Erklärung der Bildwerke*
Ernst Heinrich Toelken, *Erklärung der Bildwerke am Tempel des Jupiter Ammon zu Siwah,* Berlin 1823, abgedruckt in Minutoli, *Reise zum Tempel des Jupiter Ammon.*

Volkmann, *Ägypten-Romantik*
Ludwig Volkmann, *Ägypten-Romantik in der europäischen Kunst,* Leipzig 1942, Nachdruck Potsdam 2008.

Watkin, »Influence of English Royal Gardens«
David Watkin, »The Influence of English Royal Gardens on the Continent in the 18th Century«, in: Franz Bosbach, Gert Gröning (Hgg.), *Landschaftsgärten des 18. und 19. Jahrhunderts. Beispiele deutsch-britischen Kulturtransfers,* Prinz-Albert-Studien 26, München 2008, S. 33–48.

Werner, *Ägyptomanie in Preußen*
Friederike Werner, *Ägyptomanie in Preußen. Die Tafelskulptur zur Hochzeit im Königshaus 1804,* Weimar 2016.

Werner, »Die Vollendung der preußisch-ägyptischen Herrschaftslinie«
Friederike Werner, »Die Vollendung der preußisch-ägyptischen Herrschaftslinie durch Friedrich Wilhelm IV. – Ein Leporello«, in: Grallert, Helmbold-Doyé, *Abenteuer am Nil,* S. 33–42.

Namensverzeichnis

Abbildungsnachweise

Weitere Informationen zu den Abbildungen stehen in den Anmerkungen.

© Archiv Dorotheum Wien | Abb. 7
© BSB | Abb. 98
© Bibliothèque Nationale de France | Abb. 80
© DHM | Taf. VII–IX | Abb. 4, 44, 61
© Fritz-Reuter-Literaturmuseum Stavenhagen | Abb. 29 b
© Herzog August Bibliothek Wolfenbüttel | Abb. 74
© Hessische Hausstiftung – Schlossmuseum Darmstadt | Abb. 89
© Klassik Stiftung Weimar, Herzogin Anna Amalia Bibliothek | Abb. 38, 77
© Kulturquartier Mecklenburg-Strelitz | Abb. 10
© LAKD M-V LD | Taf. III–VI | Abb. 19, 29 a
© LAKD M-V LHAS | Taf. III | Abb. 13, 18, 22, 40
© Museum Huis Doorn | Umschlag Vorderseite, Abb. 83
© Royal Collection Trust / © His Majesty King Charles III 2024 | Abb. 8, 9
© SBL-MV | Abb. 6, 58, 59, 68, 75
© SMB-SPK ÄMP | Abb. 95
© SMB-SPK Antikensammlung | Abb. 91, 94 | Fotos Gisela Geng
© Staatliche Antikensammlungen und Glyptothek München | Abb. 71 b | Fotos Renate Kühling
© Staatliche Münzsammlung München | Abb. 63 | Fotos Nicolai Kästner
© Staatliche Schlösser und Gärten Baden-Württemberg, Schloss Schwetzingen | Abb. 42, 43, 45, 60
© SSGK M-V | Taf. III, XII | Abb. 2, 3, 6, 11, 12, 14, 15, 17, 20, 21, 25, 26, 30, 49, 58, 59, 68, 75, 84–86, S. 4 Foto Timm Allrich
© SPSG | Abb. 28, 33, 46, 47, 56, 57, 66, 67, 90, 92, 93, 96, 97
© UB HD | Umschlagklappe vorne, Taf. III, Abb. 39, 51, 52, 62, 64, 65, 81, 88

Abkürzungsverzeichnis

ÄMP	Ägyptisches Museum und Papyrussammlung Berlin
BSB	Bayerische Staatsbibliothek München
DHM	Deutsches Historisches Museum Berlin
FW	Friederike Werner
LAKD M-V LD	Landesamt für Kultur und Denkmalpflege Mecklenburg-Vorpommern, Landesdenkmalpflege
LAKD M-V LHAS	Landesamt für Kultur und Denkmalpflege Mecklenburg-Vorpommern, Landeshauptarchiv Schwerin
SBL-MV	Staatliches Bau- und Liegenschaftsamt Neubrandenburg
SMB-SPK	Staatliche Museen zu Berlin – Stiftung Preußischer Kulturbesitz
SPSG	Stiftung Preußische Schlösser und Gärten Berlin-Brandenburg
SSGK M-V	Staatliche Schlösser, Gärten und Kunstsammlungen Mecklenburg-Vorpommern
UB HD	Universitätsbibliothek Heidelberg

Idee, Forschung und Ausführung dieses Projektes sind eine Privatinitiative der Autorin.

Geleitwort: Prof. Dr. Joachim Friedrich Quack, Heidelberg
Lektorat: Dr. Rolf Thomas Senn, Berlin
Autorschaft und Redaktion: Dr. Friederike Werner, München | www.friederike-werner.de

---

Dieses Buch wurde gedruckt mit großzügiger Unterstützung von:

mobile – Gesellschaft der Freunde von Möbel- und Raumkunst e.V.
www.gfmr.org

St. Johannis-Loge *Georg zur wahren Treue* Neustrelitz
www.freimaurerloge-neustrelitz.de

Umschlag Vorderseite: Johann Friedrich August Tischbein, *»Kronprinzessin Luise mit Sphinx«*, 1796, Öl/Lwd., (Ausschnitt), Museum Huis Doorn, Inv. Nr. HuD 00401, (Abb. 83)
Umschlagklappe vorne: *»Regina Coeli«*, Ausschnitt aus Athanasius Kircher, *Obeliscus Pamphilius, Hoc est, Interpretatio [...] Obelisci Hieroglyphici [...]*, Rom 1650, Buch III: Mystagogia Aegyptiaca, Kap. 23, S. 252
Umschlag innen: Schloss Hohenzieritz, Hieroglyphe und Eingangsfront, Fotos Friederike Werner 2017; Neues Museum Berlin, Museumsinsel, Foto Friederike Werner 2022; Widderstatue des Amun, Ägyptisches Museum und Papyrussammlung (Abb. 95)
Umschlag Rückseite: Porträt der Autorin: Foto von Stefanie Jeske, Köln

Besuchen Sie uns im Internet:
www.asw-verlage.de

Satz und Gestaltung: Monika Aichinger, arts + science weimar GmbH
Druck: Beltz Bad Langensalza GmbH
ISBN: 978-3-89739-981-5

Bibliografische Information der Deutschen Nationalbibliothek:
Die Deutsche Nationalbibliothek verzeichnet diese Publikation in der Deutschen Nationalbibliografie; detaillierte bibliografische Daten sind im Internet über http://d-nb.de abrufbar.

Friederike Werner

Ägyptomanie in Preußen

Die Tafelskulptur zur Hochzeit im Königshaus 1804

Ein Tafelaufsatz der Bronzefabrik Werner & Mieth in Berlin birgt ein Geheimnis. – Ein Heiliger Hain mit Apis-Stier, Apis-Priestern, Palmen, Greifen, Osiris-Canopus und Sphingen erzählt berückende mythologische Geschichten. Hinzu kommt die anziehende poetische Schönheit der künstlerischen Ausführung. Das bislang übersehene Meisterwerk der Ägyptomanie aus schwarzer und feuervergoldeter Bronze auf blauem Grund sowie aus weißem Flussglas ist im Schlossmuseum Darmstadt beheimatet. Das Ensemble stand auf der Berliner Hochzeitstafel des Prinzen Wilhelm, Bruder des Königs Friedrich Wilhelm III., und Prinzessin Marianne von Hessen-Homburg. Dieses Buch ist dem einzigartig fantasievollen und herrschaftlichen Tafelprogramm auf der Spur.

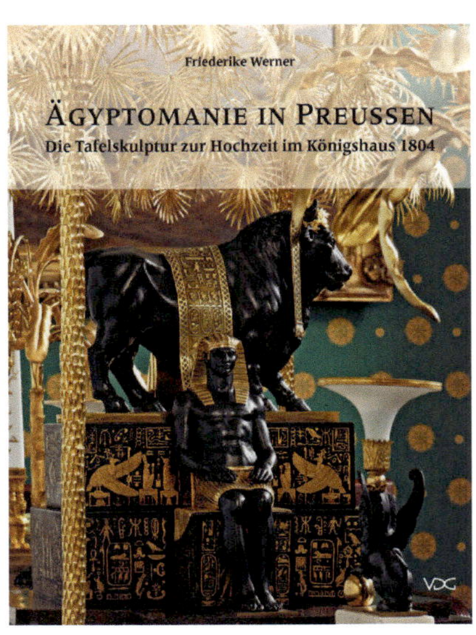

1. Auflage 2016
Hardcover (mit Lesebändchen)
21,0 × 26,7 cm
288 Seiten
196 Abbildungen, davon 50 in Farbe,
1 Falttafel

ISBN 978-3-89739-856-6
Buch (D) 48,00 €

»Wunderbares Buch, hervorragende Forschungsarbeit, schöne Sprache. Glückwunsch!«

Prof. Dr. Andreas Prater, Freiburg